国际会议产业
前沿与实务

诸 丹◎编著

四川大学出版社
SICHUAN UNIVERSITY PRESS

图书在版编目（CIP）数据

国际会议产业前沿与实务 / 诸丹编著. — 成都：四川大学出版社，2023.7
ISBN 978-7-5690-6176-5

Ⅰ. ①国… Ⅱ. ①诸… Ⅲ. ①国际会议－产业经济－研究 Ⅳ. ①F063.1

中国国家版本馆 CIP 数据核字（2023）第 106668 号

书　　名：国际会议产业前沿与实务
　　　　　Guoji Huiyi Chanye Qianyan yu Shiwu
编　　著：诸　丹

选题策划：蒋姗姗
责任编辑：蒋姗姗
责任校对：王　静
装帧设计：墨创文化
责任印制：王　炜

出版发行：四川大学出版社有限责任公司
　　　　　地址：成都市一环路南一段 24 号（610065）
　　　　　电话：（028）85408311（发行部）、85400276（总编室）
　　　　　电子邮箱：scupress@vip.163.com
　　　　　网址：https://press.scu.edu.cn
印前制作：四川胜翔数码印务设计有限公司
印刷装订：成都金阳印务有限责任公司

成品尺寸：170 mm×240 mm
印　　张：15.75
字　　数：302 千字

版　　次：2024 年 1 月 第 1 版
印　　次：2024 年 1 月 第 1 次印刷
定　　价：78.00 元

本社图书如有印装质量问题，请联系发行部调换

版权所有 ◆ 侵权必究

扫码获取数字资源

四川大学出版社
微信公众号

前　言

　　新冠病毒感染疫情的暴发，对全球贸易往来、经济发展和社会生活造成广泛影响，对高度依赖要素聚集、交通运输和人员流动的国际会议会展行业更是带来严重打击，在应对这场全球公共卫生危机的过程中，中国国际会议业与全球会议产业命运相连。《国际会议产业前沿与实务》是依托国际大会及会议协会（ICCA）国际会议行业资源，结合中国国际会议产业发展现状，面向国际会议产业从业者、研究者和相关专业学生推出的前沿性国际会议产业专著。本书内容包括会议项目管理、会议统计与测算、会议管理模式创新、大型节事活动策划与管理、国际会议产业前沿与经典案例、国际会议与目的地市场营销、国际会议中心建设与场馆管理、国际会议会务组织与接待服务八个专题，旨在为会议业从业者和研究者提供完整的视角、前沿的视野和实用的管理运营经验参照。

　　本书加入了会议市场发展及供应商与行业协会合作、公共卫生事件与国际会议产业、目的地营销策略、会议场馆面临的挑战与管理创新等专门章节和部分国内外专业会议组织（PCO）和目的地管理公司（DMC）积极开拓创新的最新案例。同时，本书编写团队主要由 ICCA 国际会议研究及培训中心（CIMERT）（以下简称"中心"）组织，主要编写情况如下：成都大学诸丹负责撰写专题一、专题二、专题三和专题六（共计 154 千字）及全书统稿，成都大学岳培宇负责撰写专题四、专题五、专题七（共计 115 千字），成都大学王雪婷负责撰写专题八（共计 25 千字）。本书的编写和出版受到来自 ICCA 亚太区团队、成都市博览局相关领导和同事的大力支持，同时需要特别感谢以下行业和院校的专家给予的指导和资料支持：《会议》杂志总编王青道先生、北京欣欣翼翔国际会议有限公司创始人刘平女士、杭州国际博览中心副总经理刘琲女士、四川农业大学孙根紧老师、四川省社科院王丽程博士、四川大学杨骁博士、四川大学贾卓强博士。

　　CIMERT 中心于 2019 年 12 月由国际大会及会议协会（ICCA）、中国国际贸易促进委员会成都市委员会（以下简称成都市贸促会）、成都大学和《会议》杂志社联合成立。中心建设与发展愿景在于依托四方平台权威力量，集聚国际会议资源、研究实力和应用推广团队，拓展国际会议前沿理论研究渠道，分析国际会议的现状、发展趋势及方向；推动亚太地区国际资源整合，构建国际会议人才培养体系，实现全产业链融合发展，提升亚太地区国际会议全球影响力；促进中国做大做强会议产业，优化国内城市国际会议发展环境，推动国际会议产业提质增效，充分发挥会议产业辐射带动效应与对外交往平台功能。基于本书的研究成果，中心将持续致力于依托和引入国际化顶级资源，为国际会议业的复苏、创新和发展提供更加优质、更加专业的智力支持和服务。

编　者

2023 年 8 月

目 录

专题一　会议项目管理

一、会议与国际会议……………………………………………………（3）
二、会议项目管理概述…………………………………………………（12）
三、会议项目管理………………………………………………………（16）
四、国际会议招标与决策………………………………………………（47）

专题二　会议统计与测算

一、会议统计……………………………………………………………（61）
二、会议经济贡献测算的基础知识……………………………………（74）
三、会议经济贡献测算的具体实践……………………………………（89）

专题三　会议管理模式创新

一、会议管理模式………………………………………………………（97）
二、国际会议跨文化管理与沟通………………………………………（102）
三、会议职业发展与人才培训…………………………………………（105）
四、供应商与行业协会合作……………………………………………（112）

专题四　大型节事活动策划与管理

一、节事活动的策划……………………………………………………（116）
二、节事活动的赞助……………………………………………………（132）
三、节事活动现场管理与风险管理……………………………………（138）
四、节事活动的绩效评估………………………………………………（147）

专题五　国际会议产业前沿与经典案例

一、会议产业与产业链……………………………………………………（156）
二、国际会议行业组织与中国国际会议发展……………………………（162）
三、虚拟会议………………………………………………………………（170）
四、新时代的会议营销……………………………………………………（176）

专题六　国际会议与目的地城市营销

一、举办国际会议对目的地城市的影响…………………………………（183）
二、国际会议目的地影响要素与争取策略………………………………（185）
三、大型会议活动及目的地城市品牌塑造………………………………（193）
四、目的地城市营销策略…………………………………………………（198）

专题七　国际会议中心建设与场馆管理

一、大型国际会议中心的建设与管理……………………………………（205）
二、专业场地考察和参观…………………………………………………（210）
三、会议场馆管理面临的挑战与创新……………………………………（212）
四、国际会议中心建设与场馆管理——以杭州国际博览中心为例………（217）

专题八　国际会议会务组织与接待服务

一、国际会议如何策划……………………………………………………（225）
二、国际会议如何组织……………………………………………………（229）
三、国际会议如何接待……………………………………………………（233）
四、国际会议会务组织与接待服务——以第五届世界互联网大会为例
　　…………………………………………………………………………（241）

专题一　会议项目管理

【教学目标】

1. 了解会议及国际会议的概念与特征。
2. 掌握会议项目管理的内容与方法。
3. 理解国际会议项目管理的组织与执行过程。
4. 学会国际会议项目管理的评估。
5. 熟悉国际会议招标流程与决策标准。

【引入案例一】

第十二届世界华商大会——会议项目管理分析

一、项目背景

世界华商大会（World Chinese Entrepreneurs Convention，WCEC）由新加坡中华总商会、香港中华总商会和泰国中华总商会于1991年举办第一届，以"在商言商、弘扬中华民族文化"为宗旨，每两年举办一次，是全球最具规模和代表性的华人商界盛会。第十二届世界华商大会于2013年9月24日至26日在中国四川省成都市举办。这次大会对引导世界华商了解和投资中国西部，全面提升其国际影响力与城市知名度具有重大而深远的意义。

二、项目策划

第十二届世界华商大会的策划与创意遵循体现了"成都特点、中国气派、国际表达"的原则，实现了高端、大气、优美、高质、安全的现场效果。选定成都世纪城新国际会展中心为会议场所，1号馆为主场馆、2~4号馆为功能馆、5~9号馆为辅助馆。主视觉采用主要元素加辅助元素的策划思路，以三千年古蜀遗迹"太阳神鸟"为第一主要元素，以历史悠久的中国蜀绣"芙蓉锦鲤"为第二主要元素，以蜀锦"喜相逢"、子母熊猫、翠竹、盖碗为辅助元素，以国际大会通行的商务蓝为主色调，辅之以沉稳的白色和灰色，并配以中国红点缀。

开幕式与主论坛遵循国际会议和政府会议庄重、大方、整齐、典雅的风格，主舞台采用巨幅三联屏幕、三面环绕台阶。布置国际专业级灯光设备，满足大会不同环节的照明与装饰需要。为各参会人员设计最佳路线，采取剧院式布局，划分VVIP、VIP、与会嘉宾三级座席，确保来宾有序出入。

闭幕式以中国红为主色调，布置VVIP长桌式晚宴，遵循传统中式晚宴风格，采取红白相间的10人嘉宾宴会座席。在会旗交接仪式中，策划印度尼西亚代表团全体成员近120人上台见证，完美衔接西乐团与民乐团演奏，并配以宏伟、精美的视频画面。统筹安排印度尼西亚团演出与闭幕晚宴伴餐演出，使印度尼西亚的歌舞与川剧变脸等和谐共生。

三、项目执行

第十二届世界华商大会整体项目运营历时十个月。经多方调研、论证、甄选后，确定将会址选在成都世纪城新国际会展中心综合区内。成都世纪城新国际会展中心位置优越，集九个展馆、数十个会议厅、国际五星级与四星级酒店、餐饮娱乐于一体，是满足大会综合需求的最佳场所。但场馆在透光、吸音、安全等方面也存在一定问题，项目组不断考察现场、多次测量和测试场地，确保场馆能满足国际性会议需求。

主会场占用世纪城新国际会展中心公共区域、馆前区域、四个展馆共计近达十万平方米。整个会议历时三天，须完成两次安检、开幕式与各论坛、一次自助午餐、万余平方米政府及商业展览展示、闭幕式与闭幕晚宴及演出等多个重大事项，包含门头、通道、墙体、地毯、舞台、屏幕、声光音电、桌椅排位及鲜花绿植、桌签座签的搭建、调试与运营等体量巨大、数量众多的准备工作，在工期、材质、工艺、消防、安监、警卫等方面有严格标准。大会前的彩排工作也是重中之重，项目组在十余次的演练与调整中，实现了流畅的环节衔接、精准的走位路线、准确的主持串词、实时的屏幕呈现、适合的音响与光线配合，由此确保大会现场万无一失。

四、项目结尾

2013年9月24日至26日，第十二届世界华商大会在中国四川成都世纪城新国际会展中心与世纪城国际会议中心隆重召开。在三天时间里，举办了"华缘林"植树活动、开幕式与中国经济论坛、15 个专题分论坛、展览展示、考察交流、项目洽谈签约仪式、会旗交接仪式与闭幕晚宴等多项活动。此届华商大会共有来自 105 个国家和地区的 3000 余名中外代表参会，246 名、71 家境内外媒体注册参会。其覆盖国家、地区和代表人数创历届华商大会之最。

第十二届世界华商大会从策划到评估的过程是一个完整的会议项目管理过程，这次大会的成功举办，有很多细节值得会议管理人员学习和思考。会议项目管理是具体会议活动的管理和操作。下面将以项目管理的理念和规划流程为依据，对一般会议和国际会议的组织、策划、运行和评估进行介绍。

一、会议与国际会议

（一）会议概述

1. 会议的定义

会议是日常生活中极为常见的活动，学界对会议的概念有多种阐释。

其一，《现代汉语词典（第 7 版）》对会议的解释是：有组织、有领导地商议事情的集会。

其二，美国《韦氏词典》把会议定义为由两位或多位人士参与的一种社交、公关、政治、意见交流、信息传播及沟通的活动。

其三，联合国世界旅游组织（UNWTO）对会议的定义为一群人聚集到某个地方，商讨某件事情或举办一项活动。

其四，国际大会会议协会（ICCA）将会议定义为一些人聚集在一个地方开展的某项活动。频率可以是临时的，也可以按既定模式进行，如年会、委员会会议等。

其五，美国会议产业理事会（CIC）对会议的定义是一定数量的人聚集在某地点，以接受教育、参加讨论、参与社会事务等为目的而进行的有组织的活动。

其六，我国国家标准《会议分类和术语》（GB/T 30520—2014）对会议的定义是：在特定的时间和空间，通过发言、讨论、演示、商议、表决等多种形式以达到议事协调、交流信息、传播知识、推介联络等目的的一定人数的群体活动。

综合以上观点，本书将会议的概念界定为会议是指人们怀着各自相同或不同的目的，围绕一个共同的主题，进行信息交流或聚会、商讨的活动。一次会议的利益主体主要有主办者、承办者和与会者（包括演讲人），其主要内容是与会者之间进行交流。

2. 会议的分类

按会议的举办单位性质、规模、内容和形式等，可对会议做如下划分。

(1) 按举办单位性质，可将会议分为公司类会议、协会类会议和政府类会议（见表1-1）。

表1-1 按举办单位性质划分的会议种类

类别	内容	具体种类
公司类会议	公司类会议是由公司举办的以管理、协调、营销、培训和技术等为主题的会议活动。公司会议的规模不一，小到几个人，大到上千人	公司类会议具体分为管理会议、培训会议、销售会议、产品发布会、技术会议、企业年会等
协会类会议	协会类会议是由具有共同兴趣和利益的专业人员或机构组成。协会会议目的是交流、协商、研讨本行业的最新发展情况及存在问题	协会类会议具体分为会员大会、区域性会议、专门会议、研讨会、理事会等
政府类会议	政府类会议是指由政府机构主持召开的会议。在省市一级、中小规模的政府机构会议的召开十分频繁，从而形成可观的市场	政府类会议包括中央和国家机关会议、地方党政机关会议、政府举办的国际会议

(2) 按会议规模及参加会议的人数，可将会议分为小型会议、中型会议、大型会议及特大型会议（见表1-2）。

表1-2 按规模及参会人数划分的会议种类

类型	人数
小型会议	出席人数少则几人，多则几十人，但不超过100人
中型会议	出席人数在100~1000人之间
大型会议	出席人数在1000~10000人之间
特大型会议	出席人数在10000人以上，如节日聚会、庆祝大会等

根据《在华举办国际会议费用开支标准和财务管理办法》(2012)，按照会议正式代表（不含工作人员）的人数，在华举办国际会议分为以下三类：小型国际会议——会议正式代表在 100 人以下，中型国际会议——会议正式代表在 100~1000 人之间，大型国际会议——会议正式代表在 1000 人以上。

（3）按会议内容和形式，可将会议分为大会、专业会议、代表会议、年会、论坛、座谈（见表 1-3）。

表 1-3 按会议内容和形式划分的会议种类

类别	内容
大会（assembly）	也叫正式全体会议，参加者以其成员为主，内容主要涉及立法、政策、内部选择、预算、财务计划等。大会一般在固定的时间及地点定期举行
专业会议（conference）	通常就具体问题展开讨论，可以召开分组小会，也可以只开大会。就与会者人数而言，专业会议规模可大可小。专业会议常用于科学技术领域
代表会议（congress）	指某种专业、文化、宗教、政治或其他领域的定期会议。代表会议参会规模较大，最常在国际活动中使用
年会（convention）	指为某一特定主题展开讨论的聚会。年会通常包括一次全体会议和几个小组会议，可以单独召开，也可以附带展示会，多数年会是周期性的
论坛（forum）	对某些共同的兴趣点进行公开的反复深入讨论。一般由专家主持，专业资深的报告人做演讲，会议主席做总结点评。与会者身份要事先被认可
座谈（symposium）	由一位主持人主持，参会人员组成座谈小组针对专门课题提出其观点并进行讨论。包括各种座谈会、茶话会、经验交流会

（二）国际会议概述

1. 国际会议的定义

国际会议最早起源于欧洲，人们借由会议对一个议题进行讨论、交流。由于某些议题会影响到本国以外的其他国家，故吸引了国外与会者的参与，国际会议由此应运而生。当前，学界对于国际会议有不同的定义与诠释。表 1-4 是主要国际会议组织设定的国际会议标准。

表 1-4 主要国际会议组织为国际会议设定的标准

组织	标准
国际会议协会（ICCA）	固定性会议，至少 3 个国家轮流举行，与会人数至少在 50 人以上

续表1-4

组织	标准
国际协会联盟（UIA）	至少5个国家轮流举行，与会人数在300人以上，国外人士占与会人数40%以上，3天以上会期
中国国际会议推展协会	参加会议的国家，含主办国至少在2国以上，与会人数需达50人以上，外国与会人数需占与会人数20%以上，以年会、展馆或奖励旅游等形式均可

综合以上三个重要会议组织对国际会议的评定标准，本书将国际会议定义为，由来自3个及以上的国家或地区参加，且与会人数至少在50人以上的轮流在各国举行的固定性会议。

2. 国际会议的特点

现代会议活动种类繁多，功能不断拓展，方式日新月异，与人类社会的其他交往方式相互融合。根据国际会议的概念和发展现状，可以总结出国际会议的特点。

（1）会议成员的跨国性。

会议成员的跨国性是国际会议的基本特点，会议成员至少有来自三个不同的国家和地区，所以其影响也较深远。

（2）议题范围的多边性。

国际会议的议题既可以就某一个国家而谈，也可以就不同国家而谈，但国与国之间的国际性会议所讨论、磋商的议题都与各方利益密切相关，是各方所共同关注的议题。

（3）成员权利的平等性。

国际性会议的参与者不管来自哪一个国家或地区，或是出自某一个组织机构，只要具备同样的资格，他们之间的权利和义务都是平等的。

（4）语言使用的多样性。

由于国际性会议的参加者来自不同的国家或地区，语言使用必须要照顾到每一个人。为了便于交流，国际性会议一般都事先规定一种或若干种语言作为会议的工作语言，并配备翻译人员，使会议交流顺畅。

（5）营利非首要目的。

国际会议虽然说是一个市场，但它并不完全受市场法则所支配。国际会议的组织者主要是国际性行业协会、学术组织，它们属于非营利性机构，因而其举办会议的主要目的是为会员服务，增加收入往往放在第二位。

3. 国际会议的分类

前文已经给出会议的基本类型，国际会议同样满足如上要求。在此之外，国际会议还可根据自身特点从主题内容、与会者范围、举办周期、议题的专业性和规格、是否形成决议等角度进行分类。

按会议主题内容，将国际会议分为国际政治会议、国际经济会议、国际学术会议（见表1-5）。

表1-5 按会议主题内容划分的国际会议种类

类型	内容
国际政治会议	这类会议的内容十分宽泛，各国共同关注的政治、外交、军事、社会等方面的重大问题都可以成为会议的议题。一般出席会议的代表规格较大，影响也较大，如需解决国际关系中的重大问题，往往还会举行国家元首或政府首脑大会
国际经济会议	这类会议是为讨论或解决有关世界经济问题，协调国际经济关系，促进经济合作而召开的。会议可以由政府组织主办，也可以由企业或民间组织主办，如"二十国集团会议（G20峰会）"
国际学术会议	这类会议是围绕自然科学或人文社会科学研究领域中的特定话题而举行的探讨性和交流性会议。会议主题明确，主要活动为报告、演讲、讨论，如"生物信息与生物医学工程国际学术会议"

（2）按参会者范围，将国际会议分为全球性会议、洲际性会议、区域性会议、双边会议等（见表1-6）。

表1-6 按参会者范围划分的国际会议种类

类型	内容
全球性会议	指参加会议的对象来自世界各地，如"联合国大会""世界贸易组织成员大会"
洲际性会议	指世界两个大洲若干国家之间举行的多边会议，如"欧亚论坛""中非合作论坛"
区域性会议	指同一个洲或同一个地区内的若干国家之间举行的多边会议，如"东北亚合作论坛"
双边会议	指两个国家之间举行的会议，包括双方的会见和会谈。双边国际会议可以形成机制，定期举行。如"中美双边科技数据合作交流圆桌会议"

（3）按举办会议周期，将国际会议分为定期会议和非定期会议（见表1-7）。

表 1-7　按举办会议周期划分的国际会议种类

类型	内容
定期性会议	一般来说，国际会议的周期以一年居多，称为年会，但也有三年、两年不等；会期也基本固定，如联合国大会的开幕时间就定于每年 9 月
非定期会议	这类会议的周期和会期根据实际情况确定，有客观需要或条件成熟便举行，必要时也可以举行临时会议、紧急会议和特别会议

（4）按议题的专业性与规格，将国际会议分为例行性会议、专题性会议和特别会议（见表 1-8）。

表 1-8　按议题的专业性与规格划分的国际会议种类

类型	内容
例行性会议	指按照会议规则举行的，以例行性议题和议程为主的国际性会议，如联合国大会的一般性辩论就属于例行性会议
专题性会议	指在例行性会议之外，就某个专门性问题进行研究、讨论、决定的国际性会议，世界人权大会及世界妇女大会等国际会议都属于由联合国有关机构召开的专题性会议
特别会议	指会议议题特别重要、会议规格较高的国际会议，如联合国安理会为制止某些国家或地区的战争冲突曾举行过多次特别会议

（5）按是否形成决议，将国际会议分为正式会议和非正式会议（见表 1-9）。

表 1-9　按是否形成决议划分的国际会议种类

类型	内容
正式会议	指与会各方为解决共同关心的问题，并旨在形成具有法律效力的共同文件，依据实现约定的有关规则和程序而举行的会议
非正式会议	非正式会议是相对于正式会议而言的，一般是指以协商、交流、宣传为目的，不形成正式的决定或决议或者无确定的议事规则

（三）国际会议的发展趋势

1. 欧洲一直是举办国际会议最热门的地区

欧洲区域对国际会议的吸引力一直最高。然而，欧洲的市场份额从 1963—1967 年的 71.8% 逐渐下降至 2013—2017 年的 53.6%。相比之下，亚洲市场份额上升缓慢。根据国际大会及会议协会发布的《国际协会会议后的当代史（1963—2017）》整理。

2. 国际会议的规模在减小

国际会议的规模越来越小。国际会议平均规模从1963—1967年间的1263人减少到2013—2017年间的409人，参加国际会议的平均人数大幅下降了66%。与此同时，拥有50~249名与会者的会议占据了市场份额的大部分(62%)。超过500人的各类会议的百分比都大幅下降，而250~499人的会议的在过去半个世纪里依旧相当稳定，只显示出从23%到21%的小幅下降。总而言之，国际会议越来越多，但规模越来越小。

3. 国际会议与会者的总人数却在增加

在过去的半个世纪里，由于国际会议的数量呈指数级增长，我们也可以看到，尽管国际会议的平均规模越来越小，但与会者总数仍有增长的趋势。所有国际会议的预估与会者总数已从1963—1967年的200多万人增加到2013—2017年的近2500万人。

4. 区域轮流趋势日益明显

区域国际会议的趋势明显。全球轮流开会的比例一直在下降，从2013年的77.4%下降到了2017年的43.7%，逐渐被区域轮流取代。然而，世界/国际会议仍然在国际会议数量中占优，其次是欧洲轮流会议和亚洲轮流会议。

5. 大学成为热门会议地点

过去几年酒店会议设施的使用逐渐减少，而在会议/展览中心的费用却在增加。然而，这一趋势在2013—2017年有所变化，这段时间会议/展览中心的人气持续下降。这种会议场所已经被大学取代，在大学举办此类会议的数量急剧增加，已然成为第二大最受欢迎的会议场所。

6. 会议时长缩短

有明显趋势表明，国际会议时长越来越短。每次会议的平均时间从1963—1967年的5.78天逐渐下降到2013—2017年的3.65天。

（三）国际会议的作用

随着国际交流的日益频繁，各国合作交流的领域也在不断拓展和加深，大型国际会议已逐渐成为不同国家、不同组织机构、不同领域开展对话的一个必要平台。那么，为何人们愿意使用这种沟通方式呢？国际会议的作用可以概括为以下几点。

1. 文化效应

从本质上将讲，会议是为交流信息而进行的传播活动。会议最大的特点就在于信息的"集中"。从会的角度讲，会议的每一个参加者，既是自有信息的传播者，又是他人信息的接收者，因而会议本身应该是信息的总汇。通过交流，参会人员获取了新的咨询；经过讨论，集思广益，取长补短，有助于正确意见的形成；通过表决，多数人能够协调立场，达成具有行动指导意义的决议；通过倾听别人的报告或发言，可以受到启发。

近年来，国际及双边学术会议的举办，使广大从业者及研究者能够迅速了解国际前沿学术信息和最新成果，促进了学科的发展和行业的进步。国际会议的举办大幅度促进了信息、知识、观念的传播，因此具有积极的文化效应。

2. 社会效应

国际会议能够对举办地的社会经济产生拉动效应，不仅可以促进该地区基础设施的建设，还可以提高举办地的知名度。

（1）提升城市品牌形象。

一个会议可以改变一个城市，举办大型会议可以提高主办地的国际声望，塑造主办地形象。城市形象是一个综合的形象塑造系统，需要大量的时间和精力来打造，而大型会议的举办对于目的地的形象塑造和改善作用巨大。

比如，博鳌原本是海南省琼海市一个名不见经传的小渔村，自2001年举办亚洲论坛后顿时闻名四海，众多海内外会议组织者都将会议安排在风景宜人的博鳌召开。在成为论坛举办地之前，博鳌的居民大多以第一产业为主，而如今的博鳌，经济迅速发展，产业结构得到了调整，第三产业蓬勃发展，成为一个拥有高楼大厦、五星级酒店的现代化小镇（见图1-1）。

图1-1 博鳌亚洲论坛成立会址

(2) 促进基础设施的建设。

举办大型国际会议需要具备优良的基础条件，包括一流的会议设备、发达的交通、便利的通信设施及特色旅游资源等，这要求承办地政府必须进行综合性、全方位的城市建设。一个城市如需举办大型会议，都会积极进行城市改造和地区建设，如兴建大型会议中心、兴建星级酒店、铺设道路、改善自然环境、推动市民素质提升等。这些举措的直接目的是为争取会展举办权或成功举办会议创造基础条件，从客观上也改善了会议举办地的社会和自然环境。

2001年，上海因举办亚太经济合作组织会议，展开了有史以来规模最大的一次"城市整容"行动，景观、道路、建设整容面积达300多万平方米，使上海路面的平整度达到了历史最好状态。

3. 经济效益

(1) 增加就业。

当城市在发展会议经济时，一方面会因会展业本身的发展而增加就业；另一方面，由于会议的产业关联效应带动其他产业的发展，从而增加了其他行业的劳动就业机会。就业机会的增加意味着收入和消费的增多，最终通过乘数效应促进整个城市的繁荣与发展。

据美国会议产业理事会（CIC）《美国会议产业影响力研究报告》的数据，2004年，美国会议产业创造全职就业岗位171万个，直接税收214亿美元。2005年，美国芝加哥会议产业共创造就业岗位12.8万个，直接税收5.596亿美元。美国普华永道公司数据分析显示，2009年，美国会议和活动行业提供了170万个直接就业岗位和600亿美元的劳动收入，相比较，新闻和广播行业提供就业岗位130万个，计算机及电子产品制造行业提供110万个。

(2) 带动相关产业发展。

"如果在一个城市开一次国际会议，就好比有一架飞机在城市上空撒钱。"德国慕尼黑展览公司总裁曾生动地形容会议经济的联动效应，举办国际会议能带动建筑、旅游、餐饮、金融保险等不同产业的共同发展。

比如，位于韩国济州岛的济州国际会议中心自2003年3月开馆到2004年8月间，先后举办了联合国环境规划署（UNEP）特别会议、亚太旅游协会（PATA）年会，以及亚洲开发银行（ADB）年会等共142个会议及活动。除本地参加者外，共有95095人（其中，韩国人84197人，外国人1197人）访问济州岛，由此带来的航空、住宿、购物、旅游、交通等直接经济效益非常可观（见图1-2）。

图 1-2 韩国济州国际会议中心

二、会议项目管理概述

(一) 会议项目的定义与特征

1. 会议项目的定义

会议项目是指人们围绕一个共同主题进行讨论、交流，为创建和实现会议产品、服务而进行的临时性活动。它往往伴随着一定规模的人员流动和消费。一个会议项目的利益主体包括主办者、承办者和与会者，其主要内容是与会者之间进行思想或信息的交流。

国际会议项目是指多国代表为解决互相关心的国际问题，协调彼此利益，在共同讨论的基础上寻求或采取共同行动而举行的多边集会，如通过决议、达成协议、签订条约等。

2. 会议项目的特征

(1) 目的性。

举行任何一种形式的会议都是有明确目的的，有的是布置任务、落实措施，有的是贯彻政策、互通信息，有的是总结工作、交流经验，还有的是宣传教育、表彰先进。会议项目管理工作也要围绕着会议主体开展，为更好地实现会议目的而服务。

(2) 组织计划性。

会议项目要有一定的组织和计划。一般会议都有主持人，一些大型会议有时还要设立会议组织机构，包括主席团、秘书组、会务组等。组织一场会议，常常要经过确定会议目标、制定会议议题、选择会场、确定会议时间等一系列程序。

(3) 群体沟通性。

会议项目是一种至少有三个人以上参加的群体沟通活动。随着科技的迅猛发展，沟通方式越来越多，包括电话、E-mail、多媒体等各种形式，但是会议这种方式最直接、最直观，是任何其他沟通方式都难以替代的。

(4) 交流方式多样性。

传统的会议是以口头交流为主、书面交流为辅的活动方式，但是从现代会议所采用的呈现方式来看，在会场上还可以运用图表、多媒体、影视或录像等方式进行交流。会议是一个集合的沟通平台，大家聚集在一起共同讨论、交流。

(二) 会议项目管理的定义与原则

1. 会议项目管理的定义

会议项目管理是以会议项目为对象的系统管理方法，通过一个临时性会议项目组织，对会议项目进行高效率的计划、组织、指导和控制以实现会议项目全过程的动态管理和项目目标综合协调与优化的各项活动的总称。

2. 会议项目管理的原则

虽然会议策划需要考虑的因素有很多，但真正影响会议运营管理的原则性因素主要有三个：成本、效率与体验。无论是过去的会议、现在的会议还是未来的会议，都是这三个因素及其相互关系综合表达的结果。

比如，企业要举办一个会议，策划人需要按照会议的特点及企业的要求，对这三个因素进行综合权衡，然后做出决策。企业可以有以下几个选项：一是少花钱，快速把会议开完。这时候，会议现场及目的地体验就只能放到最后考虑，甚至不考虑。成本低、效率高的最佳解决方案是网络会议。如果一定要见面开会的话，那么办公室会议、机场会议等也是不错的选择。二是把现场体验放在首位，效率放第二，成本放第三。只有线下活动才可以满足这种需求。这类重视现场体验的会议类型包括发布会、答谢会、客户见面会等。三是把目的地体验放在第一位——希望参与者深入体验目的地的文化与旅游，并因此留下美好的回忆。这样的会议就不能太讲求效率和成本。强调目的地体验的会议主要有奖励旅游、年会等。

（三）会议项目管理过程

1. 会议项目生命周期阶段

尽管会议项目的规模有大有小，会议期限长短不同，但是会议项目管理流程还是有规律的，首先将会议项目生命周期划分为会议项目准备阶段、会议项目实施阶段和项目评估总结阶段三个阶段（见表1-10）。

表1-10 会议项目生命周期阶段

会议项目生命周期	主要内容
会议项目准备阶段	项目启动，包括对会议项目进行识别选择、分析客户需求，进行可行性研究并立项，签订项目合同的工作
	会议策划，策划会议项目的主题、议程、人员及活动安排等
	制订会议项目计划
会议项目实施阶段	会议项目宣传推广，分析会议受众举行宣传活动，向与会者邮寄有关会议材料，并投放会议广告
	会议布置安排，选择会议场所并布置，编制会场手册、与会人员手册等，培训会议服务人员为会议举行做好准备
	维持好会场秩序，按会议议程进行会议，提供各种会议服务
会议项目评估总结阶段	整理会议项目的相关文件资料，发送给相关关系人并存档
	会议结束后，调查受众满意度，评估会议项目是否达成了预期目标
	会议总结。组织会议项目人员对工作进行总结，吸取经验教训，并表彰、奖励优秀员工
	客户回访。会后做好客户的回访工作，建立、维护长远的客户关系；做好有关部门、合作单位、新闻媒体的公关活动

2. 会议项目管理过程

根据会议项目生命周期阶段，可将会议项目管理过程分为六个阶段，分别是：项目启动、项目组织、项目计划、项目执行、项目控制、项目收尾与评估。

(1) 项目启动。

项目启动是会议项目管理的起点，包括会议项目识别、需求分析和可行性分析。首先在市场中遴选并确定项目，包括市场调研、项目构思，然后进行可行性分析，某一会议项目通过可行性论证后，最后经申报或竞标等程序通过后方可启动。

(2) 项目组织。

合理的组织结构和人员安排是会议项目管理成功的有力保障。项目组织包括会议项目组织结构设计、会议项目部门职能安排和项目人员的职责分配。

(3) 项目计划。

项目计划是为完成项目目标而进行的系统的任务安排，制定工作路线并引导会议项目管理工作向目标方面发展。这一过程主要包括制订项目计划（做什么、在哪做、何时做、费用多少）和项目工作分解设计（如何做、谁去做）两个方面。

(4) 项目执行。

执行过程是计划的开展和实施，主要任务有招商、组织宣传、现场管理和配套服务，这一阶段的主要过程有质量管理、人力资源管理、沟通管理和人力资源管理等。

(5) 项目控制。

面对复杂动荡的市场环境，在会议项目管理过程中需要对资源、进度及管理效果进行有效的衡量、监督和矫正，必要时进行适当调整，以保证项目计划的有效执行和项目目标的顺利实现。控制过程的主要任务是范围、进度、成本、风险等方面的控制。

(6) 项目收尾与评估。

项目任务完成后，资源清查、成果交付、质量验收、经费结算、文件资料整理、项目评估、工作总结等善后工作是项目结束期的主要任务。

（四）会议项目管理方法

项目管理方法是一套由实践、技巧、流程以及规制组成的由某一学科或领域的工作人员使用的系统工具。会议项目管理方法很多，不同阶段会用到不同的管理方法（见表1—11）。

表1-11　会议项目管理阶段与方法

阶段	方法
项目启动	在投资决策前，通常对项目进行可行性分析； 在进行市场调研时，采用抽样调查法、观察访问法； 在项目效益和需求预测时，采用财务评估法、经验判断法
项目组织与项目计划	通过工作分解结构法、甘特图法、网络图法来确定项目任务，安排项目进度、编制项目预算
项目执行与项目控制	进度控制方法有关键路径法、计划评审技术、条线图、进度安排表； 质量控制方法有因果图法、控制图法、相关图法、直方图法； 成本控制方法有偏差分析法、趋势预测法； 风险管理方法有头脑风暴法、专家预测法（德尔菲法）、流程图法
项目收尾与评估	直接收集法、问卷调查法、重点访谈法、因子分析法、层次分析法

三、会议项目管理

（一）会议项目启动

1. 会议项目识别选择

企业应收集会议项目的信息并进行识别选择，这是最终完成会议项目立项，促成会议项目销售的基础。企业通常通过以下三种方式对会议项目进行识别选择。

一是从企业会议项目客户信息系统中跟踪维护的项目客户信息中心进行识别选择，进行项目客户的再开发。

二是项目销售人员根据市场人员的调研信息，进行筛选，运用销售技巧拓展新的行业，开发新客户。

三是通过分销商、合作方、网络等其他销售渠道或信息平台获得会议项目的订单要约，进行分析选择。

2. 会议项目需求分析

对于识别选择出的会议项目，项目管理人员需要收集并分析会议项目的需求，并据此制定会议项目的实施方案，作为会议项目可行性研究的依据。会议项目需求分析的内容如表1-12所示。

表 1-12 会议项目需求分析的主要内容

需求分析	具体说明
会议基本信息	主要包括会议的时间、地点、规模、议题等基本信息
会场布置	主要包括会场的选择、布置设计、进退场安排及会场宣传等需求
会务用品	主要分析进行会议所需要的辅助设备和其他用品
流程运作	分析研究会议客户对整个会议流程运作的要求和标准
配套服务	分析对会议可提供的有关配套服务的需求，主要包括住宿、餐饮、交通、娱乐等方面
支持人员	分析对会议筹备人员、管理人员、服务人员的数量、素质、具体工作的要求
其他	根据不同会议项目类别及特点，客户可能提出的其他需求

3. 会议项目可行性研究

会议项目的可行性研究主要应从会议项目的运作条件、目标群体参会可能性、会议的背景环境及项目可获得的收益 3 个方面进行分析论证，最后编制会议项目可行性研究报告，作为会议项目申报立项的依据（见表 1-13）。

表 1-13 可行性研究的步骤

步骤	内容
项目条件分析	区域条件分析。主要分析会议项目所在区域的经济发展、社会文化、基础设施建设及会议项目行业发展状况等是否符合会议项目的实施要求。 政策条件分析。分析国家、地区及行业领域的相关政策是否符合会议项目目标，对会议项目的实施运作是否起到推动支持作用。 资源条件分析。分析会议项目是否具备实施运作的资源条件，包括资金人员、舆论等各方面。 组织条件分析。分析承办会议项目的组织机构、人员配置、管理服务体系及项目经验等

续表1-13

步骤	内容
参会可能性分析	目标群体分析。针对参与会议的目标群体，根据其行业背景、学历资历背景、文化环境，对会议的不同需求进行分类分析。 会议规模预测。预测并规划会议项目的规模，主要是指参与会议人数，从而设计会议项目的执行方案。 组织宣传方式。分析会议项目的组织及宣传方式能否达到预期的效果，保证会议项目目标的实现。 会议项目的环境分析通常采用SWOT分析法，主要从会议项目的外部环境、内部环境及相关竞争环境等方面进行可行性分析研究
项目收益分析	会议项目的收益分析，主要指从项目财务收益的角度，运用盈亏平衡分析，估算项目成本，预测项目利润，研究会议项目的可行性
编制可行性报告	研究人员进行完项目可行性研究后，需将可行性分析研究的结果编织成会议项目可行性研究报告，反映以上各项分析的具体成果

4. 会议项目立项申报

在做好充分的会议可行性研究分析的基础上，会议项目需经过有关部门的审批后才能立项实施。尤其是在我国举办国际会议，主办单位必须向有关政府主管部门申请，得到批准后方可开始筹备。国际会议的申报审批程序一般包括提交申请和批准立项两个步骤。

（1）提交申请。

拟举办国际会议的机构首先应向主管部门（一般是相应级别的外事办公室）提交汇报材料后，再提出书面申请文件（主要包括申请报告和申请表），递交后等待批准。国际会议项目向上级主管部门提交申请报告和申请表格，应包括表1-14所示主要内容。

表1-14 国际会议报批申请的主要内容

申请内容	简要说明
会议名称	国际会议名称的中文全称和英文全称以及英文缩写
会议时间	举办国际会议的确切时间和会期，应包括起始年、月、日和结束年、月、日，特殊情况可以先报会议召开的年和月
会议地点	国际会议召开的地点（省和市），可以不写举办会议的会议中心或宾馆
会议组织者	会议主办单位、承办单位名称的中文全称和英文全称

续表1-14

申请内容	简要说明
经费来源	着重说明该会议的主要经费来自会议代表缴纳的注册费,注册费的金额基本满足支付会议的各种开支,能够满足我国财政部门在我国举办的国际会议的财务要求,即能够在财务上做到以会养会,收支平衡或略有结余
会议规模	预计参加会议总人数,包括总人数和国外代表人数
会议介绍	对该会议的宗旨、目的、背景、形式、主要议题和专业内容,要用中英文做简要说明。对该会议为我国经济建设或科技发展的促进意义加以简单介绍
会议联系人	国际会议主要主办单位和主要承办单位对内的联系热或者会议秘书长的联系方式,包括通信地址、电话、微信和电子邮箱

(2) 批准立项。

主管部门在收到会议组织者举办国际会议的申请报告后,根据会议的具体情况进行研究。若申请文件不符合要求或者对有些问题还需要补充材料,应要求会议组织者重新提交报告或补充材料;若申请文件符合要求,主管部门会按照国际会议的审批权限批准国际会议的申办请求,并发给会议组织者申办国际会议的批准。

国际会议项目的审批权限如下:凡是申办需要国家财政经费支持的国际会议都必须先经财政部同意后方能开始办理会议的其他审批手续。举办大型国际会议,以及邀请外国政府现职部长以上的官员和在国际国内有重要影响的人士参加的高级国际会议,均先由各省、自治区、直辖市党委和人民政府,中央和国家机关各部委商外交部同意,报国务院批准。中小型国际会议,可由各省、自治区、直辖市党委和人民政府,中央和国家机关各部委审批。省、部级以下部门无权批准举办国际会议。还应注意:由省、部级审批的国际会议,一般应提前8~12个月申请报批。需上报国务院批准的国际会议,应提前12个月提出申请报批。如需国家财政经费支持,申请报告应在会议举办前一年的三月份以前提出,以便纳入申请会议的年度计划和预算。

(二) 会议项目组织

1. 会议项目组织结构设计

会议项目的组织结构主要分为职能型、项目型和矩阵型三种类型,项目经理及组织规划人员应根据会议项目的实际情况进行选择和应用(见表1-15)。

表 1-15 会议项目组织结构类型

类型	内容
职能型	是指组织的各个职位按照垂直管理的原则排列而成，没有设置职能部门的组织形式
项目型	是一种高度集权下的分权管理体制，它是按地区、产品、市场或客户划分出二级经营单位，这些二级经营单位独立经营、独立核算、自负盈亏，既有利润生产和管理职能部门，又是产品或市场责任单位
矩阵型	是以产品或服务为中心的组织结构形成的一种组合，有些公司在需要完成某项会议项目时，常会成立项目部具体负责某一会议任务的完成

一般会议项目的组织结构中包括负责会议筹划、会务服务、后勤保障、信息沟通协调这些职能部门或岗位。项目经理需根据会议项目的规模、类型及特点，设计与会议项目目标和内容相适应的组织结构。以下是根据会议规模提供的小型会议项目的组织结构设计（如图1-3）、大中型会议项目的组织结构设计（如图1-4）、国际会议项目的组织结构设计（如图1-5），仅供参考。

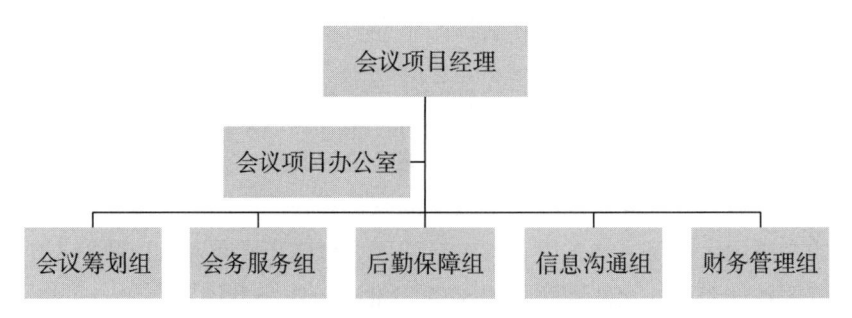

图 1-3 某小型会议项目的组织结构设计

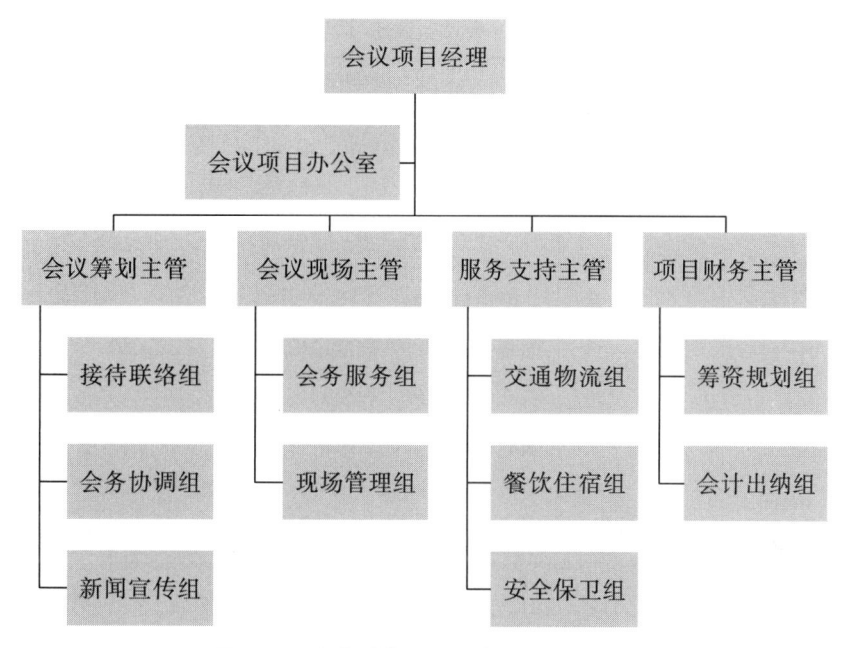

图 1-4　大中型会议项目的组织结构设计

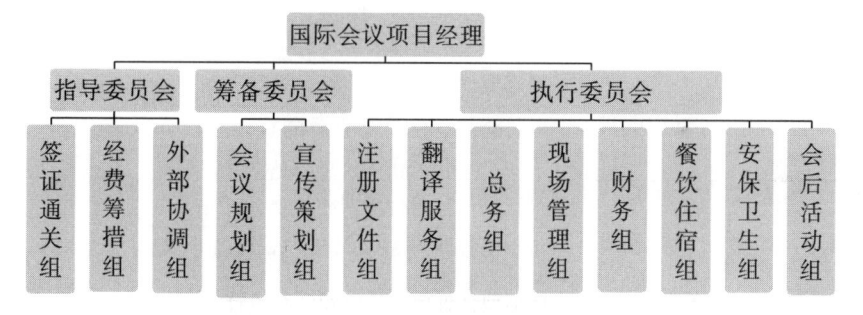

图 1-5　国际会议项目的组织结构设计

2. 会议项目部门职能安排

会议项目经理应根据会议项目的规模及特点，在项目组织结构设计的基础上，设置项目部门职能和项目岗位。会议项目通用的部门职能设计（见表 1-16）。

表1-16 会议项目部门职能设置

部门名称	一级职能	二级职能	岗位设置
项目办公室	项目选择决策	识别选择会议项目，进行可行性研究	项目办公室主任1名，调度专员若干名
		进行会议项目决策，签订会议项目合同	
	项目资源调配	预测规划会议项目所需资源	
		在项目过程中，与其他部门进行协调，调配项目资源	
	会议统筹	统筹会议项目管理全过程	
		协助项目经理管理控制会议执行	
会议筹划部门	会议规划	编制会议项目计划及执行方案	会务主管1名，规划计划专员若干名，会务协调专员若干名，宣传策划专员若干名
		安排会议的时间、场所及会议进程	
		规划会议服务内容及人员安排	
		设计会后活动及后续工作安排	
	会务协调	进行会场、人员接待协调筹划	
		统筹安排会议设备、用品	
		负责会务文书处理及会议前期各方协调	
	宣传策划	制定会议项目宣传策略，编制策划方案	
		进行会前、会中及会后的宣传推广，包括广告、网络媒体、新闻宣传等	
会议服务部门	现场管理	对现场人员进行培训和管理	会议现场主管1~2名，会场布置专员若干名，会议服务若干名
		负责会议现场的整体调控，保证会议按照计划顺利进行	
	会议布置	制定会场布置事宜应注意的规制	
		协调安排会场布置的时间及相关事宜	
		会场布置物检查、验收及撤出检查	
	会场服务	组织并培训会议服务人员	
		提供会议现场的接待、引导、翻译、文书及其他应急服务	

续表1-16

部门名称	一级职能	二级职能	岗位设置
后勤保障部门	交通物流管理	安排参会人员的往返交通	会议后勤主管1名，交通物流专员若干名，住宿餐饮专员若干名，安全保卫专员若干名
		负责会议有关设备、材料的物流运输	
	住宿餐饮管理	为需要的参会人员提供餐饮、住宿服务	
		针对会议可能的特殊情况提供应急服务	
	会场安全保卫	制订会场安全应急预案及安全保卫计划	
		保障会场的安全，提供安保服务	
信息沟通部门	项目沟通管理	负责项目团队内部的信息沟通	信息沟通主管1名，信息沟通专员若干名
		协助项目经理进行外部协调沟通，进行项目公关	
	信息文档管理	负责项目信息、文件的上下传递	
		负责建立维护项目信息管理系统，存档保管项目文件	
财务管理部门	会计核算	编制收入、支出各项预算	财务主管1名，成本专员1名，会计、出纳若干名
		审核各组的预算	
		项目款项的结算	
	现金管理	会展项目筹备期间的现金收支管理	
		制定项目费用的申请程序	
		登账，定期制定报表	

3. 会议项目人员岗位职责

（1）项目经理的角色职责。

在会议项目运行过程中，项目经理一般扮演着项目的领导者、协调者、资源分配者、谈判者、危机管理者等多种不同角色。项目经理作为会议项目的组织者和管理者，在项目实施过程中通常要做好五项工作（见表1-17）。

表1-17 项目经理的五项工作

职责	具体内容
组建项目团队	项目经理是项目责、权、利的主体，是项目的组织者，组织团队是管理好项目的基本条件，也是项目成功的组织保证
确保项目实现	制订项目部的分阶段目标及工作计划，并组织实施，确保在规定时间内完成会议项目
制定项目阶段性目标和总体控制进度	负责制定详细的项目阶段性目标和总体控制计划，并与项目团队进行沟通，以便使项目成员对项目目标及进度达成一致认识
及时做出决策	由项目经理亲自做出决策的事项，包括人事任免及奖惩、项目实施方案、项目进度安排、项目计划调整、合同签订和执行等
控制项目实施过程	项目经理需要根据项目内部和外部的各种信息反馈，不断对项目计划进行控制和调整，以保证项目按时、按质完成

会议项目团队中除了项目经理，还有会议接待专员、设备租赁专员、会议外联专员等富有特色的重要岗位。

（2）会议接待专员岗位职责（见表1-18）。

表1-18 会议接待专员岗位职责

岗位信息	岗位名称	会议接待专员	岗位编号	
	所属部门	会议服务部	直接上级	会议现场主管
岗位职责及考核标准	职责范围			考核标准
	根据会议总体安排和接待工作流程，按时到机场、火车站或汽车站迎送参会人员			接送站及时，客户满意度达到____分以上
	对前来报道的参会人员引导其按照报道流程办理手续，并引导其顺利入住房间、到达会场			手续办理齐全、及时
	对特别重要的外国客户，要遵循国际惯例、尊重外国接待风俗习惯			客户满意度达到____分以上
	会议开幕式期间负责来客的接待和引导工作，协助维护开幕式现场的良好秩序			开幕式秩序良好，参加人员满意度达到____分以上

(3) 设备租赁专员岗位职责（见表1-19）。

表1-19　设备租赁专员岗位职责

岗位信息	岗位名称____	设备租赁专员____	岗位编号____	
	所属部门____	会议服务部____	直接上级____	会议现场主管
岗位职责及考核标准	职责范围			考核标准
	对客户提出的设备租赁疑问进行解答，确保客户全面了解租赁的流程和条件			客户满意度达到_____分以上
	为客户办理设备租赁手续，对待租设备的工作性能和磨损状况进行检验，保证设备良好运作			手续办理及时
	指导客户正确使用租赁设备，明确使用规范			设备使用正确、规范
	对返还的设备进行检验，掌握其损耗情况，为客户办理租赁返还手续			手续办理及时
	对闲置的租赁设备定期保养，延长使用寿命			设备故障率控制在_____%以内

(4) 会议外联专员岗位职责（见表1-20）。

表1-20　会议外联专员岗位职责

岗位信息	岗位名称____	会议外联专员____	岗位编号____	
	所属部门____	会议筹划部____	直接上级____	会务主管
岗位职责及考核标准	职责范围			考核标准
	根据会议项目安排，收集整理所需的服务供应商的信息，将其录入服务商信息库			信息收集的及时率与准确率达到_____%
	根据会议项目需要，负责与会议中心、旅行社、酒店等服务提供商的联络与日常关系维护事宜			外部合作单位满意度达到_____分，各项活动支出控制在预算内
	根据会议项目需要，协助会务拟定与服务提供商的合作合同，安排双方的签约事宜			有关领导的满意度达到_____分以上
	负责与其他与会部门的沟通与协调，将会议期间相关服务的提供商通知给各部门，加强沟通			相关部门及人员的满意度达到_____分以上

（三）会议项目计划

好的项目计划是项目成功的一半。项目计划在整个项目管理过程中非常重要，会议项目总体计划包括范围计划、进度计划、资源计划、成本计划、质量计划和沟通计划（见表1-21）。因此，一个好的项目经理一定非常重视计划编制工作。

表 1-21 会议项目计划简要说明

主要内容	简要说明
项目范围计划	分析会议项目的基本框架，确定项目边界及内容
项目进度计划	根据项目实际条件和合同要求，按照合理顺序安排项目实施日程
项目资源计划	通过识别项目资源需求，确定项目投入的资源种类、数量和时间
项目成本计划	对会议项目成本及收入的预测分析，项目资金筹措及使用的计划
项目质量计划	确立会议项目的质量要求、标准及验收方法和程序
项目沟通计划	项目关系人的分析管理及会议项目实施过程中的沟通安排

1. 会议项目范围计划

（1）会议项目范围。

会议项目范围是指为了达到会议目标所做的各项工作的内容，包括要交付的产品或服务应该具有什么样的特征、功能，以及为了实现该产品或服务所需要完成的工作内容。

（2）会议项目范围计划的内容。

会议项目范围计划目的是进一步形成各种文件，为将来会议项目决策提供基础。这些文档中包括范围说明书、辅助性细节、范围管理计划等。这些文档定义了项目目标和可交付成果，确定了项目工作边界和管理办法。会议项目范围计划主要包含项目理由、项目产出物、项目目标各方面的数据和信息等内容。

（3）会议项目范围计划的工具和技术。

第一，产品分析，是为了加深对项目结果的理解，主要运用价值分析、功能分析等技术。

第二，成本效益分析，是估算不同项目方案的有形和无形费用和效益，并利用诸如投资收益率、投资回报率等财务手段估计各项目方案的相对优越性。

第三，可选方案识别，用来提出实现项目的各种不同方案的所有技术，如头脑风暴法。

第四，专家判断，请该领域专家提出并评价各种方案。

2. 会议项目进度计划

会议项目进度计划是描述会议项目中各项工作开展顺序、开始和完成时间以及相互衔接关系的计划，一般包括简述项目工作说明、编制项目工作分解结构、进行项目工作描述和责任分配、确定项目工作顺序、估算项目工作时间等步骤。

(1) 简述项目工作说明。

项目工作说明就是用表格的形式将项目目标、项目范围、重大里程碑等项目信息进行描述（见表1-22）。

表1-22 会议项目工作说明表

项目名称		项目目标	
可交付物		交付物完成标准	
工作描述		工作规范	
所需资源估计			
重大项目里程碑			
项目负责人审核意见			

(2) 编制工作分解结构。

项目管理人员可运用工作分解结构将整个会议项目分解为便于执行和管理的具体工作。可以用图或表的形式表示，并且分解完的每个项目工作都有唯一的项目工作分解结构编码——WBS编码（如图1-6）。

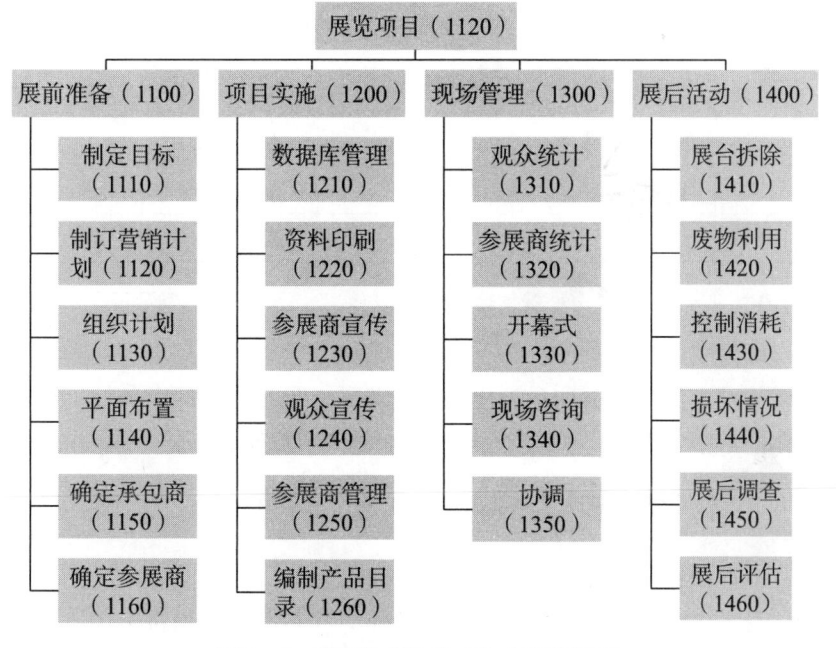

图1-6 某展览项目的工作分解结构图

(3) 进行项目工作描述。

在会议项目工作分解结构的基础上,项目管理人员需要对具体的项目工作进行描述,明确项目工作的具体内容和要求,并将项目工作描述汇总,形成清单(见表1-23)。

表1-23　会议项目工作清单

工作编码	工作名称	输入	输出	内容	负责部门	协调部门	相关工作
WBS编码	项目任务名称	完成任务的前提条件	完成任务后的可交付性成果	具体需要做的工作及流程	负责完成该任务的部门及人员	协助完成该任务的部门及人员	与本工作相关的下一步工作

(4) 进行项目责任分配。

项目责任分配就是将所分解的项目工作责任落实到有关项目部门及人员,并运用图表表示出项目部门和人员的关系、责任或角色。项目责任分配表样例(见表1-24)。

表1-24　某展览项目责任分配矩阵表

WBS编码		任务名称	策划组	执行组	设计组	营销组	物流组	财务组	办公室
1100	1110	制定目标	▲	□		□		□	●
	1120	租用场地		▲				□	●
	1130	营销计划	□	□		▲		□	●
1200	1210	信息收集		□		▲		□	●
	1220	印刷资料	□	□	□	▲		□	●
	1230	实施宣传		□		▲		□	●

注:▲—负责;□—参与;●—监督

(5) 确定项目工作顺序。

项目管理人员应根据项目工作之间的联系、项目实际约束条件,确定会议项目工作清单中各项工作的顺序。会议项目中有很多工作是可以同时进行的,具有一定的交叉关系,项目管理人员应运用自身的项目管理经验,安排各项项目工作的顺序。

(6) 估算项目工作时间。

某项目工作时间是指在一定项目条件下,直接完成该项目工作所需时间和必要间歇时间之和。项目管理人员应根据会议项目的约束条件和假设前提,结合历史信息,在保证项目质量的基础上,估算项目工作清单中每项工作所需的时间。为准确估算项目工作时间,项目管理人员需收集准确性较高的项目环境信息,并依据自身经验进行分析。

(7)形成项目进度计划。

项目管理人员根据上述步骤的成果,对会议项目的进度进行安排,编制项目进度计划。会议项目的进度计划主要有以下三种表现形式。

①里程碑计划。里程碑事件是指对会议项目具有重大影响或决定项目成功与否的重大事件。项目里程碑计划就是以项目中某些重要事件开始或完成时间为基准形成的宏观进度计划。其优点是重点突出、全局控制性强,缺点是内容和时间都不细致(见表1-25)。

表1-25 某会议项目的里程碑计划表

项目里程碑计划名称	内容	完成时间	成果
会议设想	提出会议设想	7天	会议项目立项策划书
可行性研究	从社会、经济、文化、民俗、必要条件各方面分析活动是否可行	18天	决定放弃或启动项目
编制计划	利用项目管理计划技术对活动进行全面计划	35天	项目管理计划
会议筹备	各项活动提供商招商完成,广告宣传完成,安保、交通、急救服务安排完成,志愿者招募、培训完成,现场布置完成等	82天	各项准备工作就绪
会议就绪	对各项准备在限定时间前一切就绪情况进行核对	89天	核对清单完毕
会议举办	按照计划如期举行会议	90天	实现会议项目目标
会议结束	解散志愿者团队,清理场地,感谢协作单位	96天	场地恢复,项目利益相关方满意

②项目进度表。项目进度表是项目进度的详细安排,内容包括每项项目工作的开始时间和完成时间。适合小型简单或筹备时间较短的会议。其优点是内容详细、时间界限清晰,缺点是宏观性较差(见表1-26)。

表1-26 某会议项目的进度表

日程	工作说明	完成时间
2019年2月20日	会议策划、进度目标、预算确认,合同签约	2019年2月25日
2019年2月26日	确认日常及会场,制定议程表,设计背景板、议程板、海报、资料袋,提供与会人员名单	2019年3月5日
2019年2月28日	资料袋发包制作,背景板、议程板、海报数量、资料袋确认,会议餐饮菜单确认并预定,背景板、议程板、海报发包制作	2019年3月8日
2019年3月9日	会议证件制作,会议设备数量、质量确认,车辆预订	2019年3月10日
2019年3月11日	所有物品准备就绪,工作人员彩排(含司仪)	2019年3月12日
2019年3月13日	进场布置,会议议程最后确认	2019年3月14日
2014年3月15日	会议接待,会议举行	2019年3月18日
2019年3月19日	会议善后工作	2019年3月20日

③项目甘特图。项目甘特图是把项目工作按照纵向排列展开,用横向表示项目工作时间和工期,而每个项目工作的持续时间用长短不一的长条进行表示的一种项目进度计划形式。项目甘特图适合小型简单或紧急筹备的会议项目,还可以应用于会议项目的进度控制。其优点是项目进度简洁明了,缺点是内容不明显、不细致(见表1-27)。

表1-27 某会议项目的进度表

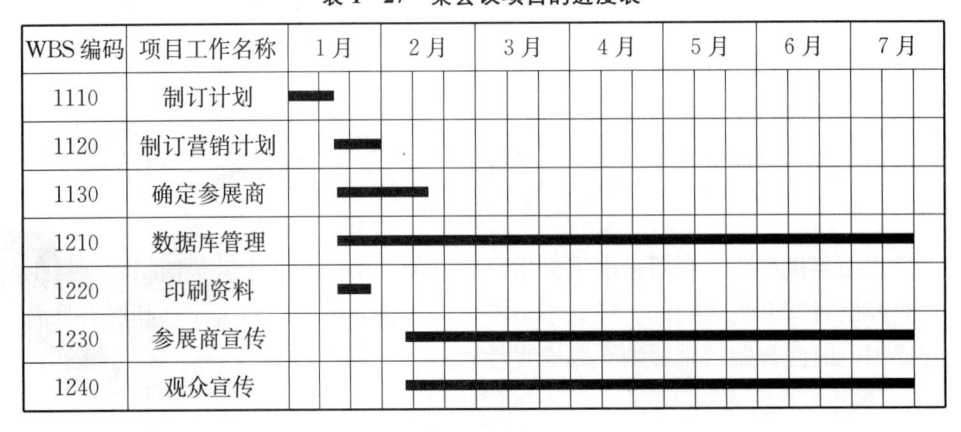

WBS编码	项目工作名称	1月	2月	3月	4月	5月	6月	7月
1110	制订计划	■						
1120	制订营销计划	■						
1130	确定参展商	■■						
1210	数据库管理	■■■■■■■■■■■■■						
1220	印刷资料	■						
1230	参展商宣传		■■■■■■■■■■					
1240	观众宣传		■■■■■■■■■■					

3. 会议项目资源计划

会议项目资源包括项目执行过程中需要的人员、设备、材料及各项设施等。项目资源计划反映了项目需要什么资源及多少资源将用于项目每一项工作的执行过程中,是制订项目成本计划的基础,下面是编制资源计划的具体步骤。

(1) 收集编制依据。项目管理人员为编制会议项目资源计划,应收集编制所需依据,一般包括以下四项(见表1-28)。

表1-28 会议项目资源计划编制依据

种类	内容
工作分解结构	利用WBS进行分类,项目工作划分的越细越具体,所需资源种类和数量越容易估计
项目进度计划	项目进度计划是编制资源计划的基础,什么时候需要何种资源是围绕项目进度计划的需要来确定的
项目历史信息	项目历史信息中会记录以往类似会议项目所使用资源的情况,可为资源计划编制提供依据
资源安排描述	即什么项目资源是可获得的,特别是数量描述和资源水平,对制订项目资源计划来说特别重要

(2) 选择编制方法。项目管理人员应根据会议项目的实际情况,选择合适的资源计划编制方法,从而更有效、准确地编制项目资源计划。会议项目资源计划的编制方法主要有四种(见表1-29)。

表1-29 会议项目资源计划编制方法

种类	内容
专家判断法	指由会议项目成本管理方面的专家根据经验和判断确定和编制计划
统一定额法	指利用国家或行业统一的标准定额来计算并编制计划
资料统计法	指项目管理人员运用历史项目的统计数据资料,类比计算和编制计划
项目管理软件法	指项目管理人员利用项目管理软件,运用确定的模板编制计划

(3) 编制资源计划。会议项目的资源计划有多种表现形式,如项目资源矩阵、项目资源数据表、项目资源甘特图等。项目管理人员应根据会议项目成本管理的实际需要,运用合适的方式,编制项目资源计划。通常情况下,会议项目的资源计划采用资源数据表的形式,可以清楚地说明各种项目资源在项目周期内各时间段上的数量需求情况(见表1-30)。

表1-30 某展览项目的人力资源数据表（单位：人）

项目所需人力资源	时间（月）											
	1	2	3	4	5	6	7	8	9	10	11	12
策划人员												
咨询人员												
营销人员												
设计人员												
项目经理												

4. 会议项目成本计划

编制项目成本计划是指项目管理人员根据会议项目的成本估算为项目各项工作分配和确定成本目标，确定整个会议项目总预算的过程。

（1）项目成本估算。

会议项目成本估算是指项目管理人员根据项目资源计划及各种项目资源的价格信息，估算会议项目成本的过程。

首先，收集整理项目资料。收集整理与项目成本有关的数据信息，一般包括会议项目的工作分解结构、资源需求、资源价格、历史项目成本估算资料、项目成本会计科目及已识别的风险等。

其次，确定项目成本构成。在分析会议项目成本信息的基础上，根据项目成本的实际情况，确定项目的成本构成。会议项目的成本可根据项目阶段划分为七项（见表1-31）。

表1-31 会议项目的成本费用内容

种类	内容
项目管理费	聘请专业项目管理人员或团队的费用
人工成本	各种项目人力资本
物料成本	项目消耗和占有的物料资源费用
顾问费用	各种资讯和专家服务费
设备费用	设备折旧、租赁费用等
其他费用	如保险、分包商的法定利润等
不可预见的费用	为预防项目变更或风险的管理储备

最后，估算项目成本费用。根据会议项目消耗和占用资源的数量和价格情

况，在保证项目工期、质量及范围的基础上，估算会议项目的成本费用。成本估算方法有四种（见表1-32）。

表1-32 会议项目成本估算方法

种类	内容
类比估算法	又称自上而下估算法，通过比照已完成的类似项目的实际成本估算新项目的成本，在精度要求不高的情况下使用
参数估计法	利用会议项目的特性参数建立数学模型来估算项目总成本的方法，常会用到一些行业标准定额
基于工作分解结构的估算	根据在会议项目的工作分解结构，对每项目工作所需资源成本进行详细估算，然后汇总得出项目总成本的方法，此方法烦琐但精准
软件工具法	利用行业成熟的项目管理软件或财务管理软件估算项目成本的方法

（2）编制会议项目成本计划的流程。

①确定项目总成本。项目管理人员应根据项目成本估算的结果，结合项目资金筹措的约束条件，确定会议项目的总成本。

②确定各个项目工作成本目标。项目管理人员根据会议项目的工作分解结构，将项目总成本目标分配给各个项目工作，并与项目工作部门及人员进行沟通，根据实际工作重要程度等对目标成本进行调整，最终确定各项工作的成本目标。

③确定项目预算投入时间。项目管理人员根据会议项目的进度计划及项目资金筹措实际情况，确定项目预算的投入时间。

④编制项目成本计划。根据上述步骤的成果，编制会议项目的成本计划，经财务部审核及企业主管领导审批后，作为项目成本控制基准，为会议项目的成本控制工作提供依据。

5. 会议项目质量计划

（1）项目质量计划编制依据。

会议项目的质量计划是项目管理人员为确定会议项目应达到的质量标准及如何达到这些项目质量标准而制订的计划安排。编制会议项目的质量计划需收集编制依据（见表1-33）。

表1-33 会议项目质量计划的编制依据

种类	内容
项目质量方针	指会议项目质量目标和质量管理工作方向
项目范围说明书	为项目质量管理工作划定了范围及边界

续表1-33

种类	内容
项目产品说明书	会展项目产品的质量要求或标准，一般以项目合同为准
行业标准和规定	指会展项目行业有关的质量标准或工作规范
项目其他工作信息	会议项目质量计划的制订与其他计划相适应，并运用企业项目管理的计划模板

（2）项目质量计划编制流程。

①确定质量目标。根据会议项目的合同要求及质量方针，确定项目的质量目标。

②制定质量标准。结合有关行业标准及客户需求，制定相应的质量标准。

③明确质量责任。将分解的项目质量目标分配给相应部门及人员，并明确责任。

④制定保证措施。针对会议项目的实施过程制定符合实际的项目质量保证措施。

⑤形成质量计划。规范质量管理的有关工作，并根据模板形成项目质量计划。

（3）项目质量计划编制方法。

①成本收益分析法。该方法又称经济质量法，要求项目管理人员在制订项目质量计划时必须同时考虑到项目质量计划实施的经济性。运用成本收益分析，合理安排项目质量保障成本和项目质量检验纠偏成本，使项目质量总成本达到最低，保证制订的项目质量计划经济适用。

②质量标杆法。其指项目管理人员将类似的成功的会议项目立为质量标杆，比照其编制本项目的质量计划。质量标杆的选择可以是本企业的历史成功项目，也可以是竞争对手的优秀项目，并不限定行业或地域。

③流程图法。其指项目管理人员利用项目工作流程图分析项目质量控制过程，从而制订项目质量计划的方法。项目流程图就是用来表示项目工作程序和项目不同部分之间相互联系的图表。编制流程图的目的是理顺各项工作之间的关系，明确项目工作的质量控制关键点。

6. 会议项目沟通计划

（1）项目关系人管理。

会议项目涉及多方利益相关者，项目管理人员应首先对会议活动项目的关系人进行管理规划，这是编制项目沟通计划的基础。

首先，识别项目关系人。项目关系人又称项目利益相关者，是指能够影响项目决策、活动、结果的个人、群体或组织，以及会被项目决策、活动、结果影响的个人、群体或组织。项目管理人员需要根据项目章程尽量毫无遗漏地识别出项目的所有关系人，并分析记录他们的需求、影响、参与度及重要性。会议项目的关系人主要有以下九类：项目主办方、项目协办单位或部门、项目投资方或赞助方、政府等有关主管部门、项目场地场馆、项目团队、参展商、服务供应商、观众。

其次，分析沟通需求。项目管理人员应针对不同的会议项目的关系人，进行沟通需求分析，以便更好地进行项目信息沟通与组织协调。项目管理人员收集获取项目关系人沟通需求主要有以下三种方法。

①举行会议。项目管理人员可以通过举行会议获取大量全面的信息，尤其是项目工作例会，可以及时了解项目工作的重心及变化，便于把握沟通需求的变化。

②查阅资料。项目管理人员可以通过查阅文档和相关资料，了解会议项目的组织机构、部门职责，获取同类型项目的历史数据和相关经验，明确掌握项目内部和外部信息状态。

③人员访谈。此方法主要用于深入了解关键项目关系人的沟通需求。对于会议项目有重大影响的关键关系人，项目管理人员可以通过与其进行访谈，了解沟通需求，改善工作流程，保证项目沟通过程更加顺畅。

（2）沟通计划编制流程。

项目管理人员编制会议项目的沟通计划通常应遵循以下程序。

①确定项目沟通信息。项目管理人员根据已识别的会议项目关系人及其沟通需求，确定沟通信息。一般来说，项目沟通工作中需要传递的信息包括：项目组织计划、项目状态报告日志、各级管理指令和通知、项目工作配合信息、项目各类环境变化信息、各利益相关方的意见建议。

②选择项目沟通方式。项目管理人员应根据沟通需求和沟通信息的特点选择合适的沟通方式，沟通方式有项目报告、项目例会、书面通知、当面沟通、电话、邮件和视频沟通等。由于会议项目的特殊性，项目参与人员会比较倾向于直接的个人沟通方式，因此项目管理人员通常会选择当面沟通或电话沟通的方式来进行项目协调，开展工作。

③明确项目沟通责任。项目管理人员应组织安排负责项目沟通的有关人员，明确其责任，具体责任可用项目沟通责任矩阵表来表示。

④制订项目沟通计划。项目管理人员应根据项目沟通需求、方式及责任，确定沟通的频次、时间及具体沟通工作的安排。编制会议项目沟通计划，经上

级领导审批后执行。

(3) 项目沟通计划内容。

会议项目沟通计划是对项目沟通、管理及监控过程进行规划、描述和规范的文件，通常包括识别项目关系人信息及其沟通需求、项目沟通信息的获取渠道、项目沟通频次及日程安排、项目信息的沟通方式、项目沟通工具及文档的模板、项目沟通工作的负责人及其沟通责任、项目沟通工作的规范及管理制度、项目沟通工作跟踪反馈机制等内容。

(四) 会议项目执行

1. 会议准备

(1) 会议相关文件证件准备（见表1-34）。

表1-34 会议相关文件证件

种类	内容
会议通知准备	是告知与会者有关的与会事项会议文书，是传递会议信息的载体
会议请柬准备	是主办方为邀请贵宾、与会者而发出的专用通知书
会议邀请函	适用于学术会议、咨询论证会议、产品发布会、贸易洽谈会议等
会议文件准备	包括大会报告、开闭幕词、议案文书、会议记录、参会指南与细则
会议回执与报名表	内容有参会对象基本信息、抵离情况、会议议题和内容、会议费用
会议相关证件	是用来表明与会者身份的证件，包括会议名称、个人姓名和照片等

(2) 会议设施与会场布置准备（见表1-35）。

表1-35 会议设施与会场布置准备

种类	内容
会议设施与用品	桌椅、空调、车辆、消防设施、同声翻译、纸笔、幻灯机等
会场布置	主席台、会标、座位、摆设、照明、视听设备等
会前检查	是会前各项准备工作的落脚点，能够起到及时纠错、调整的目的

2. 会议接待管理

(1) 会议接待准备。

会议接待准备要本着热情友好、细致周到、平等对待、节俭安全的原则，有针对性地收集与会对象的基本情况、参会目的和背景、抵离时间和交通工具等信息，为会议接待做好准备。

(2) 拟定会议接待方案。

对于重要的会议接待，会务和工作机构应当制定会议接待方案，一般包括接待方针、接待规格、接待内容、接待日程、接待责任和接待经费等。会议接待方案可以包含在会议整体策划书或会议预案中，也可以单独拟写，作为会议策划书或预案的附件。

(3) 培训接待人员。

会议接待的对象往往是多方面的，对象不同接待要求也不同。因此，会议接待工作人员要根据具体接待对象学习和掌握有关的接待知识，必要时对接待人员尤其是志愿者进行培训。

(4) 落实接待事项。

会议活动开始前，要根据已经获得的参加对象的信息、经费预算标准及参加对象的特殊要求，安排好就餐、住宿等事项，如有宴请，要根据接待规格和人数，确定宴席的标准、地点和席数。交通工具、安全保卫、翻译与陪同人员、接待物品、文娱活动等也需要逐一落实。

(5) 接站与引导。

会议接待人员要前往码头、机场、车站迎接参加对象的工作叫作接站。接站是跨地区、全国性和国际性会议活动接待工作的第一个环节。接站工作首先要确定接待规格，树立接站标志，掌握抵达情况，然后热情接待，根据会议需要组织欢迎队伍、献花等环节。

(6) 报到与签到。

报到是指参会对象到达会议活动所在地时办理注册登记。参会人员报到时，会议接待人员要做好查验证件、登录信息、接收材料、发放文件、预收费用、安排住宿等事项；签到是与会者在进入会场或展馆前签名或刷卡，便于统计实到人数和检查缺席情况。

(7) 安排住宿和饮食。

会议活动的住宿和饮食要根据经费预算确定标准，在既定规格下，要对食宿的时间、地点、安全性、合理性做到细致周详，尽力让与会者吃住舒适满意。

(8) 安排作息时间。

会议活动作息时间一般由就餐时间，每天会议活动的开始、结束和休息时间，会议辅助活动时间及茶歇时间等构成。会议作息时间的安排要服从会议议题性活动的需要，劳逸结合。

(9) 文艺招待。

会议活动中可以举行文艺招待会，以丰富会议期间的业余活动，同时可以带动旅游消费，具体工作包括节目选择、安排时间、接送、入席与退席等。

(10) 组织参观、考察、游览。

参观、考察和游览的项目尽可能与会议的主题相适应，同时要考虑当地的接待能力和照顾与会对象的兴趣。项目确定后要制订详细的参观游览计划，包括线路、日程车辆食宿等。

(11) 返离工作。

返离是闭会后与会者离会和返回。返离工作体现了会议接待工作有始有终、善始善终，具体包括预定返程票、结算费用、检查会场与房间、告别送行等环节。

3. 会议现场服务管理

会议现场服务是指参会人员到场后，现场工作人员按照会议流程对其进行引导与服务，保证参会人员及时签到、入座，保证会议的顺利进行。

(1) 会议签到服务。

参会人员到场后，会议现场工作人员应按照会议流程与事先确定的会议签到方式，在规定的时间内，组织参会人员到指定地点签到。常见的签到方式主要有五种：会务工作人员代为签到、簿式签到、证卡签到、电脑签到、按座次表签到。

(2) 会议茶歇服务。

会议茶歇是为会间休息而设置的小型简易茶话会。通常情况下，会议进行约两个小时后，会议进入茶歇阶段，在此阶段，会议现场服务人员应做好如下服务工作（见表1-36）。

表1-36 会议茶歇服务内容说明

工作事项	具体说明
茶歇准备	服务人员应按照会议标准及参会人数，准备相应的茶歇物品。一般有咖啡、糕点、水果、餐夹、杯具、牙签、纸巾、装饰品等
装盘	服务人员将装盘的茶歇点心与水果提前10分钟送往茶歇台，茶歇用具需干净卫生，并摆放整齐
茶歇服务	参会人员茶歇时，现场服务人员应每隔15分钟对茶歇台进行一次清理，保持茶歇台整洁，并主动为参会客人添加咖啡、茶水等
茶歇后整理	服务人员应将使用过的果盘统一放置到指定存放处，将可回收点心、水果等收回，将不可回收的物品放于废物暂存点

(3) 会议记录管理。

会议进行过程中，会议现场工作人员应根据会议主题、会议讨论情况及会议发言情况等，编制会议记录。一般情况下，会议记录应包括会议组织情况记录和会议内容记录两个方面。

一是会议组织情况相关记录。会议现场工作人员应对以下情况进行记录，包括会议的主题、会议的起始时间、会议的地点、出席人员、缺席人员、列席人员、主持人、记录人等。二是会议内容相关记录。会议现场工作人员应对以下内容进行记录，包括发言人的姓名、发言的内容、提出的建议、通过的决议以及会议中临时出现的状况等。

(4) 会议内外部联络。

会议进行过程中，会议现场工作人员应做好会议内外部联络工作，保证会议现场意见、建议的及时上传和下达，保证场内场外重要信息的有效传达。通常，会议现场工作人员应做好如下四项外部联络工作。

①会议现场工作人员应根据会议流程，掌握会议动态，并随时向主持人汇报会议进展情况及参会人员的意见、要求等。

②会议现场工作人员应及时将有关领导或主持人的意见传达给参会人员。

③根据工作需要，会议现场工作人员应及时将会议情况上报场外相关领导。

④如有场外联系环节，则会议现场工作人员应在会议前与场外人员做好沟通、协调工作，并在规定的时间内按要求进行场外联络。

（五）会议项目控制

1. 项目进度控制

(1) 项目进度目标。

①项目进度目标确定。会议项目管理人员为管理控制项目进度，首先应根据项目合同要求和项目总体计划确定会议项目的进度目标。

②项目进度目标描述。会议项目管理人员应根据项目合同、项目计划中的项目目标，对会议项目进度目标进行分析和表述，并传达给项目各部门及人员。

③项目进度目标分解。将项目进度总目标按照一定的标准进行分解，再将具体的项目进度目标分配给具体部门或人员负责，构建会议项目的进度责任体系。一般来说，会议项目的进度目标按照项目阶段分解成筹备阶段进度目标、执行阶段进度目标和善后阶段进度目标。

(2) 项目进度执行跟踪。

在项目实施过程中，会议项目管理人员应对项目进度计划的执行情况进行跟踪检查，收集实际项目进度信息，并与项目进度目标进行比较，找出偏差及原因。跟踪项目进度执行情况一般常使用以下三种工具。

①项目进度执行横道图。会议项目进度计划可以用横道图表示。项目管理人员在检查会议项目进度计划执行情况时，可将实际进度信息同样绘制成横道图，并与项目进度计划横道图进行比较，便可得出项目进度是超前还是延迟，从而制定项目进度调整措施。

②进度完成情况统计。项目管理人员还可以对一段时间内的项目进度完成情况进行统计，编制成统计图表，定期汇报给项目经理。

③项目进度报告会议召开。会议项目管理人员定期在项目进度报告会议上向项目经理汇报进度执行情况。通过会议反映实际过程中的问题，并进行分析协调，制定纠偏措施或对调整项目进度计划达成一致，并对下一阶段工作进行具体规划。

(3) 项目计划进度协调平衡。

会议项目管理人员针对实际情况制定纠偏措施，调整项目进度计划，保证项目进度目标的实现。项目管理人员平衡协调项目进度主要有以下三种方式。

①项目进度压缩。赶工，发动进度落后的项目成员加班加点。快速跟进，管理人员把单独进行的项目工作改为同时进行，这可能需要投入加倍的人力和资源。

②调整提前量或滞后量。例如，紧前工作的进度已经滞后，则可以增加其紧后工作的提前量或减少乃至消除滞后量，使其紧后工作按照项目进度计划进行。

③项目资源调度。管理人员利用资源优化技术，对各项资源进行重新分配。例如，调度提前完成进度的项目工作资源去支持进度滞后的项目工作。

2. 项目成本控制

(1) 项目收支预算制定。

会议项目的财务预算是以收付实现制为基础制定的，收支预算内容主要包括现金收入、现金支出、现金多余或不足的计算及项目利润等，以供项目经理了解会议项目的资金使用情况。会议项目成本控制人员制定项目财务收支预算时，应按照收入和支出项目设置相应的会计科目编号，用于编制预算和进行会计核算。

(2) 项目商业赞助筹集。

会议项目的商业赞助是一种为了获得商业回报的投资，赞助既可以表现为现金支付，也可以是非现金的服务或产品。赞助的形式多种多样，会议项目管理人员应依据一定程序获取商业赞助，为会议项目筹集资金。

①选择赞助商的标准。会议项目选择赞助商一般考虑以下四方面因素（见表1-37）。

表1-37　选择赞助商四因素

因素	具体内容
报价因素	赞助是否具有吸引力
市场推广因素	赞助商能否充分进行市场营销，推广自身和会议项目
资质因素	赞助商的前景和资金、资源情况
信誉因素	赞助商的信誉对项目信誉是否有正面影响

②寻找项目赞助商（见表1-38）。

表1-38　开发赞助商方式

方式	内容	特点
社会公开方式	公开赞助需求信息，寻找项目赞助商	具有不确定性，前期准备时间长
内部定向方式	选择有过合作关系的赞助商	具有一定熟悉度，高效快捷

(3) 项目成本控制程序。

会议项目的成本控制是项目成本控制人员运用以成本会计为主的各种方法，制定成本基准，核算项目成本并比较分析，衡量项目成本绩效，纠正成本偏差，以实现成本目标的过程（见表1-39）。

表1-39　会议项目成本控制程序

种类	内容
建立成本中心	将成本目标按照项目过程或项目职能部门划分为一个个成本中心，作为项目成本责任单位，并安排相应的负责人，对费用开支负责
制定标准成本	经过调研、分析和测定，制定项目各成本中心的标准成本。项目的标准成本一般包括会议项目的历史信息、市场价格、资源需求及行业标准
成本差异分析	根据成本报告，对比标准成本核算并检查项目成本差异，分析差异原因
纠正偏差	各成本中心责任人调查成本偏差原因并制定纠偏措施，控制项目成本
编制控制报告	定期编制项目成本报告，及时向项目经理反映成本控制工作情况

3. 项目质量控制

会议项目质量管理中重点强调的是项目服务质量的管理控制，主要从项目质量监督、项目质量改进和项目质量评估三方面入手。

（1）项目质量监督。

管理人员应随时对项目服务质量进行检查监督，具体实施方式有：根据项目服务标准定时检查和随时抽查项目员工的执行情况，及时纠正不符合标准的行为；定期针对项目客户进行服务质量满意度调查，了解客户需求变化，从而调整项目服务；开通项目服务质量监督热线，收集项目质量问题信息，及时处理客户的质量投诉；组织内部建立专门的质量监督部门负责内部监督；聘请专业机构或专家，对项目质量实施外部监督。

（2）项目质量改进。

根据会议项目质量检查和监督结果，管理人员应针对项目存在的质量问题制定并实施改进措施（见表1-40）。

表1-40 会议项目质量改进措施

项目服务质量问题	改进措施
服务无法满足客户需求	管理人员应重新调查分析会议项目客户的服务需求，修正工作执行方案，调整项目服务标准
实施流程不合理	管理人员应对项目服务流程进行检查和优化
工作人员服务不达标	管理人员应一方面对现有工作人员实施技能培训和考核，另一方面引进或招募有相关项目背景的优秀服务人员进入团队
环境设施质量问题	管理人员应对有质量问题的项目设施、设备进行维修，或根据实际情况更换项目场地、设施及服务供应商
管理体系运行问题	管理人员应对项目质量管理的流程、方式方法及各种制度规范进行检查和完善

（3）项目质量评估。

会议项目实施完成后，项目组织还应对项目的质量进行评估。项目质量评估涉及评估人员、评估指标和评估报告。

首先，确定项目质量评估的人员。项目质量评估主体一般有项目主管部门、项目企业、项目客户、专门的评估机构等。根据会议项目的性质、类型和规模，选择适当的评估人员。

其次，构建项目质量评估指标。评估人员根据项目内容、项目质量标准、项目质量目标，制定会议项目质量评估指标，具体可从场馆、设备等硬件服务和内容、人员等软件服务两个角度设定指标，进行打分评价。

最后，完成项目质量评估报告。评估人员进行完评估后编制评估报告，总结会议项目的服务质量情况，提出改进意见和建议，经项目上级主管领导审批后，作为日后会议项目质量管理的依据资料归档保存。

4. 项目风险管理

（1）风险因素识别预测。

会议项目管理人员为了对项目进行有效的风险管理，首先要对会议项目可能会遇到的风险事件进行识别预测。

①识别项目风险来源（见表1-41）。

表1-41 会议项目风险来源

种类	内容
来源于环境	社会、经济、政治、自然、军事等难以预料的变化给会议项目带来环境风险，如国家宏观经济政策调整、突发战争等
来源于营销	由于营销测率与营销环境的发展变化不协调，从而导致会议项目的营销策略难以顺利实施，目标市场缩小，目标无法实现
来源于人力资源	一是会议项目的主管部门或合作单位的人事变动，导致项目合作关系风险，二是组织内部人员突然离职引起人力资源危机
来源于管理	会议项目实施过程中出现的安全问题、运输问题、设备运行问题、重要干系人与会问题等存在不确定因素引发的项目管理风险
来源于财务	会议项目运作周期长，前期需要大量人力、物力和财力的投入，但外界因素的变化会影响项目财务收入，导致财务危机

②实施风险因素预测。会议项目管理人员根据识别的项目风险来源，采用项目风险预测的方法技术，对会议项目的分析因素进行预测（见表1-42）。

表1-42 会议风险预测的方法

方法	内容
德尔菲法	汇总每个参加风险识别人员的意见，将识别结果告知每一位参与人但不提示意见是谁提出的；进行第二次识别，参与人再次提出自己的看法并整理；重复上述过程直至所有人员意见基本趋于一致
头脑风暴法	集合不同项目管理人员，集思广益，使分析更加全面、贴合实际
情景分析法	假定某种现象或某种趋势将持续到未来的前提下，对预测对象可能出现的情况或引起的后果做出预测的方法，是一种直观的风险定性预测方法

续表1-42

方法	内容
核对表法	基于类似历史项目的风险信息及其他相关信息编制的风险识别核对图标，一般按照风险来源排列，内容包括以前会议项目成功或失败的原因、项目团队成员的技能、项目可用资源等

（2）项目风险应对策略。

管理人员在对项目风险进行识别后，结合项目实际制定风险的应对策略。一般来说，会议项目有以下四种风险应对策略（见表1-43）。

表1-43 会议项目风险应对策略

应对策略	含义	举例说明
规避风险	当风险发生的可能性极大，带来严重后果且无法转移时，通过项目变更或放弃来规避风险	新冠病毒疫情期间各国各行业的很多会议无法如期举行或延迟或取消
转移风险	将会议项目风险或潜在损失转移给其他组织或个人承担	会议项目可通过购买保险、业务分包、租赁经营、合作举办等形式转移风险
接受风险	对于一些会议项目来说，有些风险时无法回避、无法转移的，需要选择接受风险	由上级政府部门制定承办的国际会议，关系到国家或地方政府政治、经济利益和声誉，无法放弃或转移风险
减少风险	控制风险发生概率或降低风险损害程度	准备多个项目实施方案；对于财务风险，可提留项目风险准备金以减缓资金周转困难

（3）项目风险应急预案。

会议项目风险的发生具有突发性和紧迫性，为了保证风险的有效控制和应对，管理人员应制定项目风险的应急预案。

一般来说，风险应急预案主要包括以下三个方面的内容：项目各种风险的特点、表现，提出应采取的措施和所需资源；应急人员组织和岗位职责、工作流程、对外联络名单及资料等；项目风险预防、危机处理的步骤、危机公关策略、财务及法律事宜等。

（六）会议项目收尾评估

会议收尾后进入评估阶段，会议项目评估是一个收集有关会议目标实现情况的过程。有效的会议评估不仅能获得关于已结束的会议质量的信息，而且可以通过对会议的总结分析获得经验教训，从而对会议组织和服务人员进行针对性的培训提高，使以后的会议质量更高。

1. 制定会议项目评估方案

会议项目结束后，项目经理通常会组织相关职能部门人员对会议进行评估，评估会议是否达到了预期目标，并对会议项目团队工作成果进行评价，最终编制会议项目评估报告，上交给会议项目的主管领导，以便对会议项目工作进行总结与指导。会议项目评估方案一般包括以下内容：根据会议举办的目的确立评估的具体目标和主要内容；根据评估目标，设计会议项目的具体内容和实施过程的评估标准，确定评估的方法工具；根据具体会议考虑评估所需的预算大致范围；计划会议项目评估的时间安排和制定相应的实施程序，并规定最终评估报告的形式。

2. 收集分析评估数据

会议项目的评估人员应按照评估方案，在会议项目结束后向与会者收集有关反馈信息数据，并进行分析。

（1）收集分析数据要点。

对于公司举办的会议，参与会议评估可能是命令性的。但对于协会组织主办的大型会议来说，必须采取一些激励措施来吸引与会者参与评估。各场会议的介绍者或会场管理者可以经常提醒与会者参与填写评估表在交还表格时得到一份小礼品或抽奖机会。

对于小型会议，可以安排一名或几名会场管理者守候在会场的各个出口，在与会者退场时收集评估表格，或在会场或大厅中设立回收箱。会议评估表可以放在与会者需求的资料包中，在各个会场限时发放。

（2）会议项目评估调查问卷。

会议项目结束后评估人员实施评估时，最常用的工具就是调查问卷或会议评估表格，用来发放给与会者，以调查获得第一手的会议项目反馈信息，作为会议项目后评估的依据。

3. 实施会议项目评估

会议项目后评估人员应根据收集的会议信息实施会议项目评估，将评估结果编制成评估报告，用来帮助会议项目管理人员进行会议项目管理的持续改进。

（1）会议主题评估。

会议主题是贯穿会议各项议题的主线，会议议题是根据会议项目目标确定并针对其进行会议讨论或解决的具体问题。会议主题及议题的具体评估内容

(见表1-44)。

表1-44　会议主题及议题的具体评估内容

会议主题的相关问题	议题评估的主要内容
会议主题的现实意义	会议主题是否有效实现了会议目标，与会者对会议主题的认同度和满意度如何，与会者对会议主题有何意见及建议
会议主题与议题的关系	会议主题与议题联系是否紧密，是否有议题脱离主题的情况，会议议题是否充分体现了主题
与会者对议题的关心程度	与会者对每项议题的兴趣程度如何，哪些议题最受欢迎或最不受欢迎，造成与会者对议题兴趣差异的原因是什么
会议议题的适量性	议题数量是否太多，以致与会者难以兼顾；议题数量是否太少，以致需要适当补充

(2) 会议议程程序评估。

会议项目后评估人员进行会议议程和程序评估的主要内容包括以下三项。

①评估每项会议议程（如报告、讨论、发言）和每项程序（如致辞、签字）的顺序是否合理恰当，是否需要进行调整来使其更具连贯性和鼓动性。

②评估会议项目议程和程序的安排顺序是否符合礼仪，尤其是特殊类型的会议项目。

③评估每项会议议程或程序所用时间是否合理，是否拖沓冗长或过于仓促，能否满足项目客户的要求。

(3) 与会者要素评估。

与会者是会议项目实施中的重要关系人，在商业性会议中，与会者的数量决定了会议规模和会议的经济效益。会议项目后评估中对与会者要素的评价主要包括以下六点：会议邀请范围是否与会议规模相适应，是否有助于提升会议品牌，参会资格标准是否合适；与往届会议相比，与会者人数的变化发展趋势如何，是上升还是下降，原因是什么；会议规模的策划是否合理；与会者身份有何变化，会议的权威性和专业性是否提高；国际代表出席会议的情况有无变化，原因何在；特邀代表的范围是否适合会议项目公关的需要，重要嘉宾是否遗漏。

(4) 会议时间地点评估。

会议时间的评估主要包括两项内容：一是举办会议的时机是否合适，周期是否合理；二是会议时间是否符合议程、环境背景的要求。

会议地点的评估主要包括两个方面的内容：一是举办地的选择是否合理，

优势何在；二是会议具体场所的规格、布置、服务、设施等的评估。

（5）会议接待服务评估。

会议接待服务评估是指对会议项目为与会者提供的各种服务的工作过程及成果的评估。具体来说会议接待服务评估的主要内容包括以下六个方面：迎送注册工作，餐饮服务，考察、游览、娱乐服务，会场引导、咨询和指示系统，同声翻译服务，会场饮水和茶歇服务。

（6）会议宣传工作评估。

会议的宣传工作是会议项目管理实施中的重要组成部分，对会议项目的成功有重要影响。会议宣传工作的评估可从以下七个方面入手：与会者通过哪些渠道获得会议项目信息，会议项目的宣传促销方式中哪种最有效，广告选择的媒体和投放时机是否最佳，会前、会中、会后举行宣传公关活动的次数和效果，媒体对会议的报道效果如何，是否通过开设专门网站或网页进行会议宣传，会议项目组织的广告宣传经费占总收入的比例。

四、国际会议招标与决策

（一）国际会议招标内容与事项

1. 国际会议招标的发起

招标过程中的一个首要考虑因素是看招标是谁发起，是由协会总部或协会会员集中发起和/或主要推动，还是直接与各供应商合作。下面列出了最常见的选择，说明了哪些会议的发起与核心组织推动的决策有关，哪些遵循更传统的招标模式。据国际大会及会议协会估计，目前大约三分之二的重大国际协会会议采用有当地会员参与的某种形式的传统招标，但采用核心组织集中流程办会所占的比例多年来一直在稳步增长。

（1）核心组织推动的决策（需要很少的或不需要当地会员参与）。

联系并邀请个人会员提交非竞争性提案（如果这是程序的一部分，总是邀请现任或未来的会长主持大会）；协会直接联系特定目的地的供应商（如场地、酒店），征求他们的服务建议；协会委托专业会议组织者（PCO）与目的地/供应商联系，并草拟单个国家或世界更大范围内的候选名单；协会直接联系特定目的地代表投标，过程中有很少的或没有当地会员参与；协会向任何符合条件的目的地发出一般投标邀请函，过程中有很少或没有当地会员参与。

（2）传统招标（需要当地会员参与）。

选择要联系和邀请投标的会员组，向所有会员发出一般的投标邀请函，当地会员为今后任何举办年份发起的招标，无论是否正式公布。

2. 国际会议标书内容

标书应包含所有必要的信息，以便协会能够分析这些信息是否能很好地符合其后勤、财务和内部目标。每个协会都应该有一份帮助投标人投标的招标手册，供希望举办协会重大活动的投标人使用，可以在线提供，也可以是按要求提供。国际大会及会议协会每年都会更新该手册，以确保建议书尽可能接近我们预期的未来要求和目标。招标手册应提供以下内容：投标人资格的最低要求，投标过程时间表（重要的截止日期），活动历史，轮流举办地（区域、全世界范围等），优选场地，活动目标，会议日期（理想日期及可接受的日期），决策关键因素，决策过程（包括决策人、决策地点和时间），标书要求格式，标书中必须包含的事实信息，标书的篇幅和附加信息的处理（附录、小册子等），示例如何罗列信息（如预算模板）。

越来越多的协会开始采用完全在线发送的电子版标书，而不再需要印刷材料。这样既节省成本又增加了灵活性，便于在延伸的投标过程中的谈判或反馈之后更新标书。这也使未来几年的投标过程更具互动性（见表1-45）。

表1-45 会议管理公司介绍

会议管理公司	内容
AMC（协会管理公司）	AMC是营利性企业，为两个或两个以上的志愿管理组织提供合约式的全面服务管理。AMC提供经验丰富的工作人员、专业知识、办公空间和设备
DMC（目的地管理公司）	DMC是当地专业的会议管理公司，专门负责活动后勤，包括地面运输、与酒店和会议场地的谈判、选择和组织场外餐饮活动，以及协调展览承包商、同声传译等众多供应商。在会议召开国家没有当地分支机构的PCO通常选择DMC作为当地合作伙伴
PCO（专业会议组织者）	PCO是世界各地或特定地区会议计划的外包组织者，提供的服务包括策略建议和咨询、制定招标手册和指南、目的地和/或标书技术评估、组织实地检查、初步筛选服务、与供应商谈判及签约、预算编制、登记、营销、内容管理、演讲者管理、风险评估和管理活动组织

3. 国际会议招标事项

（1）标书的初步筛选。

大多数协会的决策过程包括初步筛选阶段，因为对大量的投标书进行详细评估，对于协会和候选人来说都是费钱且费时的过程。专业会议组织者通常在此阶段发挥作用，负责评估哪些目的地符合重要的关键后勤和财务因素。具有全面活动管理部门的协会通常会使用其内部专家资源进行替代。在大多数协会中，志愿者组长负责确认初选技术专家的建议，而不是自己进行初步筛选。

（2）投标演示。

在大多数情况下，投标人在某一阶段向决策机构进行正式演示。在一些情况下，仅向会员或会员的合作伙伴及供应商进行演示，有些其他情况供应商自行演示。一些协会对于演示的方式设置有详细规则，另一些协会则采用更加灵活的方式。演示阶段是投标人在情感上影响决策人的绝佳机会，情感方面很大程度地影响着评委投票。这种情况下，坚定的承诺、热情和同理心及协会内部目标等因素可以弥补财务或后勤方面的劣势。

（3）中标与未中标。

大多数协会很善于宣布和庆祝中标目的地、会员和标书。不过通常很少注意最终未中标的投标人。考虑到为举办大型国际协会会议而编制项目建议书需要长期投入大量的时间、金钱和情感，如果未中标的协会会员付出的努力未得到认可和赞赏，他们往往会对协会感到极度失望和不满。近年来，国际大会及会议协会投入了很大的精力来顾及未成功中标的投标人的利益，强烈建议所有协会重新评估自己应如何处理决策过程中经常被忽略的这方面，并考虑采取以下可行的措施：尽快就未中标标书提供详细且具有建设性的反馈；鼓励未中标人今后遇到合适的机会再次竞标；确保不会在一个让落选人感到尴尬或"丢脸"的场合公布中标人（如避免在大会开始时公布，以免未中标人在后面许多天以投标"失败者"的身份与同行相处）；确保志愿者组长或协会高级职员花时间与未中标的领导交流；公开赞扬所有候选人的努力和专业水平。

（4）其他问题。

实际决定还涉及许多不同的选择和问题：利益冲突规则（即在何种情况下若有决策人实际不能投票）；平局处理规则（会长投决定票、重新进行等）；点票确定中标人的规则（如最高票数、过半数、多轮投票、末位淘汰、投标各方面的评分等）；提交的书面材料和演示是单独投票，还是一次投票决定整个投标；向谁公布结果及公布时间；独立审核结果（如果是由会员大会等大型团体或通过所有会员在线调查做出的决定，这方面尤为重要）；保密问题（如投票是否保密，是否在决策小组之外公布分数，候选人能否知道决策人投票的情况）。

(二) 国际会议决策过程和标准

1. 国际会议的决策过程

重大国际协会会议的决策可能非常复杂，由于非正式的谈判、额外的查访以及顾问和利益相关者的参与，会议决策经常持续很长一段时间（数月甚至数年）。大多数国际协会制定了关于其进程的内部时间表，但目前只有少数协会在其网站上公布关键的截止日期。这对于参与编制正式标书和建议书的各方来说都是很关键的信息，协会可以通过在其网站将该信息与其他大会相关信息一起发布，从而降低与供应商的沟通成本。

国际会议的决策流程如下，一些协会可以在此基础上对流程进行增加或减少：①征求建议书/告知下次"举办年份"；②表达意向（会员或供应商，视当地会员是否需为正式投标人而定）；③评估投标人是否有投标资格；④向有关各方提供招标手册/指南/规则；⑤当地会员/供应商制作标书；⑥提交标书；⑦实地检查（许多协会仅列出候选名单，未实地访问所有候选人）；⑧由协会工作人员、志愿者组长或顾问/承包商进行第一轮评标；⑨决定和公布候选名单；⑩详细的实地检查和协商；⑪提交修改的标书；⑫正式投标；⑬最终候选名单或最终评选；⑭协商；⑮做出决定；⑯公布决定；⑰向未中标的投标人回复；⑱拟定并签署合同或协议书。

2. 国际会议的决策标准

以下决策标准共同构成了一个全面的检查表，以避免国际会议协会在指导竞标会员或供应商时遗漏重要问题。

(1) 后勤标准。

后勤标准通常是决定一个目的地能否成功举办活动的最低要求，并可以用来分析目的地是否应该包括在初选潜在名单中。协会管理人员可以从以下后勤因素中选出对其活动最重要的影响因素，添加适当的数字列入其"最低要求"标准（见表1-46）。

表 1-46　国际会议决策的后勤标准

种类	内容
与日期相关的因素	检查目的地是否符合协会的轮流模式,列出可接受和不可接受的日期,确认与目的地当地重大活动没有冲突,确认在建的新设施保证能开放和运营
国际可及性	目的地的航线、航班与座位,未来机场扩建或航线网络增长的计划,签证政策
当地可及性	从机场及铁路站到主要酒店及场地的距离,高峰和非高峰时段的行程时间,主会场、酒店和场外社交场所之间的距离,关于选择步行和乘坐班车的信息
主会场	指明住宿或非住宿场地是首选还是必需,全体出席的会议室所需的容量和大小,现场提供的食品/咖啡售卖点,显示各区域相对布局的平面图,提供无线网络、同声传译等基础设施
代表住宿	基于特定标准的潜在酒店列表,规定距离内的总卧房数,酒店与协会之间的拟议合同关系
本地供应商	在招标文件中包括哪些本地供应商,包括专业会议组织公司(PCO)、目的地管理公司(DMC)、安全人员提供商等

（2）财务标准。

对于一个国际协会或其本地分支机构来说,大型年度会议代表着巨大的财务机会,但也有很大的风险。明确组织和出席代表的大会财务目标,将有助于避免误解和不确定的关键财务问题。招标手册需要特别清楚地说明标书和其他建议书中需要哪些财务信息,以便准确地比较不同报价的风险和潜在财务利益（表 1-47）。

表 1-47　国际会议决策的财务标准

种类	内容
一般标准	协会是否要求投标人提供财务担保,活动是否有盈余目标水平,审核活动财务的负责方,说明哪些项目由组织者承担财务责任,保险费用和承保范围,说明当地主办组织或供应商的任何财务奖励,场地租金（包括搭建和拆除日在内）,指定的额外内部服务的价格,说明是否支付佣金及向谁支付
PCO/DMC/AMC	协会是否要求与合作伙伴进行完全透明的公开会计,列出详细的收费细目、公司的财务稳定性

续表1-47

种类	内容
援助和支持	主办国家、城市或主会场的实物或现金援助，退还给协会的佣金，免息或低利息的贷款，代表助推营销材料和支持
其他财务问题	确定其他利益相关者的财务目标和作用，有关签证的费用，参考或固定的酒店价格

3. 政治/情感标准

这些标准几乎从未出现在协会的招标手册或指南中，但是有经验的投标人知道它们具有巨大的潜在影响。协会至少应该意识到这些标准的存在，知道虽不能消除它们，但可以通过承认哪些是合法的，哪些违背协会的目标来进行管理。具有情绪感染力、传达有力的地方承诺以及其他非量化因素实际上可以在吸引大量与会者和举办超出预期的活动方面发挥重要作用，因此这些因素应该与其他因素一同纳入考虑范围（表1-48）。

表1-48 国际会议决策的政治/情感标准

种类	内容
目的地的吸引力	旅游吸引力（购物、景点、夜生活等），文化吸引力，与重大公共活动的联系（例如奥运会、世博会、艺术节），目的地周年庆，当地团队的优势（当地会员和/或供应商），全新的场地或"热门"的新目的地，目的地的政治/经济稳定性，气候、极端天气风险
与投标人相关的因素	投标人是协会非常活跃的会员，国际上受尊敬的/受欢迎的/知名的投标支持者，政府的支持
投标演示	个人的情绪感染，使用强有力的图像或巧妙的演示技巧，专业/自信的投标演示

【引入案例二】

2017广州"财富"全球论坛

一、会议项目简介

"财富"全球论坛创办于1995年，由美国《财富》杂志主办，论坛邀请全球跨国公司高层、世界知名政治家和经济学者参加，共同探讨全球经济所面临的问题。2017年，该论坛在广州举办，以"开放与创新：构建经济新格局"为主题，聚焦于全球化和数字化，展现广州和华南地区开放创新的发展新局面，展示中国"创新、协调、绿色、开放、共享"的发展新理念，助力开放型经济新体制建设。为办好此次会议，广州市政府特意成立2017广州"财富"全球论坛组织委员会（以下简称"组委会"），决定论坛筹备重大事项，统筹指挥论坛筹备工作；成立2017广州"财富"全球论坛执行委员会（以下简称"执委会"），执行组委会决策，推进落实论坛筹备工作。执委会下设办公室、监察审计室两个直属机构，以及会务与礼宾、新闻宣传、商务服务、酒店与参观、交通保障、安全保障、环境提升、城市管理和志愿服务等九个工作团队。

二、会议项目进度管理

2017广州"财富"全球论坛的筹备阶段共分为五个时期，分别为总体策划期、整体推进期、全面落实期、会时运行期和总结提升期。筹备之初，执委办计划与运行组会征集各工作团队的工作事项和工作时间，进行初步的项目进度安排。

"财富"全球论坛的会议等级较高，所牵涉的项目内容多，工作内容相当繁杂。为确保会议顺利举行和各方组织者能协调合作，本次论坛使用工作分解结构（WBS）将论坛会议项目分解为较细小且明确的项目活动。以会务与礼宾团队为例，列出该团队的部分项目活动的工作分解结构（见表1-49）。

表1-49　2017年广州"财富"全球论坛会务与礼宾团队的工作分解结构

编号	WBS码	任务名称
	1	会议活动组
	1.1	专项实施方案
1	1.1.1	对接《财富》杂志公司
2	1.1.2	配合制定会议活动专项实施方案
3	1.1.3	确定招商等相关项目的参观考察路线
4	1.1.4	确定经费预算
5	1.1.5	成立联合实施小组
6	1.1.6	制定论坛活动应急预案
	1.2	会议议题
7	1.2.1	组织开展分论坛议题策划研讨会
8	1.2.2	初拟分论坛议题

续表1—49

编号	WBS 码	任务名称
9	1.2.3	确定论坛日程
10	1.2.4	拟定邀请主持人、嘉宾名单
11	1.2.5	邀请分论坛主持人、嘉宾
	1.3	会务材料
12	1.3.1	统筹会务材料需求清单
13	1.3.2	准备领导讲话材料
14	1.3.3	准备邀请接待、新闻宣传相关材料
15	1.3.4	协助《财富》方制作会议指南
	1.4	翻译服务
16	1.4.1	制定翻译服务保障方案
17	1.4.2	确定会务及各翻译服务需求
18	1.4.3	招募和培训翻译人员
19	1.4.4	分配翻译人员岗位、任务
	1.5	会务组织
20	1.5.1	制定、上报会务志愿者（礼仪）需求
21	1.5.2	对会务志愿者岗位分配和培训
22	1.5.3	开幕晚宴及招待晚宴酒店踩点，确定两场晚宴场地
23	1.5.4	确定两场晚宴演出策划方案及中方总导演
24	1.5.5	确定两场晚宴会场实施方案
	2	邀请接待组
	2.1	专项方案
25	2.1.1	统筹制定邀请接待专项实施方案
	2.2	邀请落实
26	2.2.1	拟订邀请客户群名单
27	2.2.2	分配邀请任务，拟定邀请计划
28	2.2.3	制作各类邀请函
29	2.2.4	审定邀请客户群名单
30	2.2.5	确定国内嘉宾出席名单

续表1-49

编号	WBS码	任务名称
31	2.2.6	落实国外政要/嘉宾出席名单
32	2.2.7	落实所有出席客户群名单，汇总人员信息
33	2.2.8	确定客户群注册名单
	2.3	人员注册
34	2.3.1	提交相关客户群出席名单于《财富》方审核
35	2.3.2	配合《财富》方引导相关客户群完成注册
	2.4	接待统筹
36	2.4.1	统筹制定礼宾规范、标准
37	2.4.2	对接配套项目接待工作
38	2.4.3	确定接待功能用房需求
39	2.4.4	准备接待物料
40	2.4.5	落实接待功能用房需求
41	2.4.6	统筹制定会时礼宾接待详细方案

根据工作分解结构图制作推进计划概要甘特图。2017广州"财富"全球论坛对项目进度进行监测与跟踪，定期对项目进度进行监测，了解项目最新进展，对超时未完成的重要任务发布红灯预警信号，根据最新情况解决相关问题，调整项目计划，推动会议筹备顺利进行。

三、项目沟通管理

成功的项目管理离不开有效的沟通，沟通管理贯穿于整个项目管理过程中。为了实现有效沟通，通常需要借助各种沟通手段。2017广州"财富"全球论坛属于国际会议，需与多方进行沟通。因此，在制订沟通计划表时需结合会议筹备的不同阶段特点，充分考虑会议举办牵涉的各单位企业和项目其他领域的过程结果对沟通渠道结果的影响，从而采取相应的措施。针对不同的沟通对象，明确与其的沟通需求，选择最佳的信息沟通方式，制定出沟通计划表（见表1-50），将信息通过合适的渠道有效及时地传递给合适的对象，保持各方沟通顺畅，从而促进会议筹备工作的顺利推进。

表1-50 2017广州"财富"全球论坛沟通计划表

沟通对象	沟通事宜	沟通时间	沟通方式
《财富》方	会议日常安排	会前9个月—会前1个月	视频聊天、电子邮件
	建立一对一沟通机制	会前9个月	电子邮件、会议
	确定场地和会场设计方案	会前6个月、会前3个月、会前1个月	会议、电子邮件、视频聊天
	确定参会名单	会前6个月、会前3个月、会前1个月	电子邮件
参会代表	发送会议邀请函	会前1年—会前2个月	电子邮件、信件
	通知大会具体及注意事项	会前1个月	电子邮件、电话
上级政府部门	请示会议规模等相关事宜	会前1个月	正式公文
	申请相关协助	随时	正式公文
	汇报工作进展	随时	书面报告
同级团队	工作进展	随时	正式公文
	协商、协办工作事项	随时	会议、正式公文
	通用培训	会前2个月	会议
	协助完成演练	会前1个月	正式公文、会议、实地演练
	志愿者协调	会前3个月	正式公文
供应商等	沟通场地需求	会前6个月、会前3个月、会前1个月	会议、实地考察
	确定住宿、餐饮等需求	会前3个月	会议、电话
	确认会务安排及会场布置	会前1个月、会前1周	会议、电话、实地考察
	会议服务人员培训	会前1个月	会议
	确认会场设备等基础设施齐全	会前1个月、会前1周	会议、电话、实地考察

专题二　会议统计与测算

【教学目标】

1. 理解进行会议统计的目的与困难所在，掌握会议统计组织机构的类型。
2. 了解国际大会及会议协会（ICCA）与国际协会联盟（UIA）进行会议统计的基本情况，了解《中国会议统计分析报告》的基本内容。
3. 掌握会议经济贡献的测算标准、数据采集渠道和花费构成等基础知识。
4. 了解国际大会及会议协会的会议经济贡献测算及美、英、澳、中等国家在会议经济贡献测算的实践工作。

【引入案例一】

聚力前行 2018 中国会议行业调查

2018 年是中国会议行业发展至今最为迅猛且极具特色的一年。回首这一年中国会议市场的发展情况，我们不难看出其发展潜力仍具较大开发价值：年会议量居高不下，会议质量不断提升，会议形象颇受好评，内在价值赢得广泛认可。中国的会议市场呈健康、可持续的发展态势。

2018 年中国会议行业发展态势良好

虽然 2018 年的会议市场仍被公司会议占据大半，但与 2017 年相较，国际会议的举办数量明显增多且未来发展趋势为业界所看好。2018 年是会议业极具创新意识的一年，会议技术由少到多，既加强了与会者的参会体验感，也为会议行业注入了新的活力。

本次会议行业调查主要面向三大类资深会议群体。其中，受邀参与调查的会议主办方、会议组织者占比 25%，会议中心（酒店）占比 38%，会议服务商为 37%。特别需要提及的是与往年相比，会议服务商中负责会议技术方向的群体占比明显提升，达到 13%。

调查结果显示，有 75% 的调查者认为 2018 年中国会议市场的整体发展呈增长趋势，对其前景十分看好；而16%的调查者认为2018年中国会议市场发展势头有所下降；余下9%则认为与2017年相比无明显改变（如图2-1所示）。

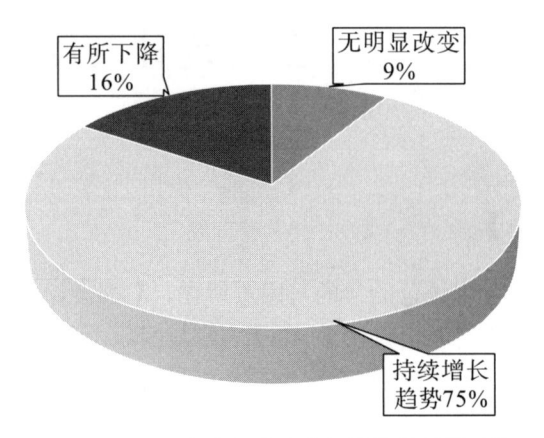

图2-1 2018年中国会议市场的整体发展形势

举办国际会议成为中国会议行业发展领域的重中之重

2018年，中国会议行业在社会中的反响甚佳。81%的受访者对于中国会议行业的整体评价持赞扬态度，认为会议行业的整体形象与会议价值的认可度均在不断提升。但仍有12%的人持相反态度，7%的人选择没有变化（如图2-2所示）。

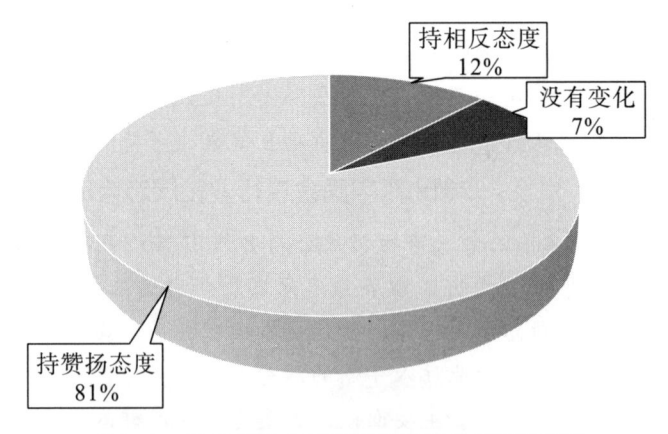

图2-2 2018年社会对中国会议行业的整体评价

总体而言，中国会议行业在各个方面的发展均在稳步提升之中，尤其在会议国际化的发展上进步尤为突出，有41%的被调查者选择了该结果。于2017年调查中位列第一的会议技术与服务项目本次退居第二，占比

36%；选场馆建设的有11%，与2017年持平；"奖励旅游"占比有所减少，仅12%（如图2-3所示）。由此可以预见，未来在中国举办国际会议的市场会越来越广阔。

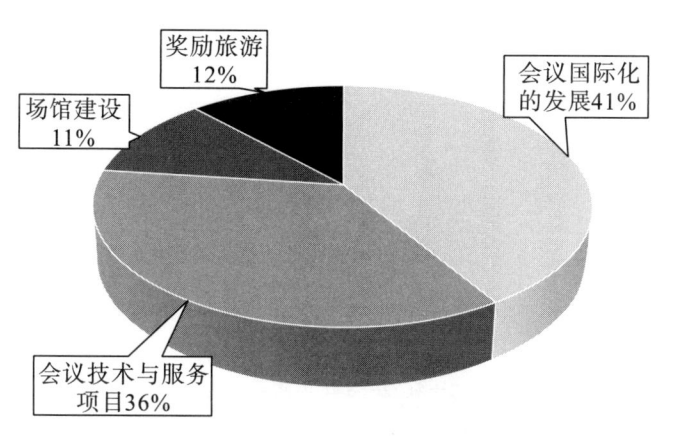

图2-3 2018年中国会议行业的主要发展领域

会议酒店仍坚持加大推广力度

与2017年相比，2018年会议酒店仍在加大推广力度，占比57%。其中，有4%的人认为有必要投入更多，但也有10%的调查对象认为推广呈缩减趋势，表示持平的占比43%。

在坚持推广的同时，酒店在软、硬件方面也下足了功夫。有41%的人表示2018年会议酒店在软、硬件上均保持较快发展；32%的人认为会议酒店更为重视硬件发展而忽视软件，当然也有不少人选择了软件发展迅速、硬件发展缓慢这一选项，占比12%；认为酒店两方面均发展缓慢的仅占15%。

由此不难分析出，2018年，会议人对于发展酒店软、硬件是持认可态度的。但服务品质依旧是评判酒店优劣的核心准则，希望酒店在提升服务品质方面继续加大力度，树立良好的品牌形象，进而提升酒店在会议行业中的地位。

二三线会议城市大幅度抢占会议市场

据调查，2018年度于二三线会议城市举办的会议数量猛增，虽然未超过一线城市（北、上、广、深）占领主导地位，但与2017年相比，其发展速度尤为强势，杭州、海口最为明显（如图2-4所示）。

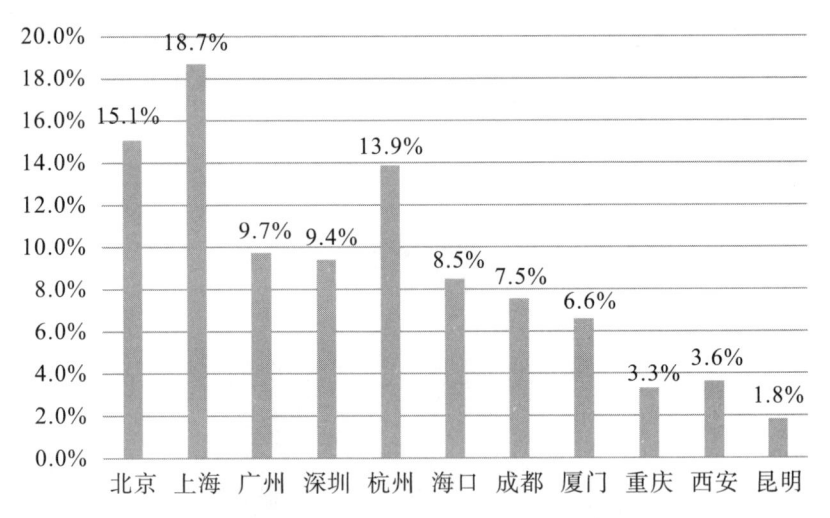

图 2-4　2018 年中国会议城市的发展情况

调查结果如下：一线会议城市共占据 52.9% 的会议市场，其中北京占比 15.1%，上海 18.7%，广州 9.7%，深圳 9.4%。一线城市的会议举办数量仍处于龙头地位，相比去年增长 5.1%。

反观二三线城市，海口占比 8.5%，在 2018 年中发展迅速，仅次于杭州的 13.9%。紧随其后，成都占比 7.5%，厦门占比 6.6%，重庆占比 3.3%，西安占比 3.6%，昆明占比 1.8%。二三线城市的崛起速度远超业界想象，仅一年间就迅速瓜分了近一半的会议市场。以杭州、海口这类城市为首，其潜力可见一斑，亟待会议组织者前往挖掘。但仍有一些城市如昆明在会议产业高速发展的当下，进展缓慢。其延缓原因需要当地政府及业界资深人士引起重视，并尽早解决，以期来日以更为开放的状态为会议产业开枝散叶。

站在会议组织者的立场，选择办会地点无疑是主办方最难抉择的问题。我们通过数据分析得出在选取会议举办地时最为重视举办地支持力度的，占比 31%；有 22% 的人认为当地的产业基础更为重要；19% 的人表示当地的经济发展水平是其首要参考条件；还有 13% 的人选择了软件服务水平，11% 的人选择了当地的旅游资源，4% 的人注重当地硬件设施情况。

纵观上述调查结果，选取办会地点确实需要主办方进行多方面的权衡，过程复杂且烦琐。与 2017 年相比，2018 年主办方对于当地产业基础的重视程度大幅度增强，超过 13%。伴随着会议者的需求越来越多，"会议+"的范围越发宽泛，目的地雄厚的产业基础确实会为主办方办会提供更多的便利条件。

资料整理来源：徐依娜. 聚力前行 2018 中国会议行业调查 [J]. 中国会展，2019（2）：42—49.

一、会议统计

（一）会议统计发展的原因

会议是现代人们日常生活的重要组成部分，在建立商务联系、展示技术与能力、促进技术扩散、促进思想交流与传播等方面扮演着重要角色。最近几十年，会议产业作为现代商业活动的主要形式以惊人速度快速发展，被称为最有活力的朝阳产业之一。国际大会及会议协会发布的国际会议统计报告显示，2019 年共有 13254 场国际会议，较 2018 年增长了 2.45%。其中，欧洲共举办 7033 场国际会议，亚洲共举办 2672 场国际会议，北美共举办 1472 场国际会议，拉美地区共举办 1160 场国际会议。非洲、大洋洲以及中东地区分别举办 415 场、345 场、157 场国际会议。由此看出，国际会议市场仍以欧洲为主。

改革开放之后，来华投资生产的跨国公司带来了许多新的经营管理理念，如跨国公司的各种会议是交由专业会议公司运作，而非公司内部的行政部门筹办。在跨国公司的示范下，国内公司纷纷效仿，国内的公司会议市场随之形成。加之我国科技、经济和金融等行业快速发展，这些行业中的社会组织和行政事业单位举办的会议越来越多、越来越大，也逐渐交给专业会议公司运作，形成了社团会议市场和事业单位会议市场。与世界上大多数国家的情况不同，我国各级政府也举办了大量的会议，形成独特的政府会议市场。这四大会议市场组成了我国的会议行业。立木信息咨询发布的《中国会议产业发展调研与投资前景研究报告（2023）》显示，会议产业从沿海城市、一线城市发展并逐渐蔓延至地市级城市，与中国房地产市场的不断发展、五星级酒店的建造以及一定的市场需求有着密不可分的关系。投资商都看中了会议产业的巨大利益，从而使得五星级会议型酒店如雨后春笋般涌现。目前，我国每年举办会议高达几千万场，参加会议人数上亿，会议带来的交通、餐饮、住宿等相关行业产值达几千亿元，年均增长幅度在 20% 左右。会议平均消费在 15.46 万元，其中住宿费最高，平均消费额为 7.28 万元，占比达 47.1%；其次是餐饮消费，平均消费为 5.6 万元，占比为 36.2%；会场消费最低，平均消费仅为 2.58 万元，占比为 16.7%。

从某种程度上讲，会议产业发展规模不仅是全球经济发展情况的风向标，也是全球经济复苏的重要引擎。为了更好地发挥会议产业在经济社会发展过程中的重要作用，就需要对会议产业发展的时空分布特征进行分析，了解会议产业的经济贡献，把握会议产业发展规律，制定会议产业发展规划。而开展这些工作都要依赖一个前提，那就是需要对会议产业发展数据做收集和整理，并进行数据监测统计。

（二）会议统计的困境

1. 统计口径难以统一

进行会议统计的第一个难题是以一个什么口径进行统计，这些统计口径包括会议规模、会议时长、会议组织者类型、会议举办地、会议形式等。就参会者人数而言，不同的统计机构基于对会议定义不同而有不同的标准。如国际大会及会议协会认为国际会议的参会者应不少于 50 人，而且将会议平均参会者人数分为 9 档；联合国世界旅游组织（UNWTO）认为会议的参会者应不少于 10 人；国际协会联盟将国际会议分为 A、B、C 三类，每一类会议的参会者人数都有具体标准。这样一来，每一个组织机构统计会议的结果都不尽相同。尽管 2014 年由上海市标准化研究院牵头、国家会议中心起草的《会议分类与术语》（GB/T 30520—2014）国家标准正式发布并实施，但是具体实施时基本没有严格按照国标去统计分类，因为其复杂程度更高。就会议形式而言，现有会议统计大多以实体会议为对象，那虚拟会议如何去进行有效统计暂无明确办法。《2020 年中国视频会议行业研究报告》显示，中国视频会议市场规模将由 2020 年的 161.5 亿元上升至 2023 年的 218.9 亿元，云视频会议系统与硬件视频会议系统分别将实现 24.8% 与 9.3% 的复合增长率。另外，较短时长会议、小规模会议、内部会议又该如何进行统计，以上这些都是当前进行会议统计的难点痛点。

2. 举办地点过于分散

不同于展览通常在展览中心和专有场馆设施举办，这些设施和场馆数量有限，全国的展馆四百余座，举办各类展览一万余场，这样便很容易统计展览的数量和体量。会议则不一样，会议设施就有十几种之多，总数量众多，要统计各类会议数据难度很大。还有更多的会议是在企事业、机关单位自有的会议设施里举办的，但这些会议一般不计入统计，因为并不产生消费行为和服务行为。

3. 会议市场的复杂性

从理论上讲，任何一个机构甚至个人都可以成为会议的组织者，因此会议组织者及其所办会议的数量是极其庞大的。没有任何一个市场像会议产业市场一样拥有如此强烈的交叉性，其中涵盖相关产业、会议组织机构工作内容、接待场所、会议公司业务内容等。会议市场的复杂性还表现在会议运作过程的非标准性，即便是同一个会议，照搬上届会议成功运作方案都很可能会失败。由此可见，我们制定会议统计的标准困难很大。

4. 会议存在隐秘性

尽管很多商业会议会做营销和推广，吸引赞助商和参会代表。但大多数会议还是比较中性的，有很大比例的会议不会公开宣传，具有隐秘性或私密性。即便是酒店的销售人员，他们也只知道某一个团队租了一个会场，究竟这个会议是什么名称和议题，他们无从得知，因此无名无姓的"会议"就很难纳入统计。进入统计的要素一定是包括主办方、日期、主题、人数、地点场地五要素。

（三）会议统计的主体

国内外进行会议统计调查的机构可以归纳为八类。

（1）会议局（国内的博览局、会展办等涉及会议事务管理的行政管理部门）。一些会议管理部门是指示下属机构或行政部门进行统计数据或资料收集，另一些是委托研究机构或企业进行会议统计。

（2）文化和旅游管理部门。例如，上海市文化和旅游局及其下属的事业单位上海旅游会展推广中心对上海举办的国际会议进行统计，自2005年连续发布《上海各类国际性会议的综合分析》；丹麦旅游局负责发布《丹麦会议业的经济贡献》。

（3）商务局。

（4）协会、学会，如国际大会及会议协会（ICCA）、国际协会联盟（UIA）、联合国世界旅游组织（UNWTO），中国会展经济研究会。目前，由中国旅行社协会、中国旅游饭店协会以及中国会议酒店联盟共同发布《中国会议统计分析报告》。

（5）大学，如成都大学旅游与会展研究院。

（6）私人机构（咨询公司，他们受政府、社团、其他企业委托），如发布了《中国视频会议系统行业发展前景与投资战略规划分析报告》的前瞻产业研究院。

（7）统计局。例如，自2003年开始，北京市统计局开始对本行政区域内的会议进行统计。

（8）媒体。例如，中国会展（中国会议）按月度统计并发布全国主要会议规模（按人数标准）。

（四）国际大会及会议协会的会议统计

1. 国际大会及会议协会对国际协会会议的认定

国际大会及会议协会的统计最为严谨，因此该组织的统计数据被广泛接受和认可。在一定程度上，业界和学界对国际大会及会议协会的统计方法持肯定态度，没有一个机构的会议统计比国际大会及会议协会做得更科学、更严谨、更令人信服。国际大会及会议协会每年的5月至6月间发布针对上一自然年度的统计报告，名称为《国际协会会议市场统计报告》（International Association Meetings Market Statistics Report），每年7月至8月间发布《国际协会会议市场统计十年报告》，以评估和分析前十年的国际会议产业。该协会对进入其统计数据的国际协会会议要求比较苛刻，只统计国际协会会议，不统计政府会议或公司商务会议。

国际大会及会议协会所统计的会议必须同时满足以下四个条件：主办单位只能是国际协会，而不能是某个国家的协会/学会；至少有50个参会者；必须定期召开（只开一次的会不列入统计数据）；必须在3个或3个以上的国家或地区轮流举办。

因此，像博鳌亚洲论坛年会、夏季达沃斯等国际会议因不满足"在三个或三个以上的国家或地区轮流举办"的要求，没有进入国际大会及会议协会的统计范畴。虽然国际大会及会议协会的统计数据不能反映一个国家（地区）的国际会议市场全貌，但在一定程度上仍然可以说明它的国际会议市场规模。

国际大会及会议协会只统计国际协会会议，是因为国际协会及其举办的会议绝大多数都有自己的网站、出版物及网络报道，这是极为重要的数据来源，且网站上公布的信息是较为权威的，这比通过会议举办地（酒店和会议中心、大学等）提供的信息要准确得多。国际大会及会议协会自己设有一个专门负责收集国际协会总部和会议信息的研究团队，这个全球研究中心就设在马来西亚的吉隆坡。除荷兰阿姆斯特丹总部外，国际大会及会议协会在亚太区（马来西亚）、非洲（南非）、中东（迪拜）、拉丁美洲（乌拉圭）和北美（美国）都设有办事处，这些办事处同时都有专职的研究人员负责收集本地区的会议信息。

这些研究人员的工作成果之一就是对会员开放的强大的国际协会数据库，里面记录了联系方式、年会的举办规律和周期、会议规模、举办的月份、往届会议的记录、选择会议目的地的方法（如理事会表决还是会员大会表决，或者负责其年会事宜的专业会议组织者决定）、是否在各大洲轮流举办等。这是给予会员的好处，这样会员就可通过搜索和研究得出哪些协会会议值得去申办参与及需要注意的事项（如是否有附带的展览），从而进行有针对性的工作而不是盲目地发邮件。毫无疑问，国际大会及会议协会的研究团队的高效工作和高质量的数据库造就了该组织发布的会议统计的权威性。截至2019年，国际大会及会议协会数据中包含21000个定期会议系列、260000个会议样本以及12000个国际协会组织数据。因此，国际大会及会议协会的国际协会会议统计数据在全球范围内得到高度认可。

另外，该组织还会要求各个会员单位上报会员单位认为符合国际大会及会议协会统计标准的国际协会会议，由总部统一严格筛选和核实。会员单位上报的国际协会会议，如最终未被确认，则不会进入该组织发布的年度报告里。例如，国家会议中心2010年向国际大会及会议协会上报了21个国际协会会议，最终被国际大会及会议协会核准的国际协会会议是19个。

2. 国际大会及会议协会年度统计报告包含的内容

借助于当今发达的网络，国际协会会议的信息比较容易获取，国际大会及会议协会没有采取抽样调查的方法而是根据自己专业研究团队以及来自85个国家和地区的超过950个机构会员的协助，不断完善国际协会及其会议的数据库，不是随意推断而是完全凭借翔实、准确的信息和数据，最终形成一年一度的统计报告。国际大会及会议协会年度统计报告包含如下内容：

会议轮流举办的地区；国际协会总部分布，分欧洲、北美、亚洲（含中东）、拉丁美洲、大洋洲、非洲；每个地区的会议数量，分欧洲、北美、亚洲（含中东）、拉丁美洲、大洋洲、非洲；每个国家和地区的会议数量；每个城市的会议数量；每年每个会议的平均参会者人数；不同规模会议的平均参会人数，分50~149人，150~249人，250~499人，500~999人，1000~1999人，2000~2999人，3000~4999人，5000~9999人，10000人以上共九档；每个地区每个会的平均参会人数；每个地区参会总人数（估计）；每个国家参会总人数（估计）；每个城市的参会总人数；会议举办周期；会议的月份分布；会期；会议地点分布及比例；每个行业举办的会议，分医学、技术、科学、教育等25个行业；注册费及总支出；针对非洲的地区分析；针对亚洲（含中东）、大洋洲的地区分析；针对欧洲地区的分析；针对拉丁美洲和北美洲的地区分析。

国际会议产业前沿与实务

【引入案例二】

2018国际大会及会议协会国际会议统计报告分析

2018国际大会及会议协会国际会议统计报告在2019年5月发布，通过报告的调研数据发现，从数量方面，全球国际会议数量呈增长态势，2017年全球国际会议数量为12558场（以全球国家举办会议总数为统计标准），2018年为12937场，增幅约为3.02%；其中亚太区举办国际会议数量呈现增长趋势，2017年亚太地区举办国际会议数量为2690场，2018年该数量为2940场，增幅约为9.29%。

全球国家举办国际会议情况分析

聚焦到中国市场，2017年举办国际会议数量为376场，而2018年举办国际会议数量为449场，同比增长19.41%。这一现象证明，2018年中国的国际会议市场出现明显增长，非常值得重点关注和深度分析（见表2-1）。

表2-1 2017年和2018年世界国际会议数量TOP 20

2017世界国际会议数量TOP 20			2018世界国际会议数量TOP 20		
1	美国	941	1	美国	947
2	德国	682	2	德国	642
3	英国	592	3	西班牙	595
4	西班牙	564	4	法国	579
5	意大利	515	5	英国	574
6	法国	506	6	意大利	522
7	日本	414	7	日本	492
8	中国	376	8	中国	449
9	加拿大	360	9	荷兰	355
10	荷兰	307	10	加拿大	315
11	葡萄牙	298	11	葡萄牙	306
12	奥地利	281	12	韩国	273

续表2-1

2017世界国际会议数量TOP 20			2018世界国际会议数量TOP 20		
13	韩国	279	13	澳大利亚	265
14	澳大利亚	258	14	瑞典	257
15	瑞典	255	15	比利时	252
16	巴西	237	16	奥地利	240
17	瑞士	230	17	巴西	233
18	波兰	216	18	阿根廷	232
19	比利时	208	19	波兰	211
20	丹麦	203	20	瑞士	208
	合计	7722		合计	7947

根据统计，2018年举办国际会议最多的前三个国家是美国、德国和西班牙，分别为947场、642场、595场，从前20名国家的分布来看，2018年新增加进来的阿根廷以232场会议列第18位，而2017年的丹麦则在2018年排在了第22位；从总体数量来看，2018年Top 20的国家中国际会议数量总和为7947，比2017年的Top 20国家的总数增加了近2.91%。

2018年，在排名前20位的国家（地区）中，亚太地区国家日本、中国、韩国、澳大利亚分别以492场、449场、273场、265场国际会议排在第7位、第8位、第12位、第13位。数量方面，呈现不同程度的增长和减少，日本、中国、澳大利亚分别比2017年增长18.84%、19.41%和2.71%，韩国则减少2.15%，中国的国际会议数量增长明显。

亚太国际会议市场情况分析

在亚太国家及地区国际会议数量的统计中，日本仍然是亚太地区举办国际会议最多的国家，2018年举办国际会议数量达到492场，比2017年增加18.84%。中国以较高的增长率成为国际会议数量增长最快的亚太地区国家（见表2-2）。

表 2-2 2017 年和 2018 年亚太国家（地区）国际会议数量 TOP 10

2017 亚太国家（地区）城市国际会议数量 TOP 10			2018 亚太国家（地区）城市国际会议数量 TOP 10		
1	日本	414	1	日本	492
2	中国	376	2	中国	449
3	韩国	279	3	韩国	273
4	澳大利亚	258	4	澳大利亚	265
5	印度	175	5	泰国	193
6	泰国	163	6	台湾地区	173
7	新加坡	160	7	印度	158
8	台湾地区	141	8	新加坡	145
9	香港地区	119	9	马来西亚	134
10	马来西亚	112	10	香港地区	129
合计		2197	合计		2411

在 2018 年 Top 10 的排名中，泰国以 193 场排名亚太地区第 5 位，印度和新加坡分别呈现下降态势，而台湾地区以 173 场国际会议排在第 6 位，比 2017 年上升 2 个名次。

从亚太城市排名情况看，2018 年排名前十位的城市为新加坡、曼谷、香港、东京、首尔、台北、北京、悉尼、上海和吉隆坡（见表 2-3）。与 2017 年相比，曼谷由去年的第 4 位上升到第 2 位，会议数量增长了 25 个；首尔由 2017 年的第 2 位下降到 2018 年的第 5 位，会议数量减少了 20 个；而东京则由 2017 年的第 5 位上升到 2018 年第 4 位，会议数量增加 22 个；值得注意的是上海由 2017 年的第 11 位上升至 2018 年的第 9 位，会议数量增加了 21 场，呈现出较好的发展态势。

表 2-3 2017 年和 2018 年亚太地区城市国际会议数量 TOP 10

2017 亚太地区城市国际会议数量 TOP 10			2018 亚太地区城市国际会议数量 TOP 10		
1	新加坡	160	1	新加坡	145
2	首尔	142	2	曼谷	135
3	香港	119	3	香港	129
4	曼谷	110	4	东京	123

续表2-3

2017亚太地区城市国际会议数量TOP 10			2018亚太地区城市国际会议数量TOP 10		
5	东京	101	5	首尔	122
6	北京	81	6	台北	100
7	悉尼	76	7	北京	93
8	台北	76	8	悉尼	87
9	墨尔本	67	9	上海	82
10	吉隆坡	65	10	吉隆坡	68
合计		997	合计		1084

总体来看，亚太地区举办国际会议数量呈现增长趋势，2017年亚太地区举办国际会议数量为2690场，2018年该数量为2940场，增幅为9.29%，也说明了亚太地区国际会议市场的趋势整体向上。

中国国际会议市场情况分析

在统计中，2018年，中国有国际会议市场的城市为59个，相比2017年增加8个。数量方面共计449场，比2017年增长19.41%。细分来看，在中国国际会议数量分布的Top 15里，北京、上海依然是名列第1位、第2位，分别举办了93场、82场国际会议，比2017年分别增加了12场、21场；杭州则以28场名列国内第3位，比2017年上升2个名次，数量也增加了10场。从Top 15的城市国际会议总量来看，2018年的总量比2017年总量增加了17.9%，数量增加较为明显（见表2-4）。

表2-4 2017年和2018年中国国际会议数量分布TOP 15

2017中国国际会议数量分布 TOP 15			2018中国国际会议数量分布 TOP 15		
1	北京	81	1	北京	93
2	上海	61	2	上海	82
3	广州	22	3	杭州	28
4	西安	22	4	西安	27
5	杭州	18	5	广州	20
6	深圳	15	6	南京	20
7	武汉	15	7	成都	16

续表2-4

2017 中国国际会议数量分布 TOP 15			2018 中国国际会议数量分布 TOP 15		
8	成都	12	8	青岛	13
9	南京	12	9	武汉	13
10	天津	12	10	深圳	12
11	大连	10	11	昆明	11
12	厦门	9	12	重庆	8
13	苏州	8	13	天津	7
14	青岛	6	14	厦门	7
15	重庆	5	15	大连	6
合计		308	合计		363

（五）国际协会联盟（UIA）的会议统计

1. 国际协会联盟对国际协会会议的认定

国际协会联盟对国际会议提出了较为复杂的认定标准，它把能够进入年度报告数据库的国际会议分类 A、B、C 三类。首先，国际协会联盟对国际组织做了筛选，把所有符合"非营利性"和"国际"这两个条件的非政府组织和政府间组织都列入了《国际组织年鉴》。但并不是说，没列入《国际组织年鉴》的其他国际组织召开的会议就不会被计入国际协会联盟的统计之中。

（1）A 类会议。

列入《国际组织年鉴》名单的国际组织的国际会议，且符合下列要求：①国际组织主办或支持、赞助；②至少 50 名参会者，或参会者数量不详。

（2）B 类会议。

不是由列入《国际组织年鉴》名单的国际组织主办或支持、赞助的其他国际会议，但主办方是一个国家/地区的全国性协会，或一个国际组织在某个国家/地区的分会，且符合下列要求：①至少 40% 的参会者来自境外，且参会者至少来自 5 个国家或地区；②会期 3 天以上，或会期未知；③有一个同期举办的展览，或至少 300 个参会者。

（3）C 类会议。

不是由列入《国际组织年鉴》名单的国际组织主办或支持、赞助的其他国际会议，但主办方是一个国家/地区的全国性协会，或一个国际组织在某个国家/地区的分会，且符合下列要求：①至少 40% 的参会者来自境外，且参会者至少来自 5 个国家或地区；②会期两天以上，或会期未知；③有一个同期举办的展览，或至少 250 个参会者。

显然 B 类会议一定同时也是 C 类会议，但反之则不然。如下国际会议不计入国际协会联盟的统计：①纯粹的宗教会议、说教性质的会议、政治会议、商业会议和体育比赛，如教友聚在一起开会、比赛、培训、销售会议等。②国际政府间组织在总部召开的，对参会者有严格限制的国际会议，如委员会、专家小组会、理事会等，即不符合"成员身份"这种特定要求的人不可以参会。比如，世界贸易组织 2012 年 11 月 26 日在总部召开的"贸易、债务和金融工作小组会议"（Working Group on Trade, Debt and Finance）就严格限定参会者只能是"工作小组成员"，这个会议就不计入统计报告中。③企业会议和奖励旅游。

2. 国际协会联盟年度统计报告

国际协会联盟年度统计报告包含的内容有：每个国家（地区）的国际会议数量，按英文字母排序；每个城市的国际会议数量，按英文字母排序；全球范围内的国家（地区）排名；全球范围内的城市排名；国家在所在洲的排名；近五年全球范围内每个国家（地区）国际会议数量，按英文字母排序；近五年全球范围内每个城市的国际会议数量，按英文字母排序；近五年全球范围内排名前 10 位的国家（地区）；近五年全球范围内排名前 10 位的城市；近五年同期举办展览的国际会议数量；近五年不同参会人数类别的会议数量（分少于 100 人，100~500 人，501~1000 人，1001~3000 人，3001~5000 人，5001~7000 人，7001 人以上，未知人数 8 个类别）；近五年国际会议的月份分布（附带展览的单独列出）；近五年每个月份不同参会人数类别的会议数量（参会人数类别同上）；近十年全球范围内每个国家（地区）承接的国际会议数量，按英文字母排序；近十年全球范围内每个城市承接的国际会议数量，按英文字母排序；近十年同期举办展览的国际会议数量；近十年不同参会人数类别的会议数量（分少于 101 人，100~500 人，501~1000 人，1001~3000 人，3001~5000 人，5001~7000 人，7001 人以上，未知人数 8 个类别）；近十年国际会议的月份分布（附带展览的单独列出）；近十年每个月份不同参会人数类别的会议数量（参会人数类别同上）；近十年国家（地区）承接国际会议数量的增长比例，按英文字母排序；近十年城市承接国际会议数量的增长比例，按英文字母排序。

以上数据统计以每 25 年为一个区间，共分为六个区间：1857—1881 年，

1882—1906年，1907—1931年，1932—1956年，1957—1981年，1982—2006年（国际会议数量必须有一次达到100个），按英文字母排序。

国际协会联盟的年度统计报告制作严谨、数据丰富（可追溯到1857年），其他任何组织都无法与之媲美，但稍显复杂，或者说有一定理解门槛，就实用性角度而言，远不如国际大会及会议协会的统计报告来得简单实用。

3. 国际大会及会议协会与国际协会联盟统计国际会议的对比分析

国际大会及会议协会与国际协会联盟统计报告对比结果颇为矛盾。首先，从国际会议的总量来看，国际大会及会议协会的统计标准更为严苛，但其统计值要略高于国际协会联盟（如2016年，国际大会会议协会统计值为12227个，国际协会联盟统计的A+C类会议总数为11020个）。其次，二者针对单个国家国际会议数量和排名的结果也是千差万别，国际协会联盟统计的2016年全球排名前三的分别为比利时、韩国和新加坡；而国际大会会议协会统计的国家排名前三的却是美国、德国和英国。再次，从发展趋势来看，国际大会及会议协会的统计报告显示，国际协会会议呈稳步增长态势；而在国际协会联盟报告中，近三年A类会议数量却逐年减少。最后，从地域来看，国际协会联盟的报告显示出国际协会会议市场正逐渐由欧美向亚洲倾斜的迹象，2016年A类会议中亚洲的韩国和新加坡在全球排名中分别位列第二和第三；但国际大会及会议协会的报告显示，亚洲市场占比逐年上升，欧洲和美洲仍是国际会议的首选之地。

国际大会及会议协会与国际协会联盟统计报告的统计标准、样本来源及侧重点大相径庭。虽然两者都是国际上现行对国际会议认定的权威组织，但各自的统计结果存在着巨大偏差。其一，统计标准方面。国际大会及会议协会把主办机构限定为国际协会，且必须是在3个或3个以上的国家或地区轮流举办的定期会议才可纳入统计范畴。而国际协会联盟将联合国等政府组织也列为主办方，且会议固定在某地召开，或每年只召开一次但能满足其他条件的也纳入统计数据库，如博鳌亚洲论坛年会等。其二，样本来源方面。国际大会及会议协会除在马来西亚设有全球研究中心之外，还在总部、亚太、非洲、中东、拉美和北美地区设有研究办事处，都是为收集国际协会总部和会议信息而服务。此外，国际大会及会议协会还会通过各会员单位自行上报后经其总部统一筛选的形式获取数据样本。而国际协会联盟则是由其会议部专门负责收集国际组织及国际组织召开的会议信息，从而建立自己的数据库，其数据库现有468700条会议信息，涉及248个国家和地区、12415个城市。其三，侧重点不同。国际大会及会议协会更关注非政府间国际组织举办的会议，而国际协会联盟的重点在于所有非营利性的国际组织。

在国际协会联盟的报告中，B类和C类国际会议的主办方虽未被纳入其《国际组织年鉴》，但统计值在一定程度上却能反映其国内组织或国际组织在国内分支机构的办会水平。中国在这两个指标的表现明显要低于平均水平。由此可见，国内会展业界在强调招展引会的同时，更应该思考如何提升行业竞争实力。此外，在国际协会联盟的"当年数据补充资料"中，协会会员与国际会议数量比例、协会秘书处与会议数量比例同样耐人寻味，体现的是国内组织积极加入国际组织或吸纳国际组织在国内设立秘书处的"投资回报率"。

总的来说，国际大会及会议协会与国际协会联盟的统计已是十分专业、严谨，或许两者的数据本就不应被拿来做简单的比较。单就会议数量并不能反映出一个国家或城市的真正地位，用"所占份额"才能体现出其在国际组织会议市场中的分量。在合理利用这两种数据的同时，也要知道这些仅仅只是国际会议市场的冰山一角。引用国际协会联盟对国际会议的分类，笔者认为打造国际会议目的地需要吸引A类会议，更应该培养B、C类会议。而在此之前，应先制定国内会展统计标准，引导产业发展方向。

（六）中国会议统计分析报告

《中国会议统计分析报告》，又称《中国会议蓝皮书》，是由中国旅游饭店业协会、中国旅行社协会与中国会议酒店联盟共同编制。为弥补国内会议产业统计空白，服务会议产业发展需求，自2011年以来一直在中国会议经济与会议酒店发展大会上发布，已出版十本。

在编撰过程中，以我国旅游行业中最具有权威的行业管理组织机构——中国旅游饭店业协会和中国旅行社协会的名义发文进行国内会议数据收集。两家机构以红头文件形式向会员酒店发放通知促使其填报。中国会议酒店联盟作为全国性的合作组织，在全国大部分省份中都有会员，渠道相对畅通。同时，它们具有一定的经济实力，为此项公益事业投入了大量的财力、物力和人力，建立了大型数据库，安排专人负责会议数据搜集和整理，并有熟练使用数据库的专家对各种数据进行加工和统计。

二、会议经济贡献测算的基础知识

(一)测算采用的标准

由于种种原因,我们没有办法统计所有会议,也没有办法把一个会议的直接花费和间接花费全部罗列、合计出来,因此会议产业对经济的贡献只能估算和推断。更重要的是,统计、测算会议产业对当地经济的贡献值,总得有一个各方都认同的标准,否则各说各的,也没办法做横向比较。可喜的是,目前多个国家步调一致,都同意采用联合国世界旅游组织于2006年发布的《测算会议产业的经济重要性》报告中关于会议如何测算产值的做法。

2006年,联合国世界旅游组织、国际大会及会议协会、国际会议专家联盟和励展旅游展览公司(Reed Travel Exhibitions)共同发布了《测算会议产业的经济重要性》报告。该报告一经发布即被其他国际行业组织和大部分国家的旅游局所认同和采纳。应该说,三个国际组织代表了会议业内不同的行业和群体,覆盖了全球的旅游产业及会议产业最为发达的两个地区——欧洲和北美洲。联合国世界旅游组织是国际政府间组织,在旅游产业的统计和标准的界定方面拥有无可争议的话语权。商务旅游作为旅游产业的重要部分,也进入该组织的视线。该组织专门建议为"会议和展览组织者"设立新的"国际标准产业分类"代码8230,会展产业在产业分类中获得了一席之地,这是联合国世界旅游组织为推动会展产业发展做出的贡献之一。

国际大会及会议协会总部设在荷兰,其大部分会员也集中在欧洲,近几年亚洲、非洲和南美洲有一些新会员加入。该协会基本上都是机构会员。而国际会议专家联盟与其他总部在北美的国际组织一样,会员大多来自北美三国,与总部在欧洲的另一国际组织呈现出竞争态势。又如,国际展览业协会总部在法国,大多数会员来自欧洲;而与之相对应的是国际展览与项目协会,总部在美国。国际会议专家联盟只有个人会员,这一点与国际大会及会议协会正好相反。所以,国际大会及会议协会、国际会议专家联盟有各自的势力范围,联合国世界旅游组织联合这两个国际组织无论是否是其主观意愿,实际上把重要的地域和从业机构或个人全部囊括,这样做出来的报告自然有其权威性。联合国世界旅游组织的《测算会议产业的经济重要性》报告在很多地方更具有进步性。

《测算会议产业的经济重要性》报告在测算会议的经济贡献时仅统计"10

人或 10 人以上、在一个签约场所、超过 4 个小时"的会议。这样就简洁有力地设定了一个新标准,不同时符合这三个条件的活动就不被纳入测算,从此多个国家和国际组织纷纷采纳这一标准,确立了会议产业包含奖励旅游、展览,认定会议产业是一个广义的概念,认同会议、奖励旅游和展览业(MICE)同样也指代会议产业。

确定了统计、测算要同时从供方(Supplier Side)和需方(Demand Side)两个方面来收集数据,也就是表明了仅从供方,如酒店、会议中心、目的地管理公司、旅行社等供应商来收集会议的经济贡献值是不全面的。我们知道,如果仅从酒店或会议中心来收集会议数据,是没有办法得到主办方为了一个会议的真正花费,也就得不到参会者的平均消费。没有会议的直接消费数据,那么就永远算不出间接消费数据。

运用旅游卫星账户(Travel Satellite Account,TSA)的概念和测算框架、方法可以评价一国会议产业对该国经济的贡献。利用该方法能有效地分析测算会议产业产生的产值、直接花费、对 GDP 的增加值、就业岗位,而这四个指标能比较全面地反映会议产业的经济贡献。正是由于联合国世界旅游组织自身的权威性,其确立的会议的统计标准、覆盖的范围和统计的计算方法严谨科学,加上世界上很多国家的旅游局都负责该国会议产业的推广和测算,对联合国世界旅游组织带有天然的偏好性。因此,联合国世界旅游组织的《测算会议产业的经济重要性》报告就成了众多国家和行业组织进行会议统计和经济贡献测算的最为重要的指针,比较全面地反映会议业的经济贡献。

(二)测算的数据

1. 会议消费者

联合国世界旅游组织建议测算会议产业的经济贡献时,应从需方和供方两个渠道采集基本数据,然后再进行分析和研究。需方实际上就是我们常说的客户,其既可能是最终用户,即等同于主办方(主办机构),也可能是接受主办方的委托而替主办方组织会议的专业会议服务公司、旅行社、公关公司、传播广告公司、咨询公司。除此之外,需方还包括赞助商、参展商。供方就是我们比较熟悉的供应商、服务商,如酒店、会议中心、航空公司、旅行社、会务公司、宴会服务公司、灯光音响设备公司等。值得注意的是,旅行社、公关公司、会务公司的身份较为特殊,对于最终用户而言,它们是供方,而对于酒店、灯光音响设备公司、翻译公司来讲又成了需方。

要测算会议产业对经济的贡献,我们先要看看哪些钱是花在了会议举办地上，比如国际机票就是一个值得深入研究的项目，因为现在参会者都是在居住地/工作地购买国际机票或是会议举办国的国内机票，把机票费用算在会议举办地的花费内需要仔细分辨。举个例子，一个加拿大人来上海开会，他在多伦多购买了加拿大航空公司从多伦多到上海的往返国际机票，这个机票费用被加拿大航空公司收取，上海没有能够分到这笔机票费用（当然，加拿大航空公司会支付给上海机场使用费、安保安检、行李处理、航油等费用），国际机票中的大头并没有"落在"上海。国内机票则可算为在当地的花费，因为国外的票务代理、旅行社仅仅收取一些佣金，绝大部分费用会被转移给国内的航空公司。深入研究后，其他费用也很难确定就一定是消费在会议举办城市了，会务公司可能不是来自本市，同声传译的译员可能来自另外一个城市，提供灯光音响和同声传译设备的公司也可能不是本市的服务商。所以，在国外我们看到的会议产业经济贡献的测算报告都是以一个国家为目标，而不是以一个城市为目标。

参会者、演讲人及其随行人员是个体，其余都是机构，所以在会议举办地消费者就是个人和非个人（机构）两类。但很难从赞助商那里收集到赞助商的赞助金额，原因是赞助太分散，不容易找到，还有就是即使找到了赞助商，赞助商也可能不愿意透赞助金额——事关商业机密。但从作为参会者的赞助商代表那里则有可能获取这个数据，因为一个机构为某个会议提供赞助，一定会派人到会议现场以取得更好的宣传效果，很少见到一个机构只提供赞助而不派人到会议现场的演讲环节、颁奖环节、展位上值台或在酒会、茶歇期间交换名片进行推介的。

进一步研究后发现，参展商分布在各地，所有的花费数据也很难准确收集，参展商虽是一个机构，如企业、协会、政府等，但也往往是以这个机构的一个或几个参会者的面目出现。但在现实中，很多高质量会议都要求参展商代表进行正式注册并缴纳注册费。比如，2007年国际大会及会议协会年会在泰国的帕塔亚举行，中国的国家会议中心尚处于筹备开业阶段。为积极进行市场开拓、尽早让更多国际客户了解2009年才投入使用的国家会议中心，运营方便派出了两个人前往泰国参加国际大会及会议协会的年会，并在会议附设展览现场租赁了一个小展台进行推介，会议注册费和展台费一个都不能少。

所以要了解一个机构的赞助金额或参展费用，从这个机构派到会议现场的代表那里则相对容易。当然，相关部门对一个会议的补贴、奖励即使经常发生，其金额也不是很大，况且补贴、奖励对象通常是国际协会会议和知名的企业会议，数量不多，因此可以忽略不计。这样看来，在会议举办地的花费可以大致归为会议主办方或其指定的会务承办机构和参会者（含参展商代表、助商代表、演讲人以及他们的随行人员）的花费。我们知道，测算一个会议的收入并不能顺理成章地得到一个会议在会议举办地的花费，因为有的会议没有收入（如企业内部会议只有支出），有的会议是亏损的，而有的国际会议不管营利不营利都需要由当地承办机构向国际协会缴纳一笔钱（有的是固定费用，有的是按注册费的百分比抽取的，再返给国际协会以用作国际协会的运营费用），还有就是像机票之类的费用没有"落"在会议举办地，甚至有的主办机构不在举办地，所以简单测算会议的收入对于测算会议对当地经济的贡献意义不大。

2. 会议花费的构成

（1）第一部分是参会者在会议举办地的花费：会议注册费/报名费/参会费、赞助费、参展费（奖励旅游没有这个费用）等。

①会议注册费/报告费/参会费。根据主办机构是否在举办地登记注册决定是否计入。

②赞助费，有可能是现金，也可能是实物，也可能是在当地采购商品和人员服务受会议提供休息区、上网区、一个茶歇、一顿午饭、穿梭巴士、一台演出等。

③参展费，含展位费，展台所需要的搭建费、设备租赁费用、运输费用，雇用当地人的服务费（如礼仪小姐、演职人员），在当地购买的咖啡、小点心、小礼品，在展台举办迷你型酒会等。

④酒店住宿（奖励旅游没有这项费用，因为是企业支付这个费用，极个别情况下随行家属需要支付酒店住宿费用），境外的会议注册费不包含酒店住宿，而国内有的会议费则包含固定的住宿天数的费用。

⑤食物、饮料（指会议不提供、个人自费购买的食品饮料）。

⑥机票（不应包括国际机票），少数情况下，演讲人、国际协会的高管、其他贵宾的国际机票可能由会议举办地的承办机构在当地预定并支付费用。

⑦地面交通（含水上交通，包括城际交通和市内交通）。

⑧购物（除了用于个人目的的购物，还可能是买来用作赠送客户的）。

⑨娱乐消遣（如观看演出、画展、博物馆）。

⑩旅游（会前旅游、会中旅游、会后旅游，前提是这种旅游不是会议日程和注册费已经包含了的。可能是在本地的旅游，也可能是离开会议举办地城市到别的城市去旅游，还包含了保险费）。

（2）第二部分是会议主办机构和（或）其指定的承办机构在会议举办地的花费。

主办机构（有时与承办机构一道）的工作人员为组织、筹备会议的目的而发生的费用不计入"参会者在会议举办地的花费"，而计入"会议主办机构和（或）其指定的承办机构在会议举办地的花费"，如为前期的考察和会议实施而发生的机票、酒店交通费用等，但用于纯粹个人目的的餐费、购物、旅游则算入"参会者在会议举办地的花费"。主办机构、承办机构不应承担（报销）这些个人费用。

会议主办机构和（或）其指定的承办机构在会议举办地的花费名目繁多，在结算时可能是一张当地会务公司（目的地管理公司）、旅行社的发票，把所有费用都算进去了，也可能是好几十项甚至上百项费用，大到包机费用（如奖励旅游）小到在当地买几盒曲别针、几张电话充值卡。我们可以把会议主办机构和（或）其指定的承办机构在会议举办地的花费项目大致分为如下23项。

①餐饮费用：既有为参会者提供的餐饮，也有为个别嘉宾和演讲人、组委会工作人员提供的餐饮、食品等。

②会议室租金（含电费）：但并不是每个会议必然发生会议室租金，如有的酒店和度假村对使用多少个客房间夜数或总花费达到多少金额后的会议免收会议室租金，就像高星级酒店的行政楼层客人以正常行政楼层房价入住后可以免费使用行政楼层小会议室两个小时一样。

③展厅租金（含电费、保洁费）：一些酒店和会议中心对公共区域用作展览展示用途时也收取场地租金。

④设备租赁费用：如灯光音响、投影、同声传译设备、电脑、LED墙及其附带的人工服务费。

⑤搭建装修费用：既可能是会议需要，如大门口的形象展示台、注册台、咨询台、会场内的舞台、背景板等，也可能是为了同期举办的展览展示而制作搭建。而且搭建装修费也并不全部落在会议中心或酒店，部分费用也可能落在会场外举办的社交活动上，如欢迎晚宴在另一个地方举办，但这部分费用始终给了举办地城市。

⑥广告和促销费用：在马路两侧灯杆上悬挂旗帜、在机场内和高速上设立广告牌，在当地电台和电视台做的宣传推广、在报纸杂志或网络上投放广告、邮寄会议宣传资料等，其中有的费用有可能没有发生在会议举办地，如在网络和报纸杂志上投放的广告费就支付给了网络门户公司和报社杂志社。促销费用同样如此，在同一行业的其他会议或展览设立展台进行推介，这是会议组织者

或承办者惯用的手法，但这些行业会议、论坛、展览很可能并没有在这个会议举办地举办。

⑦交通费用：为参会客人、参展商提供的接送机，以及酒店到会场的穿梭巴士。

⑧组委会/秘书处/会务组发生的费用：工作人员的交通、用餐、酒店住宿、复印、上网费、电话费，发放给工作人员的加班补贴、误餐费等。

⑨运输费用：大会使用的会议手册、杂志、资料袋等各种会议材料，展览展示材料和展品，礼品、奖杯或其他设备和物品等的物流费用。

⑩技术服务费用：主要是局域网、无线网络、视频会议、录音以及实时网络推送、投票表决系统等与IT技术密切相关的服务费用。

⑪旅行社费用：在一个会议举办地城市的旅游总要用到当地旅行社的服务。

⑫会议文件的设计和印刷制作费用。

⑬支付给演讲人、培训师、临时工作人员和志愿者的演讲/劳务费用：如请当地的官员、学者、企业高管为会议做演讲、颁奖、担任主持人，都需要支付费用。临时工作人员包括司机、翻译、跟办公设备尤其是网络有关的技术人员。

⑭雇用第三方提供网站建设、网上注册、论文收集、会议App、演讲资料（如PPT）管理、收款服务和审计、咨询调研、满意度评价调查的费用：从会议主办机构或承办机构支付出去，但可能收取服务费的公司不在这个会议举办地城市登记注册。

⑮订房服务费用：有的会议是通过专业的订房公司来为会议客人争取最优惠的房价，会议主办方因此需要向这种第三方公司支付服务费。

⑯保险费用。

⑰因社会责任而在当地发生的费用：如购买树苗种树，为当地孤儿院购买学习用品和棉衣，资助残疾人，雇用第三方来为垃圾进行分类，购买当地艺术家的作品进行拍卖等。

⑱在当地购买会议纪念品的费用。

⑲给贵宾、演讲人或获奖者、志愿者购买的礼品/纪念品的费用。

⑳安保费用：含安检机租赁费用。

㉑演出费用：酒会、晚宴、开幕式与娱乐、表演项目、礼仪小姐费用。

㉒摄影摄像费用。

㉓其他费用：如在当地采买难以归类统计的商品和服务的费用。

3. 其他重要数据

这些数据跟会议的经济贡献没有直接关系，是因为从这些数据并不能直接推导出贡献值是多少，但实际上这些数据的经济贡献是经由参会者的花费和会议主办机构和（或）其指定的承办机构的花费实现的。

（1）会议数量：这个数据任何时候都是最夺人眼球的，但恰恰不能以数字的形式直接反映出给当地经济能带来多少贡献。

（2）会议的种类以及各自的数量、占比。

（3）会议规模。

（4）会议数量增长或减少的百分比（除非我们知道一个会议的平均花费多少，才能确信会议数量的增长表示经济贡献也随之增大）。

（5）会议规模增长或减少的百分比。

（6）会期。

（7）使用的酒店客房间夜数：这个数据对酒店最为有用，酒店很想知道参会参展的客人使用了本酒店多少个房间夜数，从而可以有针对性地采取营销和定价策略。

（三）测算会议经济贡献的重要指标

1. 花费构成

测算会议产业对经济的贡献，为了便于统计，可分为直接花费、间接花费和派生花费三个部分。

在会议产业里，直接花费是指在一个国家或地区内，会议活动实施前、实施中和实施后所购买的物品和劳务的价值总和，也包括付给员工和临时工作人员的工资。一个会议从策划、组织到现场实施，再到会后的总结、评估、表彰和结算，与之相关需要直接购买的多种商品与服务以及其他事宜的处理（如发票寄送，感谢信的发送，争议的处理等）。

直接花费在参会者（包括随行人员）和会议主办机构或其指定的承办机构两个方面都会发生。例如，其会议场所为了某一个大型会议而消耗的水、电、燃气、肉菜蛋鱼等，这些费用都是这个会议的直接花费，但体现在了会议主办机构或其指定的承办机构的花费里，如会议室租金、餐费等。一小部分会体现在参会者的花费里，假设参会者在会议举办场所的商务中心打印或地下停车或买了食物，那么打印费、停车费和食品费用就是参会者的直接花费，所以计算直接花费时应确保没有重复计算。

间接花费是会议产业之外的其他行业为会议活动的实施提供物品和劳务而引起的花费。可以把间接花费理解为供应商为了会议活动而购买的物品与劳务，但这里的供应商不全部都是机构。比如，做同声传译的人、主持大会的司仪、在展台发放资料的礼仪人员，可能不是某个机构的正式雇员，而是一个自由职业者或一个兼职打工者，这些人员为了这个会议而乘坐出租车、购置礼服/套装、去美容院做美容美发化妆而支付的费用，就属于间接花费。机构供应商为了完成会议的某项任务，要临时购买设备材料，增加用人及交通餐饮等费用，也都是供应商的间接花费。

以国家会议中心接待某个大型会议为例。国家会议中心作为供应商为了满足会议需求而需要临时从外面租会议用椅，同时为了这个会议三千人的晚宴还要从外面的宴会服务公司雇用两百名宴会临时服务人员，最后需要购买五台移动式保温车以保证晚宴时食品能快速送到宴会厅，这些为了这个会议而购买的产品和劳务，如这次的椅子租赁费、小时工费用和临时购买的保温车的费用都是这个会议的间接花费。

派生花费是为会议活动的实施提供物品和劳务的个人获得酬劳收入后的家庭花费，这些个人来自直接为会议提供物品和劳务的供应商，如翻译公司的翻译人员、旅游公司的导游和司机，也可能来自供应商的供应商。例如，某个大型会议结束后，会议举办场所的员工得到了工资（可能还有加班费），供应商如宴会服务公司的员工或小时工得到了工资，为会议举办场所提供展台破拆和装修材料处理及保洁、安保服务的公司的员工和老板（假设保洁公司和安保公司都是私营企业）都得到了工资甚至加班费、误餐费、津贴，他们拿到钱后会去看电影、买新鞋，跟家人去旅游、吃饭，给子女交费上学前班、去英语夏令营，买车买房，这些家庭形式的花费就是派生花费。

【引入案例三】

会议产业的经济拉动性及其测算方法

会展活动对于经济的拉动性指的是会展活动除了在会议举办场地有较大的花费之外，在其他很多领域都有很高的花费。二者之间的比例，就是会展活动的经济拉动系数。

会议支出包括会议的直接支出和间接支出两部分。直接支出是会议组织机构及会议代表为组织会议、参加会议而必需的花费，其中包括酒店内的花费（食宿及会议设施等）及酒店外交通、餐饮、会议策划与服务、商务服务等方面的开支。间接支出是会议代表的非必需花费，其中包括参会代表在当地的游览、购物、餐饮、文化及休闲娱乐、社交等方面的开支。

综合国际知名会议研究机构与会议与旅游局（CVB）的做法，我国会议代表酒店内消费的计算公式是：（房价＋餐费＋场地费及杂费）×停留天数×总人数。考虑到不同星级酒店的价格差异，建议分五星级、四星级和三星级三个档次进行计算。

①房价。

会议团队平均房价的50%（两人合住）＋20%（一人单住）。

②餐费。

午餐、晚餐、两次茶歇费用之和。

③人均场地费及杂费。

其主要包括场地费、搭建费、设备租赁费、宴请费、翻译费、鲜花礼仪费、各种服务费等。这方面费用约占会议代表单日房价的50%。

④平均停留天数。

一般为3天。

会议代表酒店外消费主要有以下两个方面构成。

第一是交通费用。交通费用主要包括国际、城际交通与目的地区域内交通等。综合国内外数据，外地参会者交通费用约是会议代表酒店内平均总花费的150%~200%。

第二是游览、购物、餐饮、文化及休闲娱乐、社交等方面的开支。这个数字很难准确计算，一般认为，会议代表这方面的花费大约是酒店内平均总花费的120%~180%。举办地城市在这方面的配套设施越丰富，会议代表的相关花费就会越高。

示例，某社团机构在某城市五星级酒店举办一个500人的会议，相关数据如下。房价：700元/间夜①。即350元＋140元，合计490元。餐费：午餐120、晚餐150元、两次茶歇共100元，合计370元。人均场地费及杂费：350元。停留天数：3天。会议人数为500人。

那么，这个会议的酒店内消费额计算过程为：（490＋370＋350）×3×500＝181.5万元。

这个会议的酒店外消费额计算过程为：181.5×175%（折中数）＋

---

① 间夜：是指酒店在某个时间段内，房间出租率的计算单位，或者某个团队，在酒店内租用的房间数量。间夜量＝入住房间数×入住天数，如20间房入住2晚，那么就是40间夜。

181.5×145%（折中数）=580.8万元。

该会议团队的总消费额为762.3万元。

2. 经济贡献

会议产业对经济的贡献表现在对国内生产总值、社会就业、劳务收入和财政税收四个方面。对国内生产总值的贡献主要体现在对增加值的贡献。增加值能很好地反映和测量一个行业的重要程度及发展情况，包括员工的薪金、企业主的收入、间接税（消费者承担而非生产者承担）等。对社会就业的贡献，在于考察会议创造多少个就业机会，包括全职工作和兼职工作。对劳务收入的贡献，在于考察会议产业能创造的工资和其他收入。财政税收在各个国家和地区的差异很大，在美国，税分为联邦税、州税和地方税；在中国，会议产业能创造的税收有营业税、增值税、企业所得税、教育费附加、城市建设税等，会议中心和酒店还需要缴纳房产税、印花税和城镇土地使用税。

【引入案例四】

会议经济拉动系数揭秘

近年来，各地对会展经济的拉动效应关注度颇高。但就其中的会议产业的拉动效应并没有独立的解读与核算。为了解析近来颇受关注的会议产业的拉动效应，近期，国家会议中心组织人员对2010年3月至8月期间在国家会议中心举办的亚太肝病学会年会、中国介入心脏病大会、世界心脏病学大会、国际海洋和极地工程学术年会、天坛国际脑血管病会议和世界音乐教育大会这六个社团会议参会者的花费水平进行了抽样调查。并在此基础上，对六个会议的经济拉动系数进行了初步研究，以期能在一定程度上对会议产业的经济拉动作用做出客观的分析。

会议经济拉动系数 = 1 : N

会议产业的经济拉动系数是指会议产业创造的直接收入和间接收入之比，即会议产业的经济拉动系数=会议产业的直接收入/会议产业的间接收入=1 : N。

其中，会议产业的直接收入指会议举办场所和会议主办方的收入。主办方的收入主要包括收取的参会代表的注册费、赞助商提供的赞助费及广告商提供的宣传费等。需要特别注意的是，参会代表的注册费虽为会议主办方收取，但其中大部分用于缴纳会议场地费、会议期间的餐饮费和会后旅游费等。因此，在计算主办方的收入时，应以主办方获得的净收入为准。场馆的收入主要包括会议室租金、设备租赁收入、会议餐饮和一些辅助收入（如广告位租赁、人员服务性收费、停车费、网络费等）。会议产业的间接收入是指除了会议举办场所和主办方之外的服务供应商从会议产业中获得的收入，包括餐饮、酒店住宿、旅游、交通、搭建、翻译、印刷、娱乐等为会议提供分散服务的所有服务商所获得的收入。

　　计算会议产业的拉动系数需要统筹考虑上述两个方面的收入。但很多会议主办方都会因各种原因而拒绝公开会议收入，调研的方式难以获取所需数据。鉴于此，本次以场馆的收入为基数分析会议产业对其他行业的拉动作用。此外，由于会议产业的间接收入分散到酒店、餐饮、交通等多个主体中，无法对各个主体的收入进行逐一调查，故本次调查借用宏观经济学在GDP测算中所采取的"总支出＝总收入"的思路，通过调查参会者的花费来研究会议产业中的经济关系。

　　以亚太肝病学会年会、中国介入心脏病大会、世界心脏病学大会、国际海洋和极地工程学术年会、天坛国际脑血管病会议和世界音乐教育大会六个社团会议为调查样本，获取数据。这六个会议的基本信息如表2—5所示。

表2—5　六个会议的基本信息

会议名称	召开时间	主办单位	参会人数（人）
亚太肝病学会年会	3.25—3.28	亚太肝病学会	3500
中国介入心脏病大会	3.31—4.3	中华医学会、中国介入心脏病学大会理事会、中华医学会心血管病学分会、美国心血管研究基金会、欧洲介入心脏病学大会等	3000
世界心脏病学大会	6.16—6.19	世界心脏病联盟、中华医学会、中华医学会心血管病学分会	10000
国际海洋和极地工程学术年会	6.21—6.24	国际海洋与极地工程师协会、中国海洋石油总公司	1000
天坛国际脑血管病会议	6.24—6.27	卫生部国际交流与合作中心世界卒中组织、美中神经科学与卒中促进学会和美国卒中学会	5000

续表2-5

会议名称	召开时间	主办单位	参会人数（人）
世界音乐教育大会	8.1—8.6	中国教育学会音乐教育专业委员会、中国音乐学院	5000

上述会议召开期间，笔者组织人员在会议现场对参会者进行了随机抽样问卷调查，共发放问卷635份，剔除115份北京市参会者所做问卷，有效问卷520份，各个会议的问卷发放情况如表2-6所示。

表2-6 抽样问卷情况

会议名称	京外参会者问卷数量	京内参会者问卷数量	问卷总数
亚太肝病学会年会	79	8	87
中国介入心脏病大会	42	28	70
世界心脏病学大会	132	30	162
国际海洋和极地工程学术年会	76	2	78
天坛国际脑血管病会议	79	10	89
世界音乐教育大会	112	37	149
合计	520	115	635

相关行业的收入

相关行业的收入主要是通过调查参会者的花费获取的，参会者在北京期间平均花费的具体信息如表2-7所示。不难看出，参会者花费最高的项目为住宿费用，大约占据了参会者全部花费的40%，其次为餐饮费用和购物费用，占参会者全部花费的比例分别约为16%和17%，相对而言，参会者在旅游和娱乐方面的花费较少。

表2-7 每位参会者在京期间平均花费单位（元）

花费项目	亚太肝病学会年会	中国介入心脏病大会	世界心脏病学大会	国际海洋和极地工程学术年会	天坛国际脑血管病会议	世界音乐教育大会
住宿费用	2396.00	1460.00	2457.40	1979.00	1476.20	2102.70
餐饮费用	1264.00	616.00	882.60	761.60	513.60	796.80
交通费用	540.00	352.00	359.10	327.00	267.20	399.75

续表2-7

花费项目	亚太肝病学会年会	中国介入心脏病大会	世界心脏病学大会	国际海洋和极地工程学术年会	天坛国际脑血管病会议	世界音乐教育大会
娱乐费用	506.00	361.00	455.55	390.60	403.65	455.55
购物费用	1254.00	709.00	842.75	757.25	736.25	923.50
旅游费用	361.00	186.00	242.75	238.10	248.05	317.50
其他	515.00	312.00	385.80	325.40	349.20	460.80
合计	6836.00	3996.00	5625.95	4778.95	3994.15	5456.60

其中旅游花费较少的原因是，北京作为政治、文化中心，各种交流活动频繁举办，多数参会者都有过来京的经历。笔者之前在国家会议中心做过的调查显示，82%的受访者有超过两次到京参会的经历。所以，在某种程度上，北京作为旅游目的地的吸引力对大多数参会者而言已经相对弱化，其旅游花费也因此较少。

调查显示，六个会议每位参会者的平均消费水平超过5000元。对比来看，亚太肝病学会年会花费水平最高，其平均花费水平已接近7000元，主要原因在于该会议国际化水平较高，国外参会代表来自58个国家和地区，人数近3000人。世界心脏病学大会国际参会者比例与亚太肝病学会年会相当，但由于其境外参会者主要是来自欠发达国家，消费能力有限，即使是第一次来北京，虽有很强的消费欲望但实际消费水平仍低于亚太肝病学会年会的参会者。从世界心脏病学大会参会者几乎都不在流动餐车上自费购买咖啡、饮料可以得到一点印证。中国介入心脏病大会和天坛国际脑血管病会议虽然规模较大，但却以国内参会者为主，花费水平明显低于其他几个会议。

基于参会者的平均花费水平及参会人数，对六个会议所产生的直接经济效益进行了估算。通过调研发现，只有部分参会者有旅游安排。根据抽样情况，本次调查对有旅游安排的参会者比例进行了推算。六个会议有旅游安排的参会者比例分别为75%、71%、75%、78%、81%和89%。

在此基础上，估算了六个会议所产生的间接经济效益（如表2-8所示）。

表2-8 六个会议给相关产业带来的收入单位（万元）

行业类别	亚太肝病学会年会	中国介入心脏病大会	世界心脏病学大会	国际海洋和极地工程学术年会	天坛国际脑血管病会议	世界音乐教育大会
住宿业	761.49	262.80	2002.33	192.83	655.17	790.28
餐饮业	401.72	110.88	719.16	74.21	227.95	299.47
交通业	171.62	63.36	292.60	31.86	118.59	150.24
娱乐业	160.81	64.98	371.19	38.06	179.15	171.21
零售业	398.54	127.62	686.69	73.78	326.76	347.09
旅游业	86.05	23.77	148.35	18.10	89.17	106.20
其他行业	163.68	56.16	314.36	31.71	154.98	173.19
合计	2143.91	709.57	4534.68	460.55	1751.77	2037.68

结果显示，世界心脏病学大会给其他行业带来的收入高达4534.68万元，亚太肝病学会年会和世界音乐教育大会为其他行业带来的收入为2143.91万元和2037.68万元。此外，从会议带来的收入流向来看，会议产业对住宿业的拉动效应最大，其次为餐饮业和零售业。以世界心脏病学大会为例，其为住宿业带来的经济收益为2002.33万元，为餐饮业带来的收益超过700万元，为零售业带来的收益也接近700万元。会议产业的经济拉动作用由此可见一斑。

会议场馆收入

场馆收入主要包括场地租赁、设备租赁、搭建收入、广告收入、证件收入、能源费、电话网络费、会议餐饮收入和商务中心收入、停车费等。需要说明的是，亚太肝病学会年会和中国介入心脏病大会召开期间，有其他会议和展览活动同期举办，因此很难将国家会议中心设于展厅二楼的美食广场的收入归入本次调查会议。鉴于此，本次调查并没有将美食广场收入计算在内。剔除该收入后，场馆的总收入如表2-9所示。

表2-9 六个会议给国家会议中心带来的收入单位（万元）

会议名称	场馆收入
亚太肝病学会年会	334.67
中国介入心脏病大会	322.11
世界心脏病学大会	1223.21

续表2-9

会议名称	场馆收入
国际海洋和极地工程学术年会	87.78
天坛国际脑血管病会议	264.18
世界音乐教育大会	819.45

通过上述分析，以场馆收入为基数，会议产业对相关产业的拉动作用如表2-10所示。其中，亚太肝病学会年会和天坛国际脑血管病会议对相关产业收入的拉动性最大，拉动作用分别为1∶6.4和1∶6.6；国际海洋和极地工程学术年会的拉动作用次之，拉动系数约为1∶5.2；世界心脏病学大会、世界音乐教育大会和中国介入心脏病大会的拉动作用分别为1∶3.7、1∶2.5和1∶2.2。需要特别说明的是，中国介入心脏病大会和世界心脏病学大会两个会议的灯光、音响设备均由国家会议中心提供，即原本为其他产业的收入现在转为场馆收入，从而导致得出的拉动系数偏低。

表2-10 六个会议对国家会议中心的经济拉动作用（万元）

会议名称	相关产业的收入	场馆收入	拉动作用
亚太肝病学会年会	2143.91	334.67	1∶6.4
中国介入心脏病大会	709.57	322.11	1∶2.2
世界心脏病学大会	4534.66	1223.21	1∶3.7
国际海洋和极地工程学术年会	460.54	87.78	1∶5.2
天坛国际脑血管病会议	1751.77	264.18	1∶6.6
世界音乐教育大会	2037.68	819.45	1∶2.5

综合上述分析得出如下结论：

第一，会议产业对当地经济发展具有明显的拉动作用，既包括场馆和会议主办方获得的直接收入，也包括因举办会议而带来的住宿业、餐饮业、零售业、旅游业、交通业等其他行业的间接收入。

第二，从花费流向来看，参会者的花费主要流入住宿、餐饮和零售业这三个主要领域，占据参会者花费的比例之和超过70%，其中住宿业获益最多，其大约占据了参会者花费40%的份额。

第三，不同会议的经济作用不可一概而论。规模大、国外参会者比例高的国际会议对相关产业的经济拉动尤其明显，而国内参会者多，尤其是本地参会者占据较大比例的会议的经济拉动作用相对较弱。

本次研究结果显示，以场馆收入为基数，会议产业对相关行业的经济拉动作用介于1：2至1：7之间，平均拉动系数约为1：4.5。

但是，该结论仍具有一定的局限性。

第一，所有调研都集中在国家会议中心进行而没有在其他会议场所进行，因而不具有普适性。同时由于国家会议中心主要的经营特色之一是能提供所有的会议餐饮，由此再次出现了前文所提到的问题，即原本应为餐饮业的收入现在转为场馆收入，导致了计算过程中其他行业收入的减少，场馆收入的增加。因此，最终计算的拉动系数显然会低于实际的行业平均水平。

第二，抽取的会议样本具有一定的局限性，在本次调查的六个会议中有四个会议是医学会议，而医学会议参会者的消费水平一般低于其他行业参会者。

第三，调查的参会者花费项目均为参会者在北京市的花费，没有将城际交通及对北京周边的旅游消费考虑在内。鉴于上述三个原因，可以推断会议产业的实际经济拉动作用应该会略高于此次调研结果，平均拉动系数达到1：5.5至1：7.5。

资料整理来源：刘海莹. 会议经济拉动系数揭秘［N］. 中国贸易报，2011-08-23（07）.

三、会议经济贡献测算的具体实践

（一）国际大会及会议协会对会议消费的测算

即使像国际大会及会议协会这样严谨、有威望的国际组织，也没有办法把国际协会会议的具体花费全部计算出来，可见测算会议的经济贡献难度之大。由于该国际组织还有找到可信的方法估算一个参会者的所有花费，只能借助于2004年由维也纳会议局和芬兰会议局的两份调查报告。两份报告得出了一个颇为相似的结论：一个国际会议参会者的总花费中，大约22%是用来支付会议注册费的。于是国际大会及会议协会就直接引用这个比例，找到当年国际协会会议的注册费的平均值，倒推出人均总花费，然后乘以总参会人数，就可以得到一个会议的总花费。

关于国际大会及会议协会的国际会议统计与排名，历来就存在不同的看法。肯定的看法是，国际会议处于会议市场的顶端，国际大会及会议协会的国际会议统计与排名是衡量一个会议举办地国际影响力的一个重要标尺，因而具有重要参考意义。否定的看法是，会议市场如此巨大，国际大会及会议协会的样本量太小，不能作为衡量一个会议举办地影响力的一种主要手段，因而各个城市追求国际大会及会议协会排名的做法是片面的。

国际大会及会议协会统计了全球 12000 多个协会类组织举办的 24000 多个国际会议，这个数字的确不大。相对于浩如烟海的会议数量，国际大会及会议协会统计的国际会议只是其中一个小小的零头，但我们至少能够以小见大，窥一斑而知全豹。综合看来，国际大会及会议协会的国际会议统计数据，至少有以下几个方面的价值：

一是对于国家和城市来说，可以借此在全球会议市场上进行横向比对。一般而言，会议市场都以本国市场为主，真正在全球范围内流动的会议所占比例很小，但国际大会及会议协会统计的国际协会会议一般是其中很重要的一部分。从这个意义上说，国际大会及会议协会国际会议统计数据意义重大。

二是国际会议的地位处于会议市场的顶端，因而国际大会及会议协会的统计和排名具有很强的代表性和示范性。国际大会及会议协会在全球范围内拥有各类会员机构超过 1000 家，全球知名城市几乎都是它的会员。这些城市之所以普遍看好国际大会及会议协会的数据，就是因为在它们看来，在国际大会及会议协会中排名靠前是一件很荣耀的事情——说明自己在国际上具有很好的影响力。我们知道国际会议申办、运营管理及服务是一项专业的系统大工程，想做好很是不易。也就是说，一个城市如果国际会议做得很棒，那它的旅游、展览、商务等行业也差不了。事实也是这样，国际大会及会议协会的排名靠前的国际会议城市，大多是国际知名城市。

三是对于国内城市来说，用国际大会及会议协会的排名给自己提出更高的要求是一件很有意义的事情。与国际知名城市相比，大部分国内城市在会议举办地建设方面起步较晚，因而差距还很大。在这种情况下，地方政府愿意用国际大会及会议协会的排名来与国际知名城市相比较自我激励，是受到正面评价的。

会议市场很复杂，不容易找到一个大一统的统计数据来衡量会议工作的效果，指导相关从业者有效地应对未来。不过那也不要紧，不同的数据有不同的视角，借此多角度综合研判，也有所获。

(二) 典型国际会议主办国对会议产业经济贡献的测算

1. 美国会议产业对经济贡献的测算

为了对美国境内的会议产业进行摸底调查,美国会议产业理事会(Convention Industry Council,CIC)发起,与美国饭店和旅馆协会、国际目的地营销协会、国际会议专家联盟等14家会议及旅游领域的行业组织共同委托普华永道公司调查测算2009年美国的面对面会议产业对当年美国经济的贡献值。

在这次调查分析中,他们选择了联合国世界旅游组织发布的《会议产业经济重要性评价报告》(*Measuring the Economic Importance of the Meetings Industry*)中的会议产业的定义,其界定有三个条件:一是会议持续时间:四小时及以上;二是会议规模:不少于10人;三是会议场所:在签约场所举行。根据这一标准,意味着把参会者人数在10人以内,或不足4小时,或在机构内部办公室召开的会议剔除,这部分会议的数量庞大,因此可以说这次调研的数据是低于实际数量的。另外,他们在测算经济贡献时,采用了联合国世界旅游组织的旅游卫星账户核算体系,并于2011年2月发布了《美国会议产业影响力研究报告》。

报告显示,2009年美国共有2.05亿人次参加了180万个各类会议、展览、奖励旅游等商务活动。在180万个会议当中,130万个为企业或商务型会议。85%的会议是在具有住宿功能的设施中举行的。180万个会议共产生了2.5亿间夜客房的需求。在2.05亿人次的参会者当中,1.17亿人次旅行50英里(1英里≈1.61千米)以上参会或在会议地点住宿;0.8亿人次参会者的旅行距离少于50英里或不过夜;其中500万人次为国际参会者。在2.05亿人次的参会者当中,1.62亿人次为会议代表,0.18亿人次参展商,0.25亿人次为其他类型的参会者,包括会议组织者、会场工作人员、媒体工作者等。

2009年美国会议产业直接支出为2630亿美元,其中1510亿美元为会议策划与会议组织相关花费;与旅行、旅游有关的开支占43%,为113亿美元。会议产业提供直接工作岗位170万个,间接工作岗位630万个。会议产业对GDP的贡献额为1060亿美元;带来联邦税收143亿美元,州与地方税收113亿美元;会议产业为旅游业贡献了1130亿美元,约占旅游业总收入的16%。参会代表的机票支出占航空运输业营业收入9%。会议、展览及其他参会者在参会方面的花费为1450亿美元,其中绝大多数为注册费用(46%),住宿费用(17%)和餐饮费用(13%)。其他为支持产业相关花费,包括交通(9%)、零售(3%)、休闲娱乐(3%)、汽车租赁(3%)以及市内交通(1%)等。

2014年，美国会议产业理事会发布了新的研究报告——《会议产业对美国经济的影响》(*Economic Significance of Meetings to the U. S. Economy*)，对2012年美国的会议产业发展情况，以及会展经济对美国经济的影响进行了分析。该报告是美国会议立业理事会为评估机构，委托普华永道会计师事务所所做。2011年2月首次发布了初期报告，本次发布的中期报告在初期报告的基础上，进行了数据更新及深化研究。报告显示在参会人数、税收数额及新工作岗位数量等各方面，2012年都比2009年有了巨大的增长。在2012年，全美共召开了183万个会议，参会人数达到2.25亿，较2009年增长了10%。这些会议活动对GDP的贡献超过1150亿美元，雇用人员约为180万人，较2009年增长了8.3%，是全社会工作岗位平均增长率的两倍。在2012年举行的183万个会议中，有130万个会议属于公司型或者商务型会议，27.37万个会议是大型会议，1.09万个会议是贸易展览，6.77万个会议为会奖型会议。

2012年美国会议产业的经济总产出价值约为7704亿美元，在联邦、州及地方税收上总计贡献了约887亿美元，三年内美国会议产业创造的税收增加了近2.5倍（见表2-11）。另外，大多数参会人员在参加单个会议时旅行公里数达到或超过50英里——消费包括酒店住宿、餐厅就餐以及交通服务等。会议产业对GDP的贡献超过航空运输业、电影业、唱片业、表演艺术及体育赛事（见表2-12）。

表2-11 2009年和2012年美国会议业的经济贡献：概况

经济贡献	2009年				2012年			
	产出（亿美元）	对GDP的贡献（亿美元）	创造就业（万个）	劳务收入（亿美元）	产出（亿美元）	对GDP的贡献（亿美元）	创造就业（万个）	劳务收入（亿美元）
直接效应	2634.43	1060.96	165.00	595.12	2804.03	1156.15	178.70	668.92
间接效应	2835.21	1515.07	216.40	928.48	2762.67	1568.89	208.00	991.39
派生效应	3602.79	2003.08	248.30	1186.49	2137.06	1212.80	144.00	686.08
合计	9072.43	4579.11	629.70	2710.09	7703.75	3937.84	530.70	2346.39

表2-12 2009年和2012年美国会议业的经济贡献：税收

经济贡献	2009年		2012年	
	联邦税（亿美元）	州税和地方税（亿美元）	联邦税（亿美元）	州税和地方税（亿美元）
直接效应	143.40	112.70	148.05	132.62
间接效应	213.49	133.98	206.34	125.20

续表2-12

经济贡献	2009年 联邦税（亿美元）	2009年 州税和地方税（亿美元）	2012年 联邦税（亿美元）	2012年 州税和地方税（亿美元）
派生效应	281.72	212.31	153.69	120.83
合计	638.61	458.99	508.09	378.65

2. 英国会议产业对经济贡献的测算

英国论坛及商业活动产业协会（Eventia）发布了《2009年英国会议市场发展趋势调查报告》。此次年度调查活动是以英国512个会议场所提供的数据为基础的，较2008年的446个增长了14.8%，他们几乎占到了所有英国商务会议场所的15%。

调查报告显示，2006—2008年英国会议市场经历了"略有寒意"的市场低迷期，所创造的经济价值估计为72亿美元，相比而言，在2005—2007的三年期间，估计价值为80亿美元。差距的原因主要是每个会议场所接待的会议平均数量有所减少（2006—2008年平均375个，2005—2007年平均396个）；另外由于受到经济危机的较大冲击，有住宿需求的会议变少了，这大大减少了会议举办场所的经济收入，因为带住宿会议带来的收入几乎占到了会议场所总收入的60%。尽管如此，调查报告仍然肯定了会议产业对英国经济的巨大意义。

另外，2008年一共举办了131万场次的会议，估计有6700万人参加了会议，每次会议的参会人数平均为51人。大部分城区会议场所——过去几十年对城市基础设施和环境的巨大投入正在通过商务活动市场获得回报——城区会议场所每年接待的会议数量平均为447场次，远远超过行业平均数。相比之下，乡村会议场所每年接待会议的平均数仅为250场次。会议预算普遍趋紧，人们对价格更为敏感，表现为讨价还价的谈判多了；会议组织者采购商品时要货比三家，希望物超所值；在"吃"上面花的钱少了，有些时间较短的会议甚至不安排餐饮。提前预订会议的时间更短了，但是等待确认的时间却更长了，取消会议预订的情况也增多。相当多的会议场所（44%）推迟了原定于2009年进行的产品投资和更新换代计划，但是仍有三分之一的场所按原计划进行投资。大学和学术类会议场所更是预期2009年将在产品上投入巨资。

2012年，国际会议专家联盟委托利兹城市大学的活动与旅游业研究中心开展对2011年英国会议产业的调研。此次调研了457个会议举办场所，458

个会议组织公司，33家目的地管理公司，695个参展商，1617个参会者，并在现场对110个参展商和参会者进行了访谈，总共有效样本数达3460个。2012年3月，《英国会议活动业的经济贡献研究报告》正式发布。他们在测算经济贡献时，选择了联合国世界旅游组织对会议的定义，并且采用了联合国世界旅游组织旅游卫星账户核算体系。

2011年英国共举办130.16万个会议，其中英格兰、苏格兰、威尔士和北爱尔兰的份额是86%、6.6%、5.8%和1.6%。会议类型包括大会、消费型展览、专业展览/商业展览、奖励旅游会议、其他商业会议和其他会议（见表2—13）。

表2—13　2011年英国会议数量

会议类型	会议数量（万个）	占比（%）
大会	50.6322	38.9
其他商业会议	49.4608	38.0
消费型展览	30.0670	23.1
专业/商业展览		
奖励旅游		
其他会议		
合计	130.1600	100.0

2011年前往英国的参会者共计1161万人次，其中消费展的参会者（实际是参展商代表和观众）占了50.2%；参加"大会"的参会者人数比例紧随其后，为38.7%；其他四类会议占11.1%。英国企业会议的比例高达81.0%。协会会议仅占6.3%，即使把非政府组织和非营利机构的份额加上，三者的比例也只有11.5%。而政府/公共服务会议占4.0%（见表2—14）。

表2—14　2011年英国会议按主办机构分类

会议类型	占比（%）
企业会议	81.0
协会会议	6.3
非政府组织/非营利机构会议	5.2
政府/公共服务机构	4.0
其他组织	3.5
合计	100.0

英国举办的会议不但规模小，而且会期也较短。2011年英国10人至99人以下的会议占64%，100人至499人的会议占30%，500人以上占6%。一天以内的会议占比为53%，据此可以推测英国会议的国际化程度不高。一年中4月份是举办会议数量最多的月份，共有138832个会议，占比为10.67%；而12月份最少，只有46346个会议，占比为3.56%。

专题三　会议管理模式创新

【教学目标】

1. 掌握会议管理模型内容和管理重点。
2. 熟悉跨文化管理沟通中面临问题与解决方式。
3. 了解当下国际会议管理趋势。

【引入案例一】

海南省支持会展业发展

　　2019年，海南省推动产业扶持资金改革，将原省级会议业发展专项资金整合到省重点产业发展专项资金中。为继续做好会议业的引导扶持工作，海南省此次出台了《海南省支持会展业发展资金管理办法》。海南省商务厅副厅长介绍，出台省级会议资金支持办法，一方面体现了省委、省政府对发展会议产业的高度重视，引导省直各部门、各有关市县（区），特别是海口、三亚、琼海、儋州四个城市提高对发展会议业的重视程度，真正把会议业作为发展现代服务业、推动国际旅游消费中心建设的重要抓手来抓；另一方面通过省市两级扶持，积极引进和培育一批重大会议品牌，推动全省会议产业形成特色化、差异化发展格局。

　　海南省力争通过两到三年的支持和培育，积极打造出6~7个在全国知名的品牌展览或会议、2~3个在国际上有影响力的会议品牌。在引进举办高端会议品牌的同时，保护和提升海南省已有的博鳌亚洲论坛年会、冬交会、世界新能源汽车大会、西普会等成熟的会议品牌（见图3—1）。

　　资料整理来源：海南省新闻办公室.海南省支持会展业发展资金管理办法新闻发布会［EB/OL］.［2020—08—04］.https://dongfang.hainan.gov.cn/jdhy/xwfbh/202008/t20200804_2828721.html

图 3-1　博鳌亚洲论坛 2021 年年会

一、会议管理模式

（一）会议管理模式分类

由于不同国家、不同地区会议产业起步时间不同、经济状况不同，其管理模式也存在一些差别。根据政府、行业协会调节力度大小，可以将其管理模式分为政府主导型、市场主导型及政府市场结合型三种模式。

1. 政府主导型

政府主导型是指政府通过投资及管理对会议产业的发展起着重要的推动作用，其中最具代表的国家是德国和新加坡。以德国为例，行业协会在德国的会议产业管理中起到了很大的作用。德国会议产业的最高协会是德国贸易会议和会议业联盟（AUMA），它是由参展商、购买者和博览会组织者三方面力量组合而成的联合体，对德国会议产业实行统一管理，是德国唯一的中央级的会议管理机构，有着最高的权威性。它的职责主要包括制定全国性的会议管理法律条例和相关政策，支配使用政府的会议预算，代表政府出席国际会议界的各种活动以及规划、投资和管理会议基础设施，如展馆、酒店、交通、旅游等。德国政府和会议行业协会紧密配合，相辅相成，使会议产业得到了有效管理。

2. 市场主导型

市场主导型管理模式是指会议产业发展主要由市场主导，很少由政府或政府某个部门直接组展和办展，政府仅仅提供间接的支持和服务，代表性的国家有法国、英国、加拿大、澳大利亚和瑞士等。以法国为例，法国的国际会议政府参与程度低，市场竞争相对充分。会议公司不拥有场馆，而场馆公司不组织展会，也不参与其经营。在二十世纪五六十年代，许多专业性展会由行业协会主办。随着展会之间竞争的日益激烈，行业协会逐渐把自己的展览会转让给专业会议公司或者与专业会议公司合资经营。此外，由于市场对展会的要求越来越高，会议公司需要在资金、人力及装备方面做更大的投入，而小公司大多力不从心，纷纷被大公司兼并，会议公司集团化成为趋势。

3. 政府市场结合型

政府市场结合型是指在会议产业发展过程中政府参与和市场运作同时并行，美国和中国香港地区属于此类型。以美国为例，在长期的产业发展过程中，该类型形成了三种各具特点的公有会议中心管理模式。

（1）政府管理模式。

这种方式是由地方政府成立大会和参观事务局，负责管理公有会议中心。多数情况下政府并不能通过会议中心盈利，甚至要承担其亏损。但由于政府控制会议中心的经营可以更好地体现政府发展区域经济和特定产业的意图，并对会议市场进行宏观调控，故而这种模式仍然有其好处。政府管理模式虽然有利于政府获得某些重要的利益，但是也会造成会议中心经营绩效低下、市场机制扭曲等问题，不利于会议产业的长期发展。在美国，拉斯维加斯和芝加哥等重要的会议城市都已不实行这种模式。

（2）委员会管理模式。

这种模式由地方议会或政府成立一个单独的非营利管理委员会经营公有会议中心，对议会或政府负责。委员会管理往往是比政府管理更有效的。由于经营自主和收入独立，由一个管理委员会管理的会议中心，可以更少地受政府采购和城市服务需求的限制。不过这种模式也有其弱点，那就是可能会产生官僚主义等问题。此外，从企业治理的角度来看，委员会管理模式下也存在着激励不足的问题。很多时候政府还是要充当救火队长，补贴公有会议中心经营的损失。

（3）私人管理模式。

私人管理模式就是将公有会议中心的管理业务外包给私人会议管理公司。当前会议产业界一致认为，这是一个积极且难以逆转的趋势。私人管理公司越来越多地从政府那里赢得公有会议中心的经营权和管理权。私人管理模式具有许多公认的优势：经营自主、富有活力、充分考虑成本效益、致力于客户服务、避免官僚主义、深度开发人力资源、盈利能力较强、雇用工人有灵活性。另外，对政府来说，财政风险相对较小。当然，对地方政府而言，将公有会议中心交给私人公司管理也有一定风险，有可能失去对其营利动机的控制。由于不能排除所办展会不适应当地产业发展规划的情况，私人管理公司利润最大化的经营可能不符合城市发展的整体利益等情况。

（二）中国会议产业发展情况

1. 中国会议产业发展格局

一般来讲，一个城市或地区如果基础设施相对完备，人均收入水平较高，服务业比重较大，那么会议经济就会在该城市或该地区得以强势增长并发挥积极作用。我国会议产业率先在以北京、上海、广州为代表的经济发展水平高、基础设施完善、服务业发达的中心城市迅速崛起，并且形成了以这三大会议中心城市为核心，向周边地区辐射的长三角、珠三角和环渤海会议经济带。这三个会议经济带的会议产业发展相对成熟，并形成了各自的经营特色，对周边地区会议产业的发展有辐射带动作用。需要指出的是，上海、天津将极大地改变中国会议产业的现有格局，不仅上海未来将成为中国会议中心，而且全国大型和特大型展会项目都有可能向上海、天津（国家会议中心）与广州（广交会展馆）集中，中国将出现一批在世界上首屈一指、行业领先的顶级展会项目。

2. 长三角会议经济带

长三角会议经济带地处长江下游，经济实力雄厚、对外开放程度高、国内外贸易发达、会议硬软件健全，已成为中国实力最强、最具发展潜力的会议经济带，是国际会议产业的重要参与者和竞争者。长三角会议经济带的空间发展格局基本上是以上海为龙头，以沿江、沿海为两翼，即以上海为中心，杭州、南京、苏州、宁波、温州、义乌、南通、常州等会议城市为依托。长三角地区经济基础好，市场化程度高，城市规划布局合理，贸易目标明确，具有明显的区位优势和良好的产业结构，会议产业发展潜力很大。在不同的水平和层次上，上海与其他城市实现错位发展。

上海发展会议产业的最大优势体现在城市国际化程度高，金融环境优越，有利于引进世界知名国际性展会，吸引外资会议企业投资发展。上海已经形成较大规模的会议经济。上海会议产业已经从20世纪90年代开始的跑马圈地式的粗放式发展阶段，转变到注重项目质量和效益的集约化管理阶段。上海举办的国际性、专业性的数量和面积居全国第一，同时专业化程度高（见图3—

2)。上海具备全国范围内最为完整的会议市场和会议产业链,已经形成以主承办为核心的会议配套产业链,围绕会议项目、展示工程企业、场馆企业以及物流咨询等配套服务都有了进一步的发展。相对其他省市,上海市场馆设施比较齐全,但是上海的场馆建设与展览项目的发展不同步,大型场馆较为稀缺,限制了大规模展会落户上海。为解决这个问题,上海努力推进"四个中心"的建设,使浦东浦西形成"东西联动、错位竞争、优势互补"的会议产业发展格局,上海将成为全球场馆规模总量最大的城市。

图 3-2 上海新国际博览中心

3. 珠三角会议经济带

珠三角地区是中国改革开放的先行地区,在全国经济社会发展和改革开放大局中具有突出的带动作用和举足轻重的战略地位。珠三角会议经济带以广州为中心,依托香港、澳门地区,以广交会为助推器,囊括了深圳、珠海和东莞等地。该会议带贸易色彩浓厚、展会规模大、会议产业结构特色突出、产业分布密集。广州作为中心城市,以继续举办广交会这样的大型综合性会议为主;深圳以举办高科技专业展会为主;其他珠三角城市依托特色产业,举办具有鲜明产业特色的展会,如虎门的服装节。

广州是千年商都,会议产业发展条件得天独厚,会议市场呈现高度市场化的特征,与上海、北京共同被称为全国三大会议中心城市。广州会议产业规模大,经济效益好。广州市会议主体逐渐多元化和市场化。广州市的场馆规模处于全国领先水平，如广州白云国际会议中心（见图3-3）。

图3-3 广州白云国际会议中心

广州侧重于发展以广交会为核心的进出口贸易展和电子、礼品等具有地域产业特色的专业展。根据《广州建设国际会展中心城市发展规划（2013—2020)》显示，广州正处于从国家级会议中心城市向洲际会议中心城市快速迈进的阶段。未来广州的会议产业发展分"两步走"战略，推动广州会议产业实现"三年品质提升，八年国际一流"的目标。用三年时间打造成洲际会议中心城市；用八年时间促进会议产业实现"五个转变"。

4. 环渤海会议经济带

环渤海地区是我国港口群和产业群最为密集的区域之一，也是我国最大的工业密集区和重化工业基地。环渤海会议经济带以北京为中心，包括天津、河北、辽宁、山东半岛城市群等地，其会议产业发展早、规模大、数量多、专业化和国际化程度高，门类齐全，政府支持力度大，知名品牌展会集中，辐射面广。京津地区在直径不足100平方公里地域内集中了两个超大型城市，拥有各类研院所、高等院校近千所，是全国知识最密集、科研实力最强的区域。北京作为中国的首都，凭借其强大的政治、科技、文化优势成为环渤海会议经济带的核心，具有得天独厚的优势，同时以其强大的区域辐射功能，带动天津等周边城市会议经济的发展（见图3-4）。

图 3-4 天津梅江会展中心

北京的优势在于集聚了众多全国性行业的商、协、学会和国有大中型企事业单位，有利于汇聚行业力量、整合产业资源发展会议产业。首都经济的发展为提高北京会议经济的魅力和吸引力，创造了一个很好的机遇和平台。凭借其优良的区域位置、国际影响及人才优势，北京目前是我国适宜发展会议产业的主要城市之一。北京接待国际会议的数量、规模、质量和水平及城市综合功能与城市影响力等方面均处于全国领先地位，以举办会议为主要目的会议场馆数量较多，享有"会都"美誉。

此外，大连、青岛、烟台、济南、石家庄、廊坊等地的会议产业也有很大程度的发展。烟台是国家重点开发的环渤海经济圈内的重要城市，亚太经合组织多次在此举办重大经贸活动；青岛作为港口城市和知名工业名牌城市，会议产业发展优势显而易见，啤酒节、青博会、海洋节等展会均享有较高的声誉。

二、国际会议跨文化管理与沟通

【引入案例二】

2019年12月4日，中法酒文化交流论坛在巴黎举行，来自中国文化商贸机构与法国经贸界、酒业领域的行业代表汇聚一堂，探讨中法酒文化的交融与发展。本次论坛以中法烈性酒文化、技术、创新和生态为主题，围绕"一带一路"倡议为中法酒业发展带来的机遇进行了探讨。

中国江苏今世缘酒业副总经理说，中国制酒历史源远流长，白酒是中华民族文化的一种载体。在法国，葡萄酒文化已渗入法国人文化、艺术及生活的方方面面。中法之间白酒与葡萄酒的交流互鉴有助于增强两国人民的亲近感。法国烹饪和酒业专业发布委员会主席说,虽然中国与法国的酒文化有所不同,但两种文化在不断靠近,中国人喝红酒的越来越多,而法国人喝白酒的也在增多,两种酒文化的交融是件好事。

法国品酒师协会主席说,他去过中国很多次,大家聚在一起,多数情况下喝酒必不可少,酒发挥了它的社会作用。"在中国,酒还扮演着药品的角色,中国人会将中草药泡在酒里,激发它的药用价值。"

资料整理来源:刘金辉,刘芳. 中法酒文化交流论坛在巴黎举行[EB/OL]. [2019-12-06]. https://baijiahao.baidu.com/s?id=1652137115564565731&wfr=spider&for=pc.

(一)跨文化沟通及其实质

1. 跨文化沟通是全球化进程的必然要求

世界上有众多国家、民族、语言及其相关的社会习性。世界上有200多个国家和地区,每个国家有自己的文化背景。从自然环境到社会背景到历史发展都会导致文化差异。受到全球化影响,几乎所有国家都要面临跨文化沟通的现实。把不同的背景拉到一起来,融合各种差异化,打造一种新的和谐,从矛盾到和谐就是全球化的一个基本规律。自然环境、社会特性的不同导致各国相互间存在文化的差异,但如今处于全球化时代下,经济、科技、教育、旅游等行业都在不断互动与交融,几乎没有多少地方可以游离于全球化进程之外。所以,几乎所有国家、民族要积极面对全球化过程中的跨文化交流问题。

2. 跨文化沟通是当今世界面临的一个重要课题

对于专业学科:西方国家,尤其是美国的学校基本都开有这样的专业学科,研究很多,论著很多,还有专门的跨文化交流国际协会,对跨文化沟通的研究非常深入。中国此项为弱项,相关方面更注重理论化、历史性内容的学习。

对于国家:做好跨文化交流是一个国家做好外交、国际商务、国际科技教育等交流工作的基础条件。

对于机构:很多跨国公司给新员工上的第一节课就与跨文化交流有关,因为这是全球协作的基础。国际协会类机构也一样。全球性的协会,会员来自全球多个国家和地区,在与会员交流和为会员服务的时候都会面临跨文化交流的情况。

对于个人:只要你的工作,或是爱好,与另外一个或多个国家有关,了解其他国家的文化特点,就会显得很重要。

(二) 跨文化沟通合作的沟通及对策

1. 国际规则——跨文化沟通与合作的基本点

认可规则是交流的基础,公开、公正并为各个文化群体普遍接受的规则,是跨文化沟通与合作中各种障碍、冲突的消除者和化解者。了解并把握现行国际规则,铭记"规则是办会基础"。我国由于语言与历史经验的原因,在和国际打交道的时候往往自己的意识外溢,不愿意主动了解国外烦琐的规则,因此导致了很多会议举办申请失败、会议举办无人问津等不必要的局面。按照国际规则举办和参加活动能够快速融入国际社会,顺应全球化的趋势迎来更多机会。在此基础上,参照国际规则制定本国或本区域的规则,同时进行可能的文化创新是将中国带入国际会议市场的有效方式。因为如果在国内另起炉灶可能不会被广大国际对象接受。

2. 语言——跨文化沟通与合作的关键点

语言是信息传递的媒介,是人类进行沟通的工具。沟通谈判的过程实质上就是谈判者运用语言进行协调磋商的过程。一般人在相同文化背景下彼此理解尚有误差,那么不同文化背景导致的理解误差可能会更大。因为语言是文化的载体,不同语言有其独特的建构信息方式。因此,语言及其相关的语言服务质量的好坏常常是决定一场会议活动、一次沟通或合作能否成功的关键。如果一些核心交流手段出现问题,如同声传译不到位、翻译不到位,造成无法沟通、无效到访交流等情况,可能会导致整个会议效果不佳、影响二次举办等问题。

3. 理解与尊重——化解文化沟通中各种各样冲突的基本原则

面对不同文化中的规则、习惯、宗教和禁忌等,我们有必要去了解并且理解尊重。同时,告知他人自己的规则及要求是一个礼貌的行为。进入他人文化圈内,根据举办地文化特点及场景等调整自己的行为应该引起重视。最后,使用柔性的语言及表述方式并且根据不同国家国情避免触及一些敏感话题能够使得跨文化沟通更加顺利。

4. 通用文化符号——沟通效果佳

除了用语言传达信息外,双方还可以通过非语言方式沟通,包括视觉(视频、卡通、图表、图片、表演等)、听觉(音乐、演出等)、身体语言(手势、表情等)。例如在中华医学会上,由于医学英语的性质偏向专业性,不会像日常英语一般普及,这时语言交流效果就会打折,但图像、视频、国际惯用简称等非语言方式就发挥了沟通桥梁的作用。

(三) 国际会议跨文化沟通基本特点

1. 制定并主导国际规则——强势文化的集中体现

以欧美国家为主导的国际规则制定者/执行者/督导者是当下的主流。国际大会及会议协会数据库中有一万多个国际协会,两万多个国际会议,从申办到新学校都有自己的标准。我国国际性协会不到 40 个,都是以中国文化为核心的,在科技、工业、贸易等行业国际话语权有待加强。

以会议产业为例。欧美国家的会议业普遍都比较发达,还特别设有会议人才培训及认证机制。例如德国的会议管理、场馆管理等管理理论在国际上强势输出,都使得这个国家的会议产业成为他国学习榜样。

2. 语言优势——英语或其他西方语言

以英语为母语的国家在国际会议活动中具有极大优势:不用同声传译,缩小本国会议与国际会议之间的差异等,同时,西方字母文字的通用性、思维方式相通性及沟通工具与平台的便利性均使得国际化企业形成、国际化市场拓展更方便。这样一方面有利于本国会议的国际化;另一方面也有利于本国企业拓展国际市场,实现全球化。

三、会议职业发展与人才培训

(一) 会议职业发展现状

1. 会议产业与会议经济概念

(1) 会议产业。

会议活动已有很长的历史,但会议产业的形成却比较晚。会议产业是一种通过举办各种形式的会议,以获取直接或间接经济效益和社会效益的经济行为。一般认为,会议产业能促进商品经济发展和社会进步,会议活动由最简单的直接交易演进到现在的展(博)览会、交易会、洽谈会等多种形式,会议成为生产消费领域的桥梁和纽带。会议产业产生的一般逻辑是当会议活动的主体由政府转向民间,形成相互联系、相互影响、相互竞争、相互协调的会议企业群,并与其他类型企业相互区别、相互联系。生产力发展使会议活动成为一种必不可少的经济行为,并具有相对独立性,与会议活动相关的企业经济活动达到一定规模，在整个资源配置体系中占有一席之地且成为不可缺少的组成部分时，才标志着会议产业的形成。会议产业是会议活动产业化的必然结果，是社会分工和产业细分化的必然产物，也是人类商业活动与资源配置方式的创新实践成果，是生产力发展和市场化进程的重要标志。会议产业的本质至少具备两个特性：一是会议是一种交换媒介，二是会议有集聚经济效应和信息效应。

(2) 会议经济。

会议经济的概念在中国算是新兴事物，对会议经济的理解有以下几种观点："会议经济是以会议产业为支撑点，带动相关产业发展的一种经济"，以及"会议经济是跨产业、跨地区的综合经济形态"。而另一些学者认为，会议经济是一种具有生态绿色特征的新的经济增长点，也是在可持续发展中能解决与增强城市竞争力问题的一种经济形态。

可见，会议经济是会议产业发展到一定历史阶段形成的跨产业、跨区域的综合经济形态。它通过举办各种会议、商品展示和会议等活动，带来源源不断的商流、物流、人流、资金流、信息流，直接推动商贸、旅游的发展，不断创造商机，吸引投资，进而拉动其他产业的发展，在取得直接经济效益的同时，带动一个地区或一个城市相关产业的发展，达到促进经济和社会全面发展的目的。从本质上分析，会议经济实际上是世界产业经济更换变化趋势中现代经济发展组合过程中的必然产物，是由实体经济走向虚拟经济的一个新兴的结合点，是知识经济时代一种内涵丰富的新的经济形态。

综上所述，会议是人类物质文化交流的重要形式之一，它是会议活动发展到一定阶段的产物，是现代经济体系的有机组成部分之一。成功的会议是最好的广告，是城市走向世界的快速通道，可以向世界宣传一个国家和地区的科学技术水平及经济发展实力，展示城市形象，提高城市的知名度和美誉度，推动城市的繁荣。因此，会议成为通向世界的"高速公路"。

2. 会议职业发展技能

会议产业在中国尚属一个新近发展起来的行业，与其他行业相比有其自身的特点，比如，会议产业具有快捷性、关联性及效益性三个特点。因此，会议企业的工作人员也必须具备与此相适应的职业素养。总的说来，会议产业对员工素质的要求是相当高的，可以简要概括为"博、精、深"。其中，"博"指的是会议从业人员应该具备十分广博的知识，以适应不同工作内容的需要；"精"则要求从业人员熟悉和精通会议业务操作流程；"深"是指会议从业人员要深入掌握会议方面的专业知识和理论，并具有丰富的实践经验。现代会议产业对会议从业人员提出了以下8点要求。

(1) 热情、坚持、努力、勤奋。

会议产业的工作任务繁重，往往需要耗费大量的时间与精力。如果不是对这一行业充满热忱与挚爱的人是无法持续投入坚持工作，成长为真正的人才的。

(2) 细心、富有责任心。

会议活动的策划与组织事无巨细，都需要有关人员亲力亲为，因此要求从业人员以极大的耐心与人沟通，同时要以高度的责任感对待每一个细节，因为任何一处细节的失误都可能导致活动出现大的问题。

(3) 良好的专业知识素养。

会议产业涉及管理、策划、设计、营销、公关等不同的专业，对从业人员有着不同的细分化的专业要求。会议从业人员应在从业的早期迅速为自己定位，选择职业发展的方向，这有利于其培养职业素养。不过，一般而言，会议人员在有所专长的同时，也应具备一些经济学、法律、旅游、管理、外语、心理学等跨学科知识。

(4) 组织协调能力。

无论规模大小，会议活动均涉及各个行业和不同的社会部门，而且会议活动的最终目的是将利益相关者组织起来获得共同的利益，取得多赢的结果。因此，组织协调能力对于会议企业的工作人员来说就显得尤为突出。

(5) 决策谋划能力。

由于会议企业在经营活动中涉及的社会群体众多，会议经济的关联性又很强，因此会议活动和项目设计是一项十分复杂的工作，它要求会议从业人员能全面考虑问题，具备较强的决策谋划能力。

(6) 公关能力。

从根本上看，会议企业提供的是一种人性化的服务，而提供人性化服务的关键就是与服务对象进行沟通、交流和谈判。因此，要求会议从业人员具备相应的公关能力。这里所谓的公关能力主要是指会议从业人员的语言表达能力和人际交往能力。同时，还要能够灵活机智及时地处理工作中的突发情况。

(7) 创新能力。

会议活动是一项创新性要求比较高的活动，会议的主题和形式需要不断变化推陈出新，只有不断地给人新鲜感，会议活动才能对参展商和专业观众有较强的吸引力。大型会议特别是公众性强的活动往往需要确定别致和能打动人心的主题，需要确定别具一格的活动场所和场所布置设计，这些都要求从业人员具备创新精神，不断提供最好的创意。

(8) 较丰富的实践经验。

会议行业对实践能力要求很高，只有能够将专业知识成功地运用到实际工作中，并积累丰富经验，才能最终成为我国会议业发展所需要的专业人才。

(二) 会议职业发展机会

1. 会议人才需求单位

一般来讲，会议人才的需求单位有以下五种。

(1) 政府机构、会议行业协会、会议专业组织。

(2) 会议公司（包括承办公司、会议场馆以及会议服务公司）。

会议主承办公司一般具有雄厚的人力资源和财力，具有专业会议品牌和客户资源、良好的企业声誉，它们主要负责会议项目的前期策划、招展招商、项目管理等工作，是会议产业的核心。会议场馆，如饭店、酒店公寓、会议中心和各类文博馆，这类公司对会议场馆的运营管理与服务类人才提出需求。会议服务公司协助主承办公司开展会议服务工作，如会议设计公司提供设计服务，会议搭建公司提供展台搭建服务，会议临聘公司提供短期志愿者和服务者，会议销售公司提供招展招商等专业服务，会议公关公司提供会议公关、礼仪、翻译等工作，还有些会议服务公司提供会议旅游、饭店、运输等相关服务。

(3) 会议专业服务公司以及一般的旅游公司或旅行社。

专业服务公司主要是指会议专业组织者和目的地管理公司。它们主要是负责协助起草申办、策划、组织、协调、安排和接待会议活动的专业公司，其专业水平的高低是举办地会议产业发展水平的重要标志，并在举办地会议产业的发展中扮演着重要角色。国际上多数会议组织者在举办地的选择和日程安排上首先要找的就是其会议专业组织者或目的地管理公司，如果一个都没有，一般对该地都不予考虑。

(4) 会议教育、科研、媒体、咨询机构。

其主要包括开设会议专业或方向的各大中专院校、研究所、会议专业媒体及涉及会议行业的咨询机构。

(5) 大中型企事业单位。

一方面作为参展商，大中型企事业单位需要一部分会议人才策划管理本单位的参展工作；另一方面，很多企事业单位自己也会组织大中型会议或活动，这也对会议人才提出了需求。

2. 会议人才需求数量

相关统计表明，会议专业人才岗位空缺与求职者的比例为上海10∶1，北京8∶1，广州8∶1。就上海而言，上海会议产业的从业人员多来自各行各业且大多没经过专门的培训，缺乏系统的会议知识和操作技能从而严重制约了上海会议业务的开展及会议组织水平和服务质量的提高。上海现有注册会议公司近万家，从业人员有近30000人，但有5～10年实际操作能力和经验的会议项目经理人较少，真正懂会议理念、会议操作、会议管理的专业人才就更少。在会议布置方面，特装技术工程人员的缺口庞大，一般在会议产业中需要高科技手段时，几乎均是从国外直接引入人员和设备。会议展示设计方面，大多是一般室内装修设计人员担当会议的设计工作，缺乏能够根据展商的功能诉求进行个性化展台展位设计的前沿人才，而具有丰富运用声光电和多媒体特效制作的实战经验的人才更是寥寥无几。

3. 会议人才需求类型

会议人才可以分为核心人才、辅助型人才和支持型人才三个结构层次。核心人才包括策划和高级运营管理等人才，他们在行业中层次最高、专业性最强；辅助性人才包括设计、搭建、运输、器材生产销售等人才；支持型人才则包括高级翻译、旅游接待等。

对核心人才的需求量是最少的，通常而言，一个展会项目的策划和组织只需要四五个人，而展会发展的趋势是项目整合、规模扩张、数量减少，这样的人才现在最缺。

同时，辅助型和支持型人才也严重不足。例如举办国际会议时，要找一个具有良好业务素质和丰富经验的双外语翻译人才是一件非常困难的事，而这只是举行国际会议的基本要求。

4. 会议人才的知识结构

会议产业是一个整合性极高的行业，会议产业从业人员特别是高级会议人才必须具有经济学、管理学的基础知识，而且还要具备会议营销、策划、项目管理、危机管理、财务管理、人力资源管理等各方面的专业知识。同时，会议高级人才还要有很高的外语水平，了解各行业的发展前沿，对公关礼仪也要比较熟悉。所以，有的专家认为，会议人才需要很高的外语水平、专业知识、营销技能和服务技能。

（三）会议职业人才培训

1. 国际专业会议组织者协会

国际专业会议组织者协会（The International Association of Professional

Congress Organisers，IAPCO）的培训学院会组织不同等级的培训课程。它有另一个流传更广的名字——"沃尔夫斯贝格研讨会"（Wolfsberg Seminar）。研讨会共有5天，通常是1月末在瑞士举办，专门为涉及会议组织和国际会议举办地相关的所有层次的专业人士提供全面的培训课程。对各类主题进行深入探讨，包括当今的协会/公司/政府会议市场、会议的营销、制订项目计划、申办竞标、财务和预算、信息技术、赞助和会议、合同/保险/危机管理、演讲技巧、议程、参会者管理等。同时，国际专业会议组织者协会也针对那些有至少六年以上行业工作经验的人组织了一个"会议大师班"（Meetings Masterclass）。培训内容围绕着服务型组织、危机管理、技术、合同管理、赞助、人力资源和达到客户预期等领域展开。

2. 会议管理认证

会议管理认证（Certification in Meetings Management，CMM）是由国际会议专业人士协会负责组织管理，其使命是选拔、教育和认证管理级的会议和活动专业人员。该认证的核心是为这些行业精英提供持续的教育培训，促进其战略决策能力的提升，使其能够管理和组织出驱动组织走向成功的优秀会议和活动。该项认证共设计5天的密集型课程，参与者必须拥有丰富的经验与极高的专业能力。会议管理认证和由此获得的称号是会议和活动业最具权威的一项资格认证。该项目也在根据当今商务环境的变化不断更新培训内容，使其保持永久的活力。

3. 注册会议专业人士

注册会议专业人士项目（Certified Meeting Professional，CMP）是对有关行业里最专业的个人的认证。该项目始于1985年，由会议产业理事会负责组织管理。注册会议专业人士资格从确立知识体系、建立实践水平标准、刺激会议管理的艺术及科学发展、提升专业人员对雇主的价值、认可并提升行业水平及道德规范，最大化注册会议专业人士所提供的产品和服务的价值等方面提升会议专业人员的业务水平。

4. 会议与商务活动能力标准

会议与商务活动能力标准（The Meetings and Business Events Competency Standards，MBECS）不是对于某一职位的简单描述，而是对会议和商务活动管理中所有相关专业从业人员所应具备的素质和能力进行了全面系统的描述。与此同时，国际会议专业认为，在会议产业活动领域中的从业者，不断丰富的经验、持续提高的认知以及连续提升的才干，都会使得会议和商务活动的从业人员在所担任的职位和所承担的任务上取得进一步的发展。因此，MBECS 将其职责分为三类：协作（Coordinate）、管理（Manage）和指导（Direct）。MBECS 把该领域的专业管理者所必须掌握的认知、技能和态度划分为 12 模块，这其中一共包含有 33 项技能，另外还包含 140 项子技能。

5. 注册会议专业人士国际标准

注册会议专业人士国际标准（Certified Meeting Professional－International Standards，CMP-IS）是注册会议专业人士项目和考试涉及的一整套知识体系。CMP-IS 把个人为获得事业成功所需的技能、资格和能力进行了定义和分类。2011 年完成的 CMP-IS 是自 1985 年注册会议专业人士项目实施以来对这一整套知识体系最显著的一次提升。它也是多年来各个领域的专家、学者、注册会议专业人士称号获得者们共同参与研究的结果。在发展 CMP-IS 的过程中，会议产业理事会与加拿大旅游人力资源委员会开展了合作。

6. 注册目的地高级管理师和目的地管理专业人士认证

注册目的地高级管理师（Certified Destination Management Executive，CDME）和目的地管理专业人士认证（Professional in Destination Management，PDM）由国际目的地营销协会（Destination Marketing Association International，DMAI）发起，其目的是为在目的地管理和营销领域工作的人员提供专门的专业培训课程和考试。注册目的地高级管理师是一个针对那些来自目的地营销机构、拥有丰富经验和职业追求并寻求高级职业发展课程的高级管理人员而设置的进阶性培训项目。它主要关注组织愿景、领导力、生产率和商业战略执行等领域。该培训项目希望参与者在完成课程之后，能通过有效的组织管理和行业领导力的展现来凸显其目的地团队的价值和自我能力的提升。培训要求参与者完成三门核心课程，即目的地管理中的战略问题、营销策划以及领导力。

7. 专业会议管理协会

专业会议管理协会（Professional Convention Management Association，PCMA）为行业内的会议专业人员、酒店、会议局和其他领域的相关人士提供教育培训项目。专业会议管理协会把终生学习视作成就一份鼓舞人心的事业和继续职业发展的关键。同时，在提供高质量的进阶教育培训、创新资源和关乎成功的人际交往机会方面，专业会议管理协会也是得到业界普遍认可。它通过研讨会、自学课程、参考材料和远程学习项目等形式为业界提供教育机会，具体包括：每年 1 月举办的 PCMA 年会（行业一流的教育活动）；专业会议管理协会教育会议；注册会议专业人士在线准备课程（唯一受到会议产业理事会批准的在线课程）；协会市场高级销售人员认证（Certified Association Sales Executive，CASE）项目，旨在帮助会议产业供应商更好地了解协会客户的需求。

8. 注册会议管理师

注册会议管理师（Certified in Exhibition Management，CEM）认证诞生于 1975 年，其目的是为在会议和活动行业工作的个人提供一个专业的资格证书。这个认证的设置是为了提升行业的专业度，也是对个人专业成就的一个最好证明，得到了行业的广泛认可。获得注册会议管理师称号的个人可以进一步学习高级课程，以继续他们的职业教育并获得相应的认证。

9. 注册活动管理师

注册活动管理师（Certified Event Management Professional，CEMP）认证是行业内关于建立国际资格认证框架体系的讨论的成果之一，也是基于活动管理资格国际标准发展出的认证项目。由这个框架体系衍生出的注册活动管理师认证（往下是经理级和协调员）也参考了一些已有的行业格认证的设置，例如注册会议专业人士和会议管理认证。这个项目由加拿大旅游人力资源委员会带头发起，并在 2011 年开展了试点研究。

四、供应商与行业协会合作

（一）供应商发展策略

1. 双方加强沟通了解

首先，了解需求方会议计划、财务预算、参会人性质等。2019 年 11 月，第十九届国际选煤大会在印度新德里召开，中国组委会组织国内发言人参展，带领 80 余人参会。当地酒店甚至五星级酒店的周边设施及环境都较差，于是组委会把住处锁定在印度新德里的航空港。该地多家五星级酒店，基本上都是 2014 年以后开业的，酒店的设施卫生条件及安全措施和周边环境都不错，还配备有购物中心和多家餐厅。在这一基础上，组委会通过三方报价，最后选择了假日酒店，其在当地也是五星级酒店。从 2019 年 3 月—11 月，组委会与酒店开展了漫长的沟通，焦点主要在房间数量、价格、税费及时间和不可抗力因素。首先，根据组委会的要求，赴印度参会需要办理会议签证，印度使馆出签时间漫长，且临近会议举行的时候仍然不能确定入住人数，组委会希望先签一个 200 间夜的合同，在合同里面标明在 9 月份可增加的比例；其次，印度酒店要在合同中标明，基础房价加税费且税费可调整（根据当时汇率）。为了加强沟通，增进了解，组委会专门建立了由组委会、印度酒店及洲际北京三方沟通交流机制，这些问题得到了很好的解决，并且在酒店举办了多场推荐会、晚宴和答谢会，通过有效的沟通实现了共赢。在组委会付 50% 余款的时候，印度酒店主动告知汇率从 18% 下调到 12%，使得该酒店成为组委会下次在印度举办活动的首选。

2. 从供需关系向伙伴关系转变

2018 年，世界采矿大会煤炭工作委员会秘书长赴日本福冈考察会议设施，期间福冈会议局详细介绍了在福冈办会的优势，无时无刻不在从雇用方的角度考虑问题。原计划于 2019 年 5 月在马来西亚召开上半年会议，由于当地承办方的原因，临时要更换会议承办国家，这时秘书长立即想起了在日本考察场馆的体验，相信日本有能力满足这段时间的会议承办需求，因此她推荐了日本福冈承办该届世界煤炭大会。日本类似的通过合作建立起来的这种伙伴关系将成为优先考虑的合作对象。

3. 加大营销力度，提高服务的灵活性和创新性

2018 年举办的第十二届中国拉美企业高峰峰会，在珠海国际会议中心举办。举办方为国内参会代表，提供了珠海长隆、喜来登等多家酒店入住服务，并实行了灵活的住宿价格。

（二）行业协会策略

现金流对会议产业的存在至关重要，相关从业者充分认识现实的困难和挑战才能够制定有效的措施。理智前行，即抱有理性，看到行业未来发展的趋势，坚定行业是朝阳产业的信心。同时有智谋，制定有效的策略和方针，看到大势所趋，才能前行得更好。

在内修方面，行业协会应做到控制成本，应收回款，标识标牌，线上线下相结合的方式持续推进接待考察，推进系统研发，梳理产品手册，制定宣传方案，优惠政策制定，跟进客户反馈，合同签订等基础工作。更应该做到内控梳理严格规范，物资盘点及时准确，员工培训提升，安全检查到位，以及及时收集政策信息。

专题四　大型节事活动策划与管理

【教学目标】

1. 掌握节事活动策划的基本思路、形象定位策略与方法，掌握主题策划与标志策划的基本内容。

2. 了解赞助的分类与意义，理解获取赞助的基本思路和回馈方法，掌握赞助协议和计划书的撰写，理解如何避免赞助风险。

3. 了解节事活动选址的影响因素，掌握节事活动现场布置、人员管理和后勤管理等相关内容。

4. 理解节事活动风险的类型与起源，掌握节事活动风险识别的方法、应对措施。

5. 了解节事活动评估的基本类型，掌握节事活动评估的基本流程，掌握节事活动准备工作措施。

【引入案例一】

贵州榕江"村超"何以火爆出圈？

作为现象级的群众性体育赛事和社会话题，贵州榕江"村超"（全称是榕江三宝侗寨和美乡村足球超级联赛）在2023年夏天火爆出圈。自"村超"走红以来，每逢"超级星期六"，38.5万人口的榕江县城都会涌入五六万游客。离体育馆不远的一家酸汤牛肉饭馆，客流也在周六达到顶峰，从通常接待二三十桌客人变成八九十桌。县城边缘一家酒店的前台工作人员记得，早在6月中旬，7月29日"村超"决赛日的房间就被全部预定。7月15日，榕江最高气温达到35℃，下午2点体育场看台已经坐满了人。观众席位上男女老少此起彼伏地挥动着扇子，等待着2小时后开始的足球比赛。因为场内人数过多，手机信号也变得不太稳定。即便从贵阳、毕节抽调来的通信工作人员前一夜为增加通信荷载忙到凌晨4点，看台上的观众们还是会看到手机信号从5G变为3G。巨量的指数数据显示，6月4日以"贵州村超"为关键词的内容在抖音上突然暴增。那天，各大中央媒体开始集中通过视频报道"贵州村超"的比赛盛况，一个新的互联网景观爆发。截至2023年8月，在互联网平台上，"村超"相关的浏览量已经超过了300亿。由此可见，贵州榕江"村超"的火爆程度非同一般。

"村超"的出圈也带火了当地的旅游业。榕江县2022年国民经济和社会发展统计公报显示，2022年榕江生产总值92.98亿元。"村超"出圈后，县里的旅游收入直线上升。据统计，自5月13日"村超"开赛以来，截至7月20日，榕江县累计接待游客250.67万人次，实现旅游综合收入28.39亿元。

事实上，贵州榕江县地跨黔东南曾经贫困面最大、贫困程度最深的"两山"地区，曾经还是国家扶贫开发工作重点县、国务院扶贫开发领导小组挂牌督战的52个未摘帽县，现在也是国家首批乡村振兴的重点帮扶县。在"村超"出圈前，榕江县5次尝试突围，斗牛赛事、侗年节篮球邀请赛、苗族鼓藏节、半程马拉松比赛+三宝侗寨"萨玛节"民间祭萨活动、乡村篮球交流赛，结果都只是"一时热闹"，影响力有限。但为什么这次的"村超"可以火爆出圈？这不仅与当地群众热爱足球的传统有关，也与当地政府的精心策划有关。如之前已名噪一时的台盘村的篮球赛——"村BA"，最早可以追溯到20世纪30年代。这个黔东南的小村庄，每逢"六月六"吃新节，都和其他村庄一样会举办篮球赛、斗牛、唱山歌等庆祝活动，随之成为一项传统习俗并流传至今。而在台江县投资促进局派驻台盘村第一书记看来，"村超"的成功，源于全民参与，人人都是"村超"的支持者。群众主创、群众主角、群众主推是显著特色。在推动"村BA"比赛过程中，当地政府始终坚持以人民为中心的价值取向。当地村干部只是对安全工作进行把控，在比赛期间，从竞赛组织到气氛组织全部由群众操办，村民自组球队、自筹经费，因此，"村BA"真正办出了"村味"，办成了"老百姓的节日"。当然，"村超""村BA"的成功突围不仅仅是这两个因素的作用，新媒体的赋能等也是重要因素。但毫无疑问，"村超""村BA"的成功出圈提供了一个观察大型节事活动策划与管理的鲜活案例。

资料整理来源：张凌云，王倩. 三年前刚脱贫，"村BA"后有"村超"，为何贵州这里总能出圈？[EB/OL]. [2023-08-02]. https://export.shobserver.com/baijiahao/html/638730.html.

许仕豪,李丽,罗羽,蒋成.村赛火爆的"幕后人"[EB/OL].[2023-07-05]. https://baijiahao.baidu.com/s?id=1770546606749305894&wfr=spider&for=pc.

一、节事活动的策划

(一)总体策划的基本思路

1. 戈德布拉特的"5W1H"体系

戈德布拉特提供了一个传统的活动组织管理"5W1H"系统。他认为举办成功的活动通常要经过调研、设计、策划、协调和评价五个重要阶段。而在调研、设计和策划三个阶段要始终把握下面五个关键问题:为什么(Why)必须要举办这次活动?利益相关者中有谁(Who)赞成举办这次活动?确定举办的时间(When)。策划者必须问自己,这个调研过程——评价的时间框架是否与活动的规模相称?确定举办地点(Where),因为一旦选好举办的场地,工作会变得更轻松和更有针对性,但也许会面对更多的挑战。确定是什么样(What)的形式(Patterns)和活动项目(Activities)。这些活动不仅在满足内部组织要求,还要满足顾客和参与者对活动的需求、想法、期望和追求。只有对活动进行认真和严肃的分析之后,才能保证Why、Who、When和Where在这个答案How中同时得到体现(见表4-1)。

表4-1 活动组织管理需求评估

Why(为什么)?	Who(谁)?	When(何时)?	Where(何地)?	What(什么)?
创作和组织这项活动最具诱惑力的理由是什么?非要举办吗?	谁会从这项活动中受益?希望出席的都是什么样的人?	这项活动将在何时举办?举办的日期和时间是确定的,还是要视变化而定?	最佳结束终点、举办地点和街道是哪儿?	需要什么样的元素和资源才能满足上述各项要求?
How(怎样)?请对这"5W"做出回答,你如何对这项活动进行有效的调研、设计、策划和评估?					

2. 希尔维斯的节事活动管理知识体系

希尔维斯提出的"节事管理知识体系"(Event Management Body of Knowledge,EMBOK),主要由管理、设计、营销、运行、风险五个方面组成。这五个方面正是节事活动总体策划所应该覆盖的主要内容。因此，近年来该体系在节事活动管理领域引起了普遍的兴趣和重视（见表4-2）。

表4-2　EMBOK涉及领域与类型

管理	设计	营销	运行	风险
财务管理	食品供应	营销计划	出席者	灵活性
人力资源管理	活动内容	素材	沟通	突发事件
信息管理	娱乐	促销	基础设施	健康与安全
采购管理	环境	宣传	后勤服务	保险
利益相关者管理	生产	公共关系	参与者	法律与伦理
系统管理	节目	销售	场所	决策分析
时间管理	主题	赞助	技术	保安

（二）形象定位策划

1. 节事活动形象的分类与特征

节事活动形象是指社会公众（消费者和利益相关者）对节事活动整体的印象和评价。

（1）节事活动形象的分类。

按表现形式分类，可分为内在形象和外在形象。内在形象主要包括节事活动产品（服务）形象及文化形象，外在形象则包括节事活动标识系统形象（如口号、吉祥物、会徽、主题歌等）和其在市场、利益相关者中表现的信誉。

按现实性分类，可分为实际形象和期望形象。实际形象是为公众所普遍认同的形象，是形象塑造过程的起点，而且是影响节事活动发展的最现实因素；期望形象是公众心目中树立的形象，是节事活动改善自己形象的努力方向。节事活动的形象定位就是确定节事活动的一个期望形象。

按可见性分类，可分为有形形象和无形形象。有形形象指人们透过感觉器官直接感觉到的节事活动实体，一般包括有特色的标识、活动的旅游纪念品、展示的花车等；在有形形象的基础上，通过人们的记忆、思维等心理活动在头脑中升华而得到的节事活动称为无形形象，包括节事活动的精神内涵、风格等。

（2）节事活动形象的特征。

节事活动形象具有以下几个方面的特征。

可识别性：节事活动形象主要强调其个性的一面，通过一定的方式进行区别。

可塑性：节事活动形象可改变、可设计，只要按照市场需求和发展规律去认识它，就可以塑造它。

相对稳定性：公众对某个节事活动的总体印象形成之后，具有相对稳定性。

可传播性：节事活动要在公众心目中树立起特定的良好形象，必然借助广播电视、报纸杂志等传播媒介进行宣传报道，扩大知名度和美誉度。

2. 节事活动形象定位

节事活动形象定位是指为了使节事活动在社会公众的心中占据一个独特的有价值的位置，活动组织者对提供物和形象的策划行为。它是制定各种营销策略的前提和依据，其本质是针对受众的心理实现差异化的传播。节事活动形象定位是一项繁杂的、系统性的工程，它具有自己的特性，包括以下几个方面。

可变性：节事活动的形象定位不是一成不变的，而是随着时代和具体环境的变化而变化的，一般来说，其周期在4~6年。

简化性：节事活动的形象定位不是复杂的、多结构的，它具有单一性，但其含义却要留给公众想象的空间。

差异性：这是节事活动定位的目的所在，即要有自己独特的东西，以此吸引消费者。

整体性：节事活动形象定位和品牌建设一样是一种长期投资，必须保证其在一段时间内的整体性和稳定性，才能给消费者留下深刻印象，达到宣传的目的。

3. 节事活动形象定位的策略与方法

（1）特色定位。

根据节事活动所具有的某一项或某几项鲜明的特色来定位。用来定位的节事活动的特色是观众、赞助商等所重视的，并且是他们能感觉到的，能给他们带来某些利益。尤其是在没有资源和产业优势的情况下，选择创造性的主题，才能吸引他们。

（2）功能定位。

根据节事活动的主要功能来定位，特别突出节事活动功能中符合大众需求的一项或几项，经过策划进行定位。

(3) 优势定位。

这种定位方法以活动的人才、技术、质量、管理、成就、资源或产业等优势因素作为定位的基础,以节事活动的规模、品味、质量、技术等方面展现其实力。其目的在于宣传获得的领先优势,增强公众对节事活动产生的信任度,解除消费者心中存在的顾虑。

(4) 理念定位。

理念是"活动的整体观念、活动宗旨和价值观念"。这种定位方式以活动主题的理念为基础,在定位中阐明活动的宗旨和价值观念。这样有利于使全体项目成员树立共同的价值观念,培养和增强项目成员的凝聚力和向心力,以便对外在广大社会公众中形成良好印象,得到公众的理解和支持。

(5) 逆向定位。

逆向定位来自逆向思维的启发,即在定位时,一定要有逆向思维的能力。逆向定位策略可基于大型活动的功用、价位、服务和情感等方面而展开。逆向定位的关键点就在于大家都往大路上挤,而你选择一条小路可能会更快到达目的地。做别人不屑一顾或来不及做的事,反而更容易在市场中找到属于自己的位置。

(6) 比附定位。

比附定位是一种"借梯上楼"的做法,通过与消费者所熟知的对手、品牌产品进行对比,反衬出自己品牌的地位和价值,达到宣传目的。比附定位大多采用对比的方式,而且所选择的比照对象主要是有较好市场业绩和良好声誉的知名品牌。通过对比这些地位根基深厚、难以撼动的品牌,突出自己局部的相对优势和个性区别,提升自己的市场地位与形象,让消费者便于识别,乐于接受。

(7) 利益定位。

直接将节事活动能带给观众、赞助商、承包商等的主要利益作为节事活动定位的主要内容。这种利益有生理的和心理的,有物质的和精神的。如数百家联盟商家开展促销,共同推出了"免费领取商家促销红包"的活动等,以给消费者带来的实际利益为出发点进行定位,获得了公众的喜爱和青睐。

(三) 节事活动的主题策划

1. 主题类型

根据节事活动的不同主题类型,可以分为旅游类主题、经贸类主题、花卉类主题、饮食类主题、博览赛事类主题、民俗类主题、人物类主题、物品类主题、文化艺术类主题、自然生态类主题等。

根据节事活动创新程度，分为既有主题和创新主题两大类。针对这两种主题策划的不同，可以采取不同的方法。

(1) 挖掘与发展既有主题。

既有主题多为已有的传统节事活动，它表现出了深厚的历史文化沉淀，具有浓郁的地域民族特色风格，如西方的圣诞节、复活节，我国的春节、中秋节，少数民族的火把节、泼水节等。这些节事经过梳理和策划，在内容上不断推陈出新，已成为很好的主题节事活动。

(2) 创造新主题。

根据经济社会发展需要，利用创意思维策划新的节事活动主题。

2. 主题策划的方式

(1) 创新型。

出租车即的士是一个城市必不可少的交通工具，同样也是城市流动的窗口，它代表了一个城市的文明与发展。为了迎接中国西部国际博览会而举办的杭州市"的士节"成功组织了的士之徽、的士之歌征集评选、十佳的士之星的评选活动，还有整个的士节最高潮活动的——"的士之夜"。这是一场展现杭城出租车司机独特风采的盛大节庆活动，也是展现中国最著名旅游城市美丽风光的特别节庆活动。这是创新型节事活动经典案例之一。

(2) 改进型。

例如，上海旅游节的前身是上海黄浦旅游节，后升格为上海市旅游节，每年秋季举办，由文化艺术节、民族风情节、美食节、购物节等系列活动构成。其从一区牵头、各行业共同参与，发展到各区轮流展示各自旅游特色，到目前形成上海"都市旅游节庆"品牌。

(3) 分裂型。

例如，中国上海国际少年儿童服装及用品博览会已从上海国际服装文化节中分裂出来，形成中国童装行业年度盛事。上海国际服装文化节开始于2001年，以"发展经济，繁荣市场，美化世界，美丽自己"为宗旨，非常注重市民和企业的参与，每年在淮海中路沿线演出多台缤纷多姿的时装秀，在国内外有一定影响。而中国上海国际少年儿童服装及用品博览会作为上海国际服装文化节的主体活动之一，已经成为中国创办最早、规模与影响最大的专业博览会，国内著名的企业将其作为进入国外市场的敲门砖，而国外童装品牌把上海作为重要的战略基地，把童装展当作最好的展示舞台。

(4) 融合型。

例如，上海国际音乐节是由已有十八届历史的"上海之春"和已举办七届的"上海国际广播音乐节"合并而成的，由上海市文化广播影视管理局与上海市文学艺术界联合会主办，上海东方广播电台、市音协、市舞协承办，被确立为每年上半年上海文化节庆活动的一个高潮。在为期十天的时间里，音乐节将举办音乐舞蹈新人新作展演、"东方风云榜"十大金曲颁奖演唱会、全国广播音乐节目主持人大赛等多项主题活动。

3. 主题策划的内容

主题内容的创新是节事活动永恒不变的话题，但需要策划的主题内容还有主题物品、主题标志、主题典故与趣闻、主题仪式和主题氛围。

(1) 主题物品。

节事活动特别是文化节、社会节日庆祝活动，一般都有与活动主题相吻合的具体实物，如潍坊风筝节的"风筝"，大连国际服装文化节的"服装"，上海啤酒文化节的"啤酒"，余姚杨梅节的"杨梅"等，这些实物就是主题物品，它们是整个活动的灵魂与载体，承载着旅游节庆活动的主题和内容。缺乏实实在在的主题物品的节事活动，很难有效地影响社会公众的心态与行为，公众无法感知、无法"拥有"，就会觉得活动有些抽象、虚幻、因而产生不了参与欲望，活动的影响就比较有限，达不到"以节兴市"的目的。

(2) 主题标志。

吉祥物或象征图案是表达某种文化主题内容的物品、图案，是经过深思熟虑、理想化设计的活动饰物。吉祥物或象征图案的主要效用是标示活动、展示活动主题、烘托活动气氛。为了形象直观地展示节事活动的主题，诱发公众的美好心理，在认真审视活动主题的前提下，应该根据公众的审美情趣创作具有文化韵味和形象特色的图案或实物，并将其定为旅游节庆活动吉祥物或象征图像。吉祥物或象征图案不是一般意义上的艺术作品，其中的创意构图及色彩组合都蕴含着丰富的内容，一经审定通过，一般就不会轻易改动，具有相对的稳定性，并可能成为"圣物"。

(3) 主题典故与趣闻。

公众对于历史典故或趣闻，一般都比较感兴趣。无论社会节假日还是其他节庆日，都有自己的典故。根据节事活动的主题，挖掘出相关的典故与趣闻，有利于烘托整个活动的主题，提升活动的文化品位，增强活动的吸引力。如情人节，其典故就妙趣横生，充满了人文色彩和美好情趣。如果在节事活动中，将这些典故整理成一个个完整的故事，并形象地展示出来，不仅可以烘托活动主题的文化品位，而且可以满足公众的求知心理，从而更好地实现活动的目标。

（4）主题氛围。

节事活动的文化性表现于活动氛围，即基于某种文化理念而营造出来的场面特色，包括活动场地的基调、音乐音响和装饰色调等。如旅游节庆活动的基调以欢快喜庆为主旋律，同时突出其文化性，以节日文化的魅力与欢庆为突破口，开展旅游促销活动；音乐、音响和装饰色调对于烘托促销活动的现场气氛、影响公众的欢快心态具有重要的作用。因此在策划文化型旅游节庆活动中，应高度重视音乐、音响和色调的选择与策划。

4. 主题构想的方法

（1）讲故事。

讲故事的目的是使价值有一个整体性和连贯化的呈现。在故事的讲述中潜移默化地丰富主题，是人们最不容易拒绝的价值传递方式之一。况且故事本身在具象化上面还有很多文章可做，因为每个故事一定会有一些角色、一些场景，既可以提高观赏性，也可以增强活动性，便于安排更多的参与性活动项目。

（2）参与性。

强调参与性的目的是使得价值传递可以以多样化的方式实现。"参与"的核心是考虑"谁"在参与，这就可能要用上一些利益相关者分析的思路。一般常见的商业性节事活动中，参与的群体可能是非常广泛的。不同相关者的介入，不单体现了活动本身在价值传递上的多样化，还能增强某些方面的价值意蕴。

（3）角色化。

各种角色化使得价值传递的过程更直接、更容易被接受。如果说参与性主要指向那些以顾客和参与者为主的利益相关者的话，那么角色化则主要指向节事活动管理和服务的团队。团队做好常规意义上的管理和服务，只是中规中矩地完成了他们的本职工作，而真正的价值传递还有很大的施展空间，角色化有助于提升价值传递水平。

（4）视觉化。

视觉化几乎是所有人会喜欢的东西，因为它能够大大强化价值内涵的表现力，丰富和巩固人们的记忆。在人类所有的感觉里面，视觉具有先天的、直观的优势。随着科学技术的进步，近些年人们对此有了更深的认识，类似"读图时代""眼球经济"这样强调视觉优先的术语也频频出现。人们相信视觉，甚至迷信视觉，有时即便错认了一项事物，也很难改变，宁可沉浸在令人欲罢不能的错觉中。

（5）真实性。

真实性的目的在于瞄准那些价值取向比较明确的群体，尽量让他们不会因为活动的真实性方面处理欠妥而影响到对活动价值本身的认知与认同。注意真实性更多意义上是引起我们警惕，而不是一个能够帮助我们提升价值传递效果的方法。

（四）标志策划

标志包括所有出现在与活动项目相关的物品上的文字、音乐、颜色和图案设计，如名称、会徽、会旗、吉祥物、会歌、主题词、口号、登记卡、入场券等。

1. 基本原则

（1）营销原则。

一个好的标志应该体现出节事活动的理念，使公众通过标志能了解和认知节事活动。

（2）创意原则。

标志的本质用意就在于能够识别和宣传节事活动，由于现在活动名目繁多，如果设计出的标志缺乏创意，没有显著个性就不能体现区别和启迪民众。因此设计要醒目直观、新颖独特、别出心裁，易于给人留下深刻的印象，还要有冲击力，体现出国际化等特点。

（3）情感原则。

要求在设计时运用美学、心理学等多方面的知识，图案与名称简洁醒目、寓意深刻、耐人寻味、易于传播、易于理解，各种色彩的运用也要给人带来美的感觉和丰富的联想，体现出强烈的感染力。

（4）设计原则。

标志的设计要优美精致，符合美学原理，注意造型的均衡性，保持视觉的均衡，在线、形、大小等方面作造型处理，使图形兼有动感及静态美。要相对稳定，又要富有时代特征，符合人们的审美标准，只有这样才能发挥其宣传作用。

（5）正向原则。

人们都希望活动举办顺利、成功，往往通过吉祥的图案、吉祥的色彩寄托这种愿望。在设计时一定要注意所在地的民风民俗，让更多的公众能接受。

(6) 传播原则。

标志不仅是识别节事活动的品牌、认识节事活动的途径，也是提高节事活动知名度的一种手段。不仅要风格独特、构思新颖，给公众留下独特记忆点，而且在视觉效果上也要出奇制胜，具有强烈的感染力便于理解记忆。

2. 评价标准

现代标志设计的评价标准是八个字，即"易解、好记、美感、适用"，离开这一标准就很难说是一个好的标志。

易解是指标志作为图形语言，最大的特点就是要用图形说话。只要有图形，就有对内涵的表达问题，不管这种表达是直接的还是间接的，是直观的还是曲折的，是明显的还是隐匿的，这本身没有高低之分，只是设计者按设计意图采取的一种方式，标志设计往往采取最容易理解内涵的方式。

好记是指人们对标志的接受往往是在无意中发生的，所以怎样使标志引起观者注意、产生兴趣、印象深刻、有利记忆，很重要的一点是标志必须有明显的形象特征，它应该是新颖的和与众不同的。人们对于自己看惯了的东西会觉得习以为常，甚至不屑一顾，更谈不上有什么印象储存了。

美感是指组成标志美的元素，包括最基本的形象、结构和色彩等。

适用强调的是任何设计都要通过一定的工艺制作才能体现设计的价值。因此设计时考虑一个便于制作的条件，对标志的实际应用推广有十分重要的作用。

3. 名称策划

(1) 语言方面，易读、易记、字义吉祥、能启发联想。

在节事活动的名称策划上，首先要注意语言艺术，要听起来既简单又易于理解、记忆，并且有一定的震撼力，使人产生愉悦的心理；说起来要朗朗上口，不论中文还是英文都要好发音，不存在拗口、发音困难等现象。在用词上要考虑到与时代接轨，富有时代感，但不因时间的推移而产生歧义。

(2) 法律方法，具有法律效力，并且在竞争中独一无二。

名称的策划还要考虑到法律问题，要做到保证不侵犯他人的知识产权，也不能让他人来侵犯自己的。名称是成为市场中独一无二的富有个性的活动的主要条件之一，名称的独特性不仅便于公众记忆，也易于被公众接受。

(3) 营销方面，具有促销、广告和引导作用。

名称往往对节事活动的价值有一定的暗示或明示作用，不仅要与组织结构的形象相匹配，还要与活动的形象相一致，并支持活动的其他标志，如会徽、吉祥物、口号等。

4. 会徽策划

会徽往往由一些艺术化的图案、符号和文字等构成，是经过艺术设计和加工后的象形符号，传递着节事活动的形象、特征和信息。作为节事活动的重要标志之一，它有助于形象地识别和传播，让公众很容易通过其会徽联想到该活动，设计加工应遵循以下几个方面。

（1）基于创意。

在充分表达节事活动理念和价值的基础上，创造性地发挥想象力，不仅要准确地表达主题宗旨，而且在视觉上有较强的冲击力，既直观又醒目，既能符合时代的潮流又有国际化的潜力。

（2）基于营销。

为了扩大节事活动之间的个性差异，设计新颖独特的会徽形象，选择鲜艳夺目、与众不同的色彩，以期望体现该活动的价值和理念，展现活动的特征和品质，展示组织机构的实力，最终达到识别、突出活动品牌的目的。

（3）基于象征寓意。

以图形或图案作为标志设计的元素都采用象征寓意的手法，进行高度艺术化的概括提炼，形成具有象征性的形象。图形标识在视觉上更容易被接受，因此能得到普遍的运用，特别是一些象征物。象征性设计要注意以下几点：具有亲切感，全面考虑综合因素，有的放矢，切忌喧宾夺主。

（4）基于设计。

会徽具有强烈的视觉冲击力，一般由文字、彩色和图案构成。会徽上的标准字可使用中文或外文，要求字符之间宽窄适中、线条合理、造型优美，产生强烈的表现力。色彩上鲜明、丰富，不但要考虑色彩本身，还要考虑色彩背后蕴藏的文化习俗，把握色彩心理的传统习俗和时代的发展趋势，表现该节事活动的内涵，使人产生丰富的联想。

（5）基于传播。

符合文化背景，通俗易懂，容易记忆，能很容易引起公众的注意，让人产生深刻的印象，不被时代所淘汰。

（6）基于情感。

能有很强感染力，很容易让人接受并喜爱，给人以美的感受，并产生积极联想。

【引入案例二】

网民吐槽东京奥运会新徽标："太乏味"

历经剽窃风波和数月甄选，2020 年东京奥运会和残奥会组委会 25 日宣布，以日本传统颜色靛蓝色矩形组合构成的"组市松纹"被选定为新会徽。

专门负责挑选会徽的委员会说，这一设计简单的会徽彰显出和谐性和包容性。不过，不少日本网民并不买账。会徽刚刚公布不久就有人吐槽这款设计"太过平庸"。

四选一

东京奥运会组织方说，这一会徽从四个备选方案中脱颖而出。"它由三种不同类别的矩形组成，这一设计代表了不同的国家、文化和思维方式……传递出'多样性集合'的信息。"

根据东京奥组委公布的图片，会徽色调为日本传统颜色靛蓝色，在由矩形组合构成的圆形下方是"TOKYO 2020"（东京 2020）的英文字样，再往下是奥运五环标志（见图 4-1）。

图 4-1 东京奥运会徽标（左）和残奥会徽标（右）

当天，东京残奥会会徽也获公开，其图形与奥运会会徽相似。

东京奥运会会徽委员会委员长宫田亮平在揭晓会徽时说："从现在起，

这就是东京奥运会的'门面'。我希望大家喜欢这一会徽，并在2020年奥运会到来前支持它。"

这款会徽由46岁设计师野老朝雄设计。他在接受媒体记者采访时说："刚发现自己的设计胜出时，我脑子一片空白。我为这款设计投入了大量时间和精力，把它当成自己的孩子（一样倾注心血）。"

经波折

东京奥运会会徽的产生可谓一波三折。2015年7月，东京奥组委公布东京奥运会和残奥会会徽设计方案，当时的会徽由日本设计师佐野研二郎设计，以简单几何图案组成"T"字形。这一会徽随后被指与比利时设计师奥利维耶·德比为当地一家剧院设计的标志"惊人的相似"。2015年9月，东京奥组委宣布弃用该会徽，并承诺尽早选定新会徽。

共同社报道，日本舆论界曾批评原会徽的甄选过程过于封闭，东京奥组委因而成立了专门甄选会徽的委员会并大幅放宽参选资格，公开征集了14599幅作品，并邀请公众参与评选。2016年4月初，四幅作品进入最终选拔阶段（见图4-2），19名评委随后投票。

图4-2 入围的四幅作品

《日本时报》报道，东京奥运会会徽委员会共征集到39712条网上评论，还收到1804封明信片评语。

遭吐槽

法新社报道,对于新出炉的奥运会会徽,日本网民似乎褒贬不一。有网友在其 SNS 上留言,称这款会徽"太乏味",就像"小酒馆的桌布";还有人写道:"他们选了颜色最不鲜亮的一个。这个设计虽然保险,但给人一种忧郁的感觉。"

有网友在《日本时报》网站留言吐槽:"这是我最不喜欢的一款(会徽设计)。"

不过,也有人对新会徽表示支持。官方账号下有人留言道,这款设计有日本元素,"我想这是好的选择";还有网友认为,这款会徽在设计上比先前那款"进步了不少"。

资料整理来源:杜鹃. 网民吐槽东京奥运会新徽标:"太乏味"[EB/OL]. [2016-04-26]. http://www.xinhuanet.com/world/2016-04/26/c_128933156.htm.

5. 口号策划

口号并不是活动必须,但一旦存在就是活动的重要部分,它贯穿整个活动的始终。基本要求是简洁,有字数限制,能与名称、会徽一起创意和使用,还能反映活动最本质的特性。

【引入案例三】

第 16 届东博会主题口号征集活动

2019 年恰逢《中国-东盟战略伙伴关系 2030 年愿景》的开局之年、中国和东盟媒体交流年,第 16 届东博会将于 2019 年 9 月 20—23 日在中国南宁国际会展中心举办!

中国-东盟博览会秘书处组织向全社会开展"第 16 届东博会主题口号征集活动",本次征集活动于 2019 年 4 月 15 日截止,超过时间提交的口号不列入评选。本着公开、公平的原则,中国-东盟博览会秘书处通过组织专家评审团最终评选出主口号 1 条,副口号 5 条。

征集口号活动公告可在官网公告栏预览。主口号奖金 5000 元,副口号奖金 1000 元。均可登录东博会官方网站在线提交(电脑、手机均可登陆填写提交)。每位创作人投稿主副口号各不超过 2 条,每条口号字数不多于 50 个字节。

专题四　大型节事活动策划与管理

经筛选，最终确定"共绘合作新愿景，共享精彩东博会"为主口号（如图 4-3），"东博盛会精彩有约，民心交融'媒'力无限""'一带一路'同心同梦，东博盛会共享共赢""共建陆海新通道，共赢丝路新未来"为副口号（见图 4-4、4-5、4-6）。入选的主题口号将用于南宁各重点区域和场所，积极营造东博会举办地南宁市的社会氛围，进一步提升东博会的国际影响力。东博会秘书处负责人表示，此次入选的口号紧扣主题内容，凝练而有内涵，对促进宣传东博会起到了积极的作用。

图 4-3　主口号

图 4-4　副口号 1

图 4-5　副口号 2

图 4-6　副口号 3

资料整理来源：中国-东盟博览会秘书处. 共绘合作新愿景　共享精彩东博会　第 16 届中国-东盟博览会主题口号出炉 [EB/OL]. [2019-07-15]. http://blj.gxzf.gov.cn/xwzx/tzgg/t651889.shtml.

6. 吉祥物策划

节事活动的吉祥物应符合一定的基本要求。首先，应具有鲜明的地方特色和时代特征，创意及构图新颖独特、色彩明快、清新亮丽。其次，从名字到形象应具有广泛的内涵和代表性，深受人们尤其是儿童的喜爱。再次，体现活动理念和热情好客的精神风貌。吉祥物以其为人们所喜爱而富有活力的独特形象，体现举办活动的精神，传达举办理念和主办城市的历史文化及人文精神，营造节日氛围。吉祥物是民众，特别是儿童和青少年的文化和体育精神的重要载体，是其他可识别形象所无法比拟的。最后，吉祥物应显现活泼可爱、热情亲切、吉祥欢乐的艺术魅力，必须能在不同材料上用不同的颜色制作。吉祥物必须有利于多语言表达。

【引入案例四】

成都大运会吉祥物蓉宝设计

2023年7月28日，第31届世界大学生夏季运动会在四川成都开幕。作为此次运动会的吉祥物，蓉宝设计从方方面面呈现出中华文明和巴蜀文化魅力。比如，"蓉宝"面部构思，就参考了传统艺术瑰宝——川剧的脸谱样式，是川剧这一中国非物质文化遗产又一次与时俱进的创新体现。"蓉宝"的耳朵、眼睛、尾巴皆呈现火焰形态，将憨态可掬的大熊猫形象与热情的火焰元素融为一体，代表了成都的烟火气息，全方位多视角地凸显了"火"这一天府文化中的重要标签。

首先，"蓉宝"来源和根植于生活，给人们带来了一种亲切感。"蓉宝"作为成都第31届世界大学生夏季运动会的吉祥物，其原型是大熊猫"芝麻"。被誉为"国宝"的熊猫则是成都极具特色的对外传播标识物，是享有高知名度的天府之国个性名片。从这个角度而言，"蓉宝"憨态可掬的形象，自然会赢得大家的喜爱和认可。从设计细节来看，在"蓉宝"手持的火炬中"31"这个数字幻化成一束熊熊燃烧的火焰，突出了第31届世界大运会的标识。在"蓉宝"的耳朵、眼睛、尾巴中也呈现火焰形态，这就彰显了成都大运会热度之火、盛夏时节之火、青春热情之火，也代表了成都火锅之"火"。这些生活元素的加入，这些青春元素的汇入，让"蓉宝"更具有时代气息与青春活力，凸显了一种鲜明的运动色彩。

其次，"蓉宝"展现深厚文化底蕴，给人们带来了一种高级的审美感。从熊猫文化，到火锅文化，再到川剧文化，一个小小的吉祥物"蓉宝"承载着丰富的传统文化，让吉祥物更具有收藏价值与欣赏价值。尤其是川剧中变脸元素的融入，让"蓉宝"多了一种灵动与神韵。川剧，又称"川戏"，是中国最古老的剧种之一。川剧变脸则是川剧表演的特技之一，用于揭示剧中人物的内心及思想感情的变化，即把不可见、不可感的抽象的情绪和心理状态变成可见、可感的具体形象——脸谱。在大运会比赛间隙，川剧变脸的表演不仅给现场观众带来了零距离的接触，而且让大家感受到地域文化的神秘与乐趣。颁奖版"蓉宝"头戴金冠，身穿红色斗篷，配合四款可爱的脸谱面具，将吉祥物与天府文化巧妙结合打造，让更多人了解到中国传统文化的精彩。

最后，"蓉宝"突出多重创新元素，给人们带来了一种时代感。草帽"蓉宝"、水蜜桃"蓉宝"、川剧变脸"蓉宝"等，吉祥物"蓉宝"不断推出新品，不仅受到国内外运动员的狂热喜爱，也受到广大观众的追捧和喜爱。尤其是"牛仔很忙""青花盖碗"和"炙热少年"等"变装蓉宝"，既有成都本土文化的底色，也有勇于开拓创新的色彩。透过"变装蓉宝"，我们看到了设计者的守正创新，这也彰显了成都这座现代与历史交融的城市特质。

资料整理来源：张继. 天府融媒看大运｜太阳鸟时评：从"蓉宝"中读懂守正创新的气质［EB/OL］. ［2023－08－03］. https://baijiahao.baidu.com/s?id=1773199712051489412&wfr=spider&for=pc.

二、节事活动的赞助

（一）赞助物分类

不管赞助对象是谁，赞助单位向单位和个人提供赞助物品主要有四类：一是资金，赞助单位以现金或支票的形式，向受赞助者提供赞助；二是实物，赞助单位或个人以一种或数种具有实用性的物资的形式，向受赞助者所提供的赞助；三是义卖，赞助单位或个人将自己所拥有的某件物品进行拍卖，或是划定某段时间将本单位或个人的商品向社会出售，然后将全部所得以现金的形式向被赞助者提供赞助；四是义工，赞助单位或个人派出一定数量的员工，前往受赞助者所在单位或其他场所，进行义务劳动或有偿劳动，然后以劳务的形式或以劳动所得来提供赞助。

如今商业竞争日趋激烈，品牌的价值和作用愈加凸显，许多企业纷纷选择以做赞助等形式提升品牌知名度促进产品销量，但赞助能给企业带来的不仅是提升品牌知名度，下面将详细论述赞助的意义。

（二）赞助的意义

其一，赞助有利于企业树立品牌形象，提升品牌的知名度和美誉度。随着电视端的收视率日益走低，更多人喜欢在移动端观看影视节目，有时通过赞助某档节目或电视剧来宣传品牌的效果远好过在电视台打广告，当然现在很多品牌都不仅仅满足于冠名，而是在寻求更多新的花样，力图把广告做得不惹人厌烦。

其二，赞助有利于扩大粉丝群体，促进企业产品销售。赞助的形式往往会让大众在心理上更容易接受其产品，虽然赞助实质是在宣传产品企业打广告，却能在润物无声中更好地促成大众的消费偏好和购买欲望。在两种质量价格相似的品牌中，大多数人都会选择经常见到的品牌产品。

其三，赞助有利于传递企业文化，提升粉丝忠诚度并保持市场份额。除了直接使品牌曝光最大化和扩大粉丝群体，许多知名企业也会选择通过赞助大型社会活动的形式向社会大众传递自己的企业文化，从而提升粉丝忠诚度并保持市场份额。

其四，赞助有助于企业热切参与社会事务，提升社会荣誉感。赞助有时也是企业提升社会荣誉感，承担社会责任的一种方式。

（三）如何回馈赞助商

1. 基于活动目标提供相应服务

成功的赞助是指有较好的投资回报率，获得的产品或服务与潜在市场有较好的匹配度。在设计赞助捆绑计划时，考虑到赞助商的需求包括品牌认知、提高销售量、掌握消费者情况等，既要实现活动目标，又要给予赞助高正向激励，一般会设计以下几种方式进行回馈。

（1）授予赞助商荣誉。

如将赞助单位作为活动的协办（赞助）单位；或授予赞助单位负责人荣誉称号，并颁发荣誉证书等。

（2）提供媒体广告。

活动期间，媒体赞助商可选择广告媒体和广告方式免费刊播相应数量的广告。

（3）授权冠名活动。

活动期间，把活动的冠名权授予赞助商，在举办活动前与赞助商联合召开新闻发布会，并在媒体上发布祝贺广告；为活动冠名企业提供免费现场广告；在与活动有关的各种宣传资料和票证、主要活动标识物上标示带有冠名的活动全称；要求各指定媒体在宣传报道活动时必须报道带有冠名的活动全称等。

（4）提供区域广告。

活动期间，根据赞助商的贡献，在指定区域为赞助商制作、放置广告标牌，设置彩虹门，投放升空气球等。

（5）指定产品。

可根据赞助商的要求，将其产品确认为活动指定使用产品。

（6）标志产品。

允许赞助商在其产品和服务中，使用活动的标徽、吉祥物及其他归活动组委会所有的图片、文字和标识。

（7）特约消费场所。

可将赞助企业作为特约消费场所，并在相关媒体上公告，活动组委会所需的相关服务原则上由被指定的赞助商提供。

（8）邀请赞助企业负责人参与展会重要活动。

邀请赞助单位领导参加活动的开幕式等大型活动，并给予贵宾礼遇。

以上这些方式可以有效解决展会宣传推广的费用问题，从而更好地实现展会的预期目标。

2. 了解赞助商对受赞助活动的期望

所有的赞助商都希望受赞助对象不但能提出一个赞助的好理由，还要有一个好的期望。这些期望主要是对赞助回报条件的要求，赞助商通过要求受赞助对象提供各种有关的回报条件来达到赞助目的和效果。

以体育赛事为例，赛事的组织者必须根据赞助商的期望做好赞助回报条件方案。赛事开发部门在制定赞助回报条件时，要根据赛事的基本情况，量力而行，合理制定赞助回报条件。切忌没有标准，许下不切实际的回报条件，以免损害赞助商的合法权益。一般来说，在体育赛事中，实现赞助商的期望，主要包括以下几个方面。

冠名权：赞助商名字出现的方式——由某某赞助的某某体育赛事；

印刷广告：包含赞助商名字的赛事秩序册、赛事文具用品、海报、T恤、门票和媒体发布等；

电视和广播宣传（如果可行的话）及将来使用比赛录像的权利；

赛事现场标识：旗帜、售货亭广告或其他标志，包括标识的数量、大小、摆放地点、特别是能提供新闻照片机会和视频影像的制作和摆放责任等细节；

赛事前的促销：场馆开放日、签名活动及运动员和/或教练新闻发布会；

赛事中的促销：售货亭摆放、产品品尝，在运动员和志愿者的服装上标注赞助商的名字；

娱乐：预订座位、空中观赏、贵宾停车位、接待帐篷、餐饮招待处、体育诊所、交通和住宿；

建立赞助商、观众和慈善组织（慈善相关的营销）之间的联系；

赞助商在广告和促销活动中使用赛事标志；

商品的赛场销售权；

邮寄名单；

经体育赛事管理者同意的市场研讨会；

媒体宣传和内部研究结果的总结报告书：如赞助商和赛事公众形象回顾；

续约优先权、保留赞助的优先权；

通过赛事营销计划，帮助赞助商推动赞助商品或服务的销售。

【引入案例五】

城市足球集团如何寻找赞助商？

赞助对于城市足球集团这样的知名足球企业意味着什么呢？他们寻找赞助、与赞助商合作的策略是什么？参考他们的策略，可能就可以更好地制定自己的策略。

二十年前，曼城俱乐部只有两家赞助商：一个是俱乐部的赞助商，另外一个是装备赞助商。现在，情况已大不相同。

有着阿布扎比和中国投资的城市足球集团，在全球扩张，拥有四个俱乐部，还在全球的重要市场设有办公室。在美国职业足球大联盟中运营纽约城俱乐部，在美国新兴足球市场中占据一块阵地。

在英超群雄中，和老牌俱乐部相比，曼城俱乐部的母体城市足球集团给人的感觉似乎更加朝气蓬勃、充满前进和开拓的动力。2017年4月在丹麦举行的国际体育大会（Sport Accord Convention）上，城市足球集团首席运营官作为为数不多的足球俱乐部的代表，在全体论坛上做了关于运动的创新的演讲，以旗下俱乐部在社交媒体和内容上的创新为例，展示体育应该如何在这个新时代创新自己。

回到赞助商这个话题，城市足球集团和曼城俱乐部的管理层，对赞助有着怎样的策略和看法呢？

对于如何寻找赞助商这个话题，首席运营官认为，他们会撒比较广的网，不过其中是有一些规则的，比如找寻一些一贯与体育营销比较契合的品类。不过，现在人们都认识到了，体育虽然不如一些大型的真人秀节目，但是体育确实是可以用来影响消费者和B类客户的有用的工具。现在大约有50~70个品类的企业都在有效地使用体育作为营销工具。他们会先在这些品类中做一些寻找，有潜在的目标后了解一下企业需求，然后希望能给企业提供一些解决方案。

问：你们想把赞助做到什么程度呢？在这个体育场中的所有东西都要被赞助吗？

答：应该不是。（笑）我想这里面是有一些艺术性的。说到底，我们的目标是帮助赞助商达到某些目标。不同的赞助商有不同的目标——现在的赞助不再仅仅是在球衣上放一个品牌名字、在球场里放一块广告板了，虽然这些可能还是比较重要的。现在，我们越来越多得是处理一些更复杂、更微妙的企业目标，或者帮助一个企业做品牌定位。

问：你会不会觉得，现在寻找赞助商越来越容易了，因此你们可以在赞助商的选择上更加挑剔一些了？

答：我觉得我们一直在寻找赞助商的过程中有一定的选择性。说到选择性，其实最重要的，是我们要能解决赞助合作伙伴的商业需求，我们之间的文化和目标相契合。这是我们所追求的。然后，我们只要去探寻每个品类中最好的企业就行了。

问：城市足球集团现在非常全球化了，对于你们的赞助来说，这意味着什么呢？赞助商也必须是全球化的企业，还是你们期望寻找本地化的企业？

答：我们有一些赞助商，比如日产、耐克森轮胎、阿提哈德航空和SAP，他们赞助我们所有的俱乐部，也有全球性的商业计划，其他一些赞助商只注重某些地区，例如东南亚，有一些热爱足球的国家，也是几亿人口，我们就帮助他们开发一些东南亚的营销。

问：中国呢？会在中国有更多的赞助合作吗？

答：中国是一个非常好的地方，和美国一样，足球运动在快速发展。中国从上层决定了足球的重要性，因此现在中国对足球的胃口很大，这对我们是非常好的机会。我们在上海开设了办公室，我们在中国的主要理念就是协助中国的国家足球计划，不过，这也给我们的几个俱乐部，比如曼城及我们的赞助商们，提供了参与其中和做出一些贡献价值的机会。未来，我们肯定会在中国有一个城市足球集团的俱乐部。

城市足球集团首席运营官反复强调的一个策略，就是俱乐部要能够帮助到自己的赞助商，实现他们的企业赞助目标，让俱乐部和企业的文化和目标相契合。

确实,如他所述,赞助的双方应该是合作互动的。而且,赞助商不仅仅可以通过赞助去实现自己的目标,也可以用金钱以外的形式帮助俱乐部。

还是以城市足球集团的曼城俱乐部做一个例子,看看曼城的赞助商在合作过程中怎样给俱乐部带来益处。

德国数据技术公司 SAP,从球场到场下管理再到球迷服务,都帮助曼城提供相应的服务。在球场上,帮助曼城采集球员数据分析;在场下的俱乐部后方管理上,给俱乐部提供数据和办公技术;比赛日,提供和其他球队球员的进行比较,以供球迷观看,球迷到体育馆以后,可以在球场的互动屏幕上继续挖掘更多的比赛数据信息。根据曼城管理人员的介绍,在 SAP 给曼城的数据库中,有全球约 38 万名球员的数据。

Wix.com 帮助曼城和球员制作网站,提供独特的内容。耐克森轮胎不久前续约了曼城,赞助了球衣袖子。日产在欧冠比赛时帮助录制俱乐部幕后的故事,同时赞助曼城女队,反过来,日产汽车在与女性购车者的互动中得到了对自己有用的信息。中国的优必选,在比赛日给球迷互动区的节目增加了亮点,让小球迷们开心参与其中,也给球迷们提供了一个话题。

最后,曼城的 EMEA 合作总监很好地概括了赞助对于他们的意义:"赞助是城市足球集团商业收入中很重要的一部分,尤其在这几年,集团的发展非常迅速,我们很需要赞助商帮助我们应对这种迅猛的发展,面对其中的挑战,以及利用好其中的机会。"

资料整理来源:禹唐体育商学院. 城市足球集团如何寻找赞助商? [EB/OL]. [2017-07-09]. http://www.ytsports.cn/news-14208.html?cid=56.

(四) 如何撰写赞助策划书与协议书

1. 调查研究

企业的赞助活动可以自选对象,也可以按被赞助者的请求来确定。但无论赞助谁,赞助形式如何,都应深入细致地做好调查研究。特别需要指出的是,企业的赞助活动,必须是社会公众最乐于支持的事业和最需要支持的事业。另外,调查研究应以经济效益和社会效益的同步增长为准则,分析投资成本与效益的比例，量力而行以确保企业与社会共同受益。

2. 制订赞助计划

组织要在赞助研究的基础上制订赞助计划。赞助计划是赞助研究的具体化，因此赞助计划的内容应该具体、翔实。对赞助的目的、对象、形式、费用预算、具体实施方案等都应有所计划，并控制范围，防止赞助规模超过组织的承受能力。企业赞助计划的主要内容如下：活动是否符合公司的赞助原则和范围，活动能否提升公司的形象，活动能否与某一个产品相关联，冠名权的问题，展露/宣传的机会点，赞助的金额是否在公司的预算之内，长期的效果如何。

3. 评估审核

这一步主要是针对具体赞助项目进行的，对每一项具体的赞助项目，赞助工作机构都要进行质和量的评估。审核则是结合计划进行，组织每进行一次具体赞助活动都应有组织的高层领导或赞助委员对其提案和计划进行逐项的审核评定，确定其可行性、具体赞助方式、款额和时机。

4. 实施方案

组织要派出专门的公共关系人员实施赞助方案。在实施过程中，公关人员要充分利用有效的公共关系技巧，尽可能扩大赞助活动的社会影响；同时，应采用广告和新闻传播等手段辅助赞助活动，使赞助活动的效果达到最佳峰值，争取赞助完满成功。

5. 测定赞助效果

赞助活动结束后，组织应该对照计划，测定实际效果。赞助活动的效果应由组织自身和专家共同评测，尽可能做到符合客观实际。检测过程包括检查、收集各个方面对此次赞助的看法、评论看是否达到预定目的，哪些方面还有差距，对结果不理想的活动应找出原因，并把这些写成总结报告，归档储存，为以后的赞助活动提供参考。

三、节事活动现场管理与风险管理

（一）节事活动选址

1. 影响因素

节事活动的选址决定了节事活动后续各种要素设计与策划的方向。适宜的选址可以减少节事活动管理者很多的协调和调度工作，也可以最大可能地减少活动成本；相反，错误的选址有可能给节事活动举办造成极大的负面影响，如选址场地不能容纳所有观众，不能提供活动所需的设备，气候不适宜户外活动等。节事活动的场地并不只是一个空的露天场地或房间，而是需要满足与节事活动相关的各种要求的场地，需要根据活动的主题内容进行选择，主要考虑以下几方面因素。

（1）承办历史。

需要考察该场地是否曾经举办过类似的节事活动，是否在承办活动中享有较好的声誉。一个已证明曾经成功地举办过多种活动的场地，可以节省大量的物力、人力与时间成本。因为具备丰富的经验，场地的管理者对于租赁节事活动场地及配合节事活动的开展已是轻车熟路，设备与人员等也相对齐全。因此，节事管理者可以与场地管理者进行快速有效的沟通，更好地共同管理活动现场。

（2）场地大小。

该因素是活动选址的关键。节事管理者必须对活动观众人数进行严谨的预测，选择能够容纳足够观众的场地来举办活动。场地大小的考虑方面包括观众台、舞台搭建、停车场、展台、临时厕所搭建等相应空间的需求数量与单位规模。

（3）交通。

活动场地交通的便捷性很大程度地影响观众的参与度。尤其对于公众参与要求较高的节事活动，节事管理者应尽可能选择公共交通容易到达且停车场地较大的活动场地。

（4）厕所与其他附属设施。

根据活动参加的人数，节事活动管理者应评估厕所等服务设施所需的数量，并检验场地是否能够达到相关的要求。

（5）出入口与急救设施。

为减少活动风险，出入口的大小、数量、紧急通道及急救设施等因素是活动选址必须要考虑的因素。在活动开始或结束时，人流常常会在出入口处大量集中，为保证合理控制人流，避免因人群集中而导致的踩踏事故，节事活动管理者需要仔细考察活动场地这一部分的设施。

（6）餐饮设施。

大多数节事活动的时间会多于一天，节事活动管理者需要考虑观众的餐饮问题，考察场地内或场地周边是否有足够的餐饮场地与设施满足活动的要求。

(7) 供电和供水系统。

节事活动的舞台、娱乐表演、音效、灯光等表现形式都需要电力、水力来实现，因此活动场地能否在要求的地点提供电和水也是节事管理者在场地选择时要考虑的因素。

(8) 天气。

对于大多数室外的节事活动，天气条件决定了活动是否可以如期举办。例如，露天的音乐会常常因为下雨而延迟或取消，因为雨天可能会导致舞台漏电，存在危险情况。为了保证活动能够顺利进行，选址时应考虑该地区活动举办时的天气条件，同时要考虑针对天气变化所需要预备的调整措施。

2. 场地类型

节事活动的场地有许多类型，有些是专门针对举办活动而建立的场地，有些是具备其他功能临时采用的活动场地，也有因为具备符合节事活动主题或某种要求而采用的场地。节事活动大多数所选场地都具备易于安装与拆卸设备、舞台、装饰等特点。根据场地相对节事活动的不同情况，具体可以分为标准、非标准和特殊场地三种类型。

(1) 标准场地。

节事活动的标准场地是大多数节事活动举办所选择的场地，一般具有以下特点：专门为举办节事活动而建立，平时运营主要以承办各类节事活动为主；周期性节事活动的固定场所，如定期举办展览、体育比赛、节庆活动等；具有专门的人力资源对场地进行管理，包括场地维护、保安、推广、技术人员等；具有活动举办所需的基本设施；易于针对活动类型与内容进行调整，方便拆建各种设施。目前，较常见的标准场地有会议中心、展览馆、酒店宴会厅、社区活动中心、礼堂、体育馆、游乐场等。

(2) 非标准场地。

为了让活动更具吸引力与创造力，节事活动管理者常常会试图寻找一些独具匠心的活动场地。这些场地并非为了举办节事活动而建立，有其他固有的日常运营项目或者其他功能；同时，它们又具备承办节事活动的基本条件，场地设施容易根据活动要求进行调整。一般非标准场地有博物馆、公园、未举办体育赛事的小型体育馆、临时搭建场地、教堂等。

(3) 特殊场地。

特殊场地区别于非标准场地的主要特点是其不易于改造成节事活动的场地。这类场地通常具备特定的功能，不易于腾出空地给节事机构举办活动。它们可能是具有特殊意义的纪念地、城市的基础设施或对于观众具有一定吸引力的场地等。节事管理者需要花费大量的时间与成本对活动场地进行改造,但因其独特性与稀缺性,常会得到非常好的效果,受到观众较高的评价。同时,由于需要考虑的因素与服务设施较多,这类场地的现场布置与管理对节事活动管理者也是极大的挑战。这类特殊场地诸如机场、历史古迹、仓库、工厂、街道、沙滩、停车场等。

(二) 节事活动现场布置

1. 功能分区

场地布置并不仅仅是搭建一个活动舞台,而是需要综合考量活动从开始到结束期间观众、演员、工作人员需要进出与使用的各种设施的搭建。它涉及舞美设计与场地功能分区等工作。一般节事活动的场地可以分为以下几个功能分区。

(1) 几乎所有的节事活动有一个视线集中点——舞台区。舞台区可能位于活动场地的中心或最前方,目的是能够让所有观众在无视线干扰的情况下欣赏节事活动最主要的表演、娱乐活动、演讲、产品展示等活动。此外,舞台区是舞美设计着重考虑的区域,需要考虑背景板、灯光、音响、投影、装饰、鲜花等各方面的因素。

(2) 观众区的搭建需要根据参加者的不同类型进行功能分区,通常可以分为贵宾席、观众席和媒体席三种。贵宾席通常为靠舞台最近、视野最好的区域,有时还会提供更好的桌椅和茶水。观众席通常要考虑实际参加的人数,结合场地的面积进行布局。媒体席的选择与设置通常要考虑媒体拍摄新闻照片或图像的角度,通常会安排在会场最后或二楼的前排区域,同时提供充足的电源供其使用。

(3) 为更好地服务活动现场,节事活动管理者在搭建舞台和观众台的时候,也需要考虑增设相应的配套设施。这些设施包括餐饮区可以供应饮料、小吃、酒水、主食等。其中,酒水供应需考虑活动性质与参加人群的特点,由于节事活动如出现酗酒行为常会导致各种风险,因此应对这一类型的商铺进行控制。

(4) 活动场地的厕所可分为固定厕所与流动厕所,应根据人数比例考虑厕所的数量。为避免活动现场的人流拥挤,通常每150名观众需要提供一个厕位。同时,女性专用厕位应当比男性所用更多,一般超出二分之一左右。此外,厕所分布的位置也应有合适的考虑,通常距离整个活动场地的节点性位置(如出入口或人流集中的区域)有一段距离。

（5）咨询区。无论是室内小型活动，还是室外大型的节事活动，通常都需要一个或多个咨询服务区或服务点为参与者提供相应的服务。这些咨询区通常设置在较为醒目的区域，如活动出入口、观众席周边等。通常活动咨询区可以提供活动信息咨询、指路、简单医疗、现场寻人等相关服务。

2. 布置形式

活动场地的布置模式。在安排座位时，必须考虑到座位的类型是固定的还是可以移动的，观众数量，观众到来的方式，安全门和防火制度，过道的位置和大小，演出、演讲者或视听设施的视线，残疾人的入场方式等。

（1）剧院（礼堂）式。

这种布置形式就像剧场那样，最前面是主席台，主席台有若干个座位。观众座位围绕着主席台，有正面向座位、左面向座位和右面向座位之分，也可以有楼上座位，观众席设在靠近主席台的一侧看台，以同一个方向对着主席台。小的剧场式可以只有正面向座位。大的剧场式可容纳数千个座位，而且场地设施系统完备，往往有先进的视听设备，甚至配有同声翻译设备（见图4-7）。

图4-7 加利福尼亚礼堂

（2）教室式。

这种布置与学校教室一样，最前面是投影屏幕或白板或两者皆有，接着是主席台，主席台后面是桌子和椅子，中间留有1~3个走道，方便演员走进观众中间与大家交流，烘托场面气氛。每一排的长度取决于场地的大小及出席的人数。会议室内将桌椅端正摆放或成"V"形摆放，按教室式布置会议室，每个座位的空间将根据桌子的大小而有所不同。

（3）宴会式。

这种布置方式很像举行宴会时的布置形式，显得较为随意，有利于调动与会者的积极性。这种布置形式多用于与酒会、饮食结合在一起的活动。在中间的圆桌上可以放上鲜花或其他展示物。

（4）体育馆式。

大多数赛事采取体育馆式布置形式，座位设置在赛场四周，这种布置的座席能提高观众对比赛的参与度。

（5）T型台式。

T型台式即主席台延伸向观众区，三面为观众席所环绕，能拉近表演者和观众的距离，便于欣赏。模特服装表演、部分体育赛事采取这种场馆布置模式。

（6）"U"形与马蹄形。

这两种布置形式可以把观众和表演者连在一起，观众和表演者的位置距离很近。相较而言，马蹄形的布置形式把表演者和观众的距离拉得更近一些，感觉更随意些。

（7）围桌式。

适用于中式宴会，如答谢会、招待会、茶话会等。

（8）长方形式。

将会议室里的桌子摆成方形中空，前后不留缺口，椅子摆在桌子外围，通常桌子都会铺上桌布，中间通常会放置较矮的绿色植物，投影仪会有一个专用的小桌子放置在最前端。此种类型的摆桌常用于学术研讨会这一类型的会议，前方设置主持人的位置，可分别在各个位置上摆放上麦克风，以方便不同位置的参会者发言。但此种会议场地布置方式容纳人数较少，对会议室空间也会有一定的要求。

（9）鸡尾酒会式。

以酒会式摆桌，只摆放供应酒水、饮料及餐点的桌子，不摆设椅子，这是一种以自由交流为主，构筑轻松自由的会议氛围的一种会场布置形式。自由的活动空间可以让参会者自由交流，其通常适用于年会、交流会、慈善活动等。

3. 装饰要求

布景、道具等装饰涵盖了许多不同的因素，从颜色的设计到幕布的选择，从舞台景架的搭建到鲜花的摆放，其关键点是使不同的因素都围绕并突出活动的主题。

（1）舞美设计。

前台的舞美设计不仅仅是简单打造演出的环境，更重要的是体现设计者力图描绘的意境。这里所说的意境，就是从活动的主题出发，把时间、地点、气候、活动气氛、人物情绪、时代特色和地方色彩等，在服从演出总体构思的前提下，通过舞台设计用色彩、线条、光线等，创造出一个适合活动的演出环境。要把舞台美术设计搞好，对舞美设计师的要求很高，要有相当的文化修养，才能分析活动的宗旨和意图，正确、深刻理解活动主题的思想内涵才可能充分表达。因此，设计者要有正确的审美观点、丰富的文化知识和多种技巧，才能驾驭千变万化的舞台。

（2）布景。

布景和道具可以说是和演员一样重要，不仅是配合参与演出，而且是演出的重要组成部分。由于演出成功与否，和活动布景与表演主题是否协调统一有非常密切的关系，随着时代的发展，布景越来越富有动感和时代性。如背景板和横幅是活动的标志物，大多数活动在主席台上都设有背景板或挂有横幅。背景板要求设计简洁、色彩明快、主色调和活动主题协调。背景板的最上面主要包括活动的标志和有关组织的徽章、活动的（中英文）名称或缩写、举办时间和地点及活动的主办单位。而横幅是最常见的一种宣传形式，由于红色最显眼，通常是红布做成，如果采用中英文两种文字，中文在上，字体稍大；英文在下，字体可以稍小。文字用白色，一般挂在主席台上方或大门上。

（3）灯光。

舞台灯光概括说来，具备以下几种功能。其一，视觉照明。这是灯光的基本功能，使现场观众得以清楚地观看到舞台的全部。其二，突出人物。这项附加功能主要通过舞台追光来实现，用一束明亮的光线扫过较暗的舞台，由于视觉原理，人们自然地会去注意舞台上最亮的区域，从而完成对重要人物的特写。其三，加强美感。这项附加功能需要通过舞台诸因素合力才能够实现，在灯光、舞台布景、音乐音效等多要素的联合作用下，将观众带入一个梦幻般的氛围，从而对活动发展和行进的环境有身临其境的感觉。

（4）特技效果。

活动组织者运用特技效果来吸引观众的注意力，营造激动人心的氛围，或令人大吃一惊，或令人开怀大笑。把各种特技效果完美地结合成一个活动方案的关键，在于如何运用特技效果来突出活动的总体目标。

（三）风险的类型与识别

1. 风险类型

节事活动管理中一般存在以下几种风险。

（1）政治文化和宗教民俗约束风险。

此类风险是与活动的内容和形式的选择密切相关的。在选择活动主题时，一定要考虑举办地和目标观众的社会意识形态、社会道德规范、宗教民俗习惯等，否则可能会出现民族矛盾、民族争端、政治对抗等风险。

（2）法律政策约束风险。

组织和实施一个节事活动，要在法律允许的范围内和得到相关部门的授权和许可是必须的。在我国，根据活动和规模的不同，活动管理涉及地方文化部门、公安部门、环卫部门、消防部门等多个部门。还有涉及行业不正当竞争、行业相关的法律法规不健全等方面的风险。

（3）商业运作风险。

这种风险是在市场运作过程中，履行主办方义务、合同义务时，产生的资源风险、技术风险、人员风险、时间风险、财务风险、经营风险、信用风险、销售风险、品牌风险等多种风险。

（4）健康和安全风险。

这是所有活动风险中出现频率最高的风险类型。在节事活动过程中，任何自然灾害或意外事故都可能引发组织者、临时工作人员、嘉宾、演出人员和观众的人身伤害，发生危及健康和生命的安全风险。因此要求管理者对参与人数进行正确的估计，而后根据人数安排合适的通道、路线和服务设施，做好适当的约束和管制。

（5）不可抗力风险。

如战争、恐怖袭击、疾病暴发等灾难性事件，导致活动取消或延期，给组织者造成极大的损失，包括前期筹备所支付的人员工资、场地预定、部分物料制作费、市场推广等一系列开支。

2. 风险识别

风险识别就是系统地、连续地识别前文提到的所有可能出现的风险，它是管理风险的第一步。一般是根据活动项目的性质，从潜在的事件及其产生的后果和潜在的后果及其产生的原因来检查风险，收集、整理活动可能存在的风险并充分征求各方意见形成项目的风险列表，列出所有与活动相关的过程、客户及存在的问题和确定风险的来源、产生的条件等。

考虑节事活动的风险性，应该根据不同的节事类型，对其做全面的评估，总体来说有员工、营销与公共关系、健康与安全、人群控制、交通等方面的风险，如表4-3所示：

表4-3 节事活动风险的类型

风险类型	潜在风险
员工的风险	组织结构不清晰导致的岗位缺失，健康安全保障缺失，在化学品或其他有毒环境下工作
营销与公共关系的风险	活动宣传效果达不到预期，媒体针对活动内容、突发事件、相关人员方面的负面报道
健康与安全风险	节事活动期间食品供应的安全卫生问题，具有危险性的节事活动对表演者、观众的潜在危害，户外活动（天气、场地等）导致的各种安全问题，大型公众活动的公共安全问题，特别是嘉宾的人身安全
人群控制风险	人群过于拥挤导致的安全问题、出入口和紧急出口人流控制的问题、活动场地倒塌的安全事故、暴力行为、酗酒问题
交通风险	公共交通运送观众、嘉宾、表演者的安全问题，设备运送的安全问题，大型器材的运输安全问题

3. 风险管理

组织一个节事活动，常常会涉及众多具体的工作，为能够纵观各个职能部门潜在的风险，节事机构的管理人员需要集思广益，通过调研、讨论等方式来讨论识别相应的风险。针对大型的节事活动，常常需要咨询专业的风险管理机构或人员，运用风险管理的专业知识对其进行识别。识别节事活动风险的常用方法包括任务分解、活动测试、风险分类、风险预测、事故报告及紧急预案。

（1）任务分解。

很多节事活动的风险发生在未经注意的细节上，节事活动管理者应该将工作分解成各部门实际操作的具体工作，由各职能部门根据自己的技术与经验，对活动的风险进行专业评估。例如，节事总策划人可能不能像专业技术人员一样能预测设备故障、天气与电力影响、员工操作所造成的可能危害。

（2）活动测试。

为确保活动顺利举办，对于一些具备表演性且需要现场运行设备的节事活动，可以通过提前测试或彩排来提早发现与解除各项可能发生失误或风险的情况。如音乐会表演、大型体育赛事的开/闭幕式表演等，常需要所有表演者、技术人员根据安排进行几次彩排来降低失败的风险；对于其他活动，则通常需要技术人员提早调试所有设备，包括灯光、音响等发现可能出现的问题。

（3）风险分类。

通过不同视角分析潜在的风险也是识别节事风险的有效方式，节事风险可以分为内部风险与外部风险。内部风险指的是节事机构内部计划与实施造成的各种风险，如员工旷工、员工操作不当、宣传未达到预期等，通常可以根据更有效的人力资源管理来分析与解决这些问题；而外部风险通常为无法预知的不可抗因素，如天气、观众导致的突发事件等，通常可以通过转移风险等相关策略来减少相应的风险与责任。

（4）风险预测。

通过预见风险的影响与结果进一步确定节事活动风险的可能性，例如有重要嘉宾出席的大型节事活动，其风险是重要嘉宾人身安全，因此可以根据这一风险来分析有哪些方面会导致这一危险，如携带危险物品、现场观众中出现恐怖分子等。活动管理者则可以通过现场安检，与相关部门合作，通过栅栏、指示牌、嘉宾特殊通道，增加随身保安等方式来减少这一风险。

（5）事故报告。

若有以往或类似节事活动发生的风险与事故情况的事故报告，可以帮助组织机构从管理、技术、偶发性因素方面查漏补缺，从而提出更有效的风险控制方案，防止类似风险或事故重复发生。对于重复性的节事活动，如大型体育赛事、音乐节等，管理者应将以往总结的事故分析报告分发给各部门主管与员工阅读，从而让相关人员了解事故预防与发生的相应措施。

（6）紧急预案。

紧急预案包括详细的风险影响评估、决策步骤、应急相应措施等具体的工作指导。组织机构可整合各部门的风险预估与管理建议，通过全面的紧急预案对节事活动可能存在的风险进行预测，并通过具体的措施制定对所有员工进行培训、教育与指导。例如，活动现场工作人员通过学习紧急预案，能够对现场运动员受伤的情况做出快速反应并采用相应的应急措施，包括担架使用、现场急救方式、救护车停放地点、入院手续等。

四、节事活动的绩效评估

（一）绩效评估的类型

从节事活动的开始、进行到结束的过程中，需要通过观察、衡量和监测节事活动的执行情况确保各项工作有效实施。在节事活动管理的过程中，根据不同的评估时段，可以将绩效评估分为事前评估、监控评估与事后评估三种类型。

1. 事前评估

事前评估指的是节事活动开始前，对节事活动举办的可行性与可用资源做的计划与研究工作。由于这一阶段的评估通常基于已举办的相似或重复的节事活动提供的信息，通过信息搜集、专家评估、市场调研等方法，从相关政策、市场需求、营利情况、实施难度等方面对节事活动进行综合评估。其主要内容包括：对节事活动进行 SWOT 分析，评估活动举办可能产生的价值；了解节事活动可能的参加人数；了解活动潜在的收入来源，评估节事活动举办所需的成本；了解活动举办所需的人力、物力资源，了解活动成功举办所需具备的因素。

2. 监控评估

为确保活动实施过程中能够实现活动规划的预期要求，活动管理者需要在活动过程中进行实时监控与评估，并通过及时对节事活动管理的各个方面进行调整确保质量。例如，在销售门票过程中，营销部门的工作人员可以通过评估门票出售情况对营销计划进行相应调整。若门票销售没有达到预期，则可以增加营销方面的预算，通过更广范围与更多样的宣传方式吸引更多的参与者。在节事活动提供餐饮的工作环节中，可以通过大众对食物的评价评估食物是否符合大众的口味，进而要求厨房进行及时调整。通过调整实施节事活动的各项工作，监控评估可以帮助管理者实现以下目的：确保各项工作的顺利实施；确保节事活动工作与服务的质量；及时发现与解决活动过程中出现的问题；减少节事活动的成本，提高效益；有效评估与控制活动时间。

3. 事后评估

该种评估是节事活动评估最常采用的方式，旨在针对已完成的节事活动效益、作用、影响等方面进行审核与分析，并通过实际结果与预期的对比分析了解节事活动存在哪些不足与可借鉴之处，进而得出相关建议与经验总结。从评估涉及的内容与目的看，事后评估主要试图了解观众对于节事活动的评价（满意度）；统计节事活动的收支情况；调查活动对当地环境、社会与经济的影响；了解节事管理与监督工作是否到位；了解实际活动与预期计划的差距；总结员工工作的经验与不足之处，审核承办商的工作情况与服务质量情况。

（二）绩效评估步骤

为确保节事活动的评估工作全面而有序地完成，活动管理者需要制订相应的评估计划，按照相应的标准来评估节事活动的相关事项。与节事活动管理的大多数工作执行方法相似，绩效评估需要明确工作的对象、内容、时间等相关信息，并通过相应的方法进行分析与操作，最后以文本的形式呈现。总体来说，节事活动的评估管理需要从来源、时间、参评对象、内容、方法等方面对举办的节事活动进行综合剖析，评估过程需要经过准备、分析、收尾三个主要阶段。

1. 准备阶段

结合节事活动整体的规划方案及不同的评估类型（事前、监测、事后评估），节事活动评估工作的准备阶段需要弄清以下几个基本问题：由谁进行评估？需要评估什么内容？如何获取评估所需的信息？因此，准备阶段需要涉及的工作包括选定参评人员、确定评估内容、收集评估信息等基本事项。在建设好节事活动较为客观与权威的评估团队以后，评估人员需要节事活动策划与管理人员收集尽可能准确且丰富的数据信息，针对不同的调研目的考察相应的评估内容。

2. 分析阶段

在搜集好相关的评估信息以后，评估人员需要运用相应的分析方法来对数据与资料进行定性与定量的分析，其主要方法包括观察法、调查问卷与访谈法、讨论会议等。通过对评估材料进行筛选、统计、比较、分析，可以帮助节事活动组织机构根据不同的评估目的，全面了解活动组织管理工作与活动效果，进而找出评估材料与实际工作的内在关系。

3. 收尾阶段

该阶段也是节事活动的收尾阶段，需要处理包括承包商合同、个人总结、评估报告等相关的事项，具体包含评估节事活动承包商、合作商的工作完成情况，对合同的相关收尾工作；将节事活动的相关评估以文本报告形式完成；对节事活动个人工作的总结报告；对文本档案的归类工作等。

（三）节事评估的准备工作

1. 评估内容

在节事活动的整个评估过程中，需要针对活动本身、活动举办地、管理人员、工作人员、承办商等不同的对象进行考核,从而了解节事活动的具体情况。节事活动的工作项目与考察对象繁多,为保证评估的质量与全面性,在节事活动评估初期明确考察内容显得十分重要。根据不同的研究与分析视角,节事活动评估内容可以大致分为目标评价、效率与效益评价、观众满意度评价、服务质量评价与影响评价等几个方面。

(1) 目标评价。

每一个节事活动都有其存在的目标与意义,活动立项时通常会设立确定的目标(宏观与微观),节事评估的一个主要内容就是审查其是否实现这些目标。通过比较分析目标与实际情况的差距,可以帮助管理者发现活动本身存在的问题与缺陷,通过修正活动目标与具体管理方案更好地实现下一次节事活动的目标。这些目标评价主要包括人力资源管理策划方案的目标实现情况,节事活动进度与日程安排的实际进程情况,营销方案的实现情况,财务预算的实际执行情况,现场管理方案的实现情况,物流计划方案的完成情况,风险识别与控制的实际发生情况。

(2) 效率与效益评价。

对于大多数以营利为主要目标的节事活动,通过节事活动评估来了解其是否实现营利目的和具体的盈利情况是评估环节非常重要的内容。通过效率评价可以考察节事管理机构各管理人员与工作人员的沟通、配合、实际工作表现等;效益评价则可以采用财务与经济评价的方式,审核节事活动的收益率、净现值等成本效益与利润情况。总体来说,效率与效益评价包含活动管理者的组织能力、员工的积极性和工作表现(出勤率、任务完成时间等)、成本-效益评估、成本-利润评估、赞助商与广告商收益评估等。

(3) 参与观众评价。

节事活动的成功与否很大程度上也取决于参与观众的反馈情况。通过了解活动参与者对节事活动的综合性评价,包括观众满意度(针对活动内容、服务质量等)、个人花费情况等内容,可以帮助识别节事活动安排的亮点与不足,从而针对下一次节事活动的安排做出调整。为了及时了解大众对于节事活动的印象与态度,节事机构通常会在活动期间采用调查问卷或访谈的方式了解信息。良好的社会评价(口碑)是活动宣传的最有效方式,不仅可以扩大节事活动的正面影响,也可以吸引未来更多的人参加该节事活动。此外,通过分析节事活动参与观众的情况,可以帮助节事活动更有效地分析活动的市场价值,从而作为下一次活动吸引赞助商、媒体的重要参考指标。参与观众评价涉及的内容包括参与活动观众的信息、满意度情况、花费情况、对节事活动的态度评价等。

(4) 服务质量评价。

这一部分的评价主要包括节事活动管理者对雇用的工作人员、节事机构对合作的承办单位、观众对活动等方面的服务质量评价。服务质量的评价可以帮助节事活动组织者更好地达到节事活动的既定目标与绩效标准，进而提高整体的服务评价。服务质量评价不仅帮助活动管理者准确地分析、测量、控制与评价节事工作人员（节事机构内部人员、承包商雇用的工作人员等）的服务质量状况，而且可以通过对其进行有效率的人力资源管理，推进和保证节事活动服务的质量。总体来说，服务质量评价内容包括节事活动工作人员的服务态度、承包商工作的交付情况、各项活动执行的效果与口碑、利益相关者对节事活动相关机构的服务评价。

(5) 影响评价。

不同类型的节事活动如体育赛事、节庆活动、会议展览等具有不同的目的，因此也会对举办地产生不同的影响。为了扩大城市的旅游吸引力，许多地区常常选择通过举办节事活动吸引游客，提升当地的文化影响。为促进经济与商贸合作，成功举办以加强各地业界沟通为目的的节事活动可以进一步实现该地区促进经济增长的目的。

2. 参评人员

节事活动的绩效评估适用于不同的利益相关者，他们既是节事评估的服务对象，也是参与评估的考察对象。根据不同的评估内容，为保证评估的客观全面，常常需要雇用或邀请相关人员参与评价考核。

评估机构可以从第三方的视角，对节事活动进行更加客观、公正、专业、快速的评估。评估机构掌握更多的相关数据，可以帮助节事活动进行纵向与横向的深入评估分析。

对于节事活动的运行情况，各职能部门的管理人员往往拥有更多的发言权。在活动策划、运行到后续管理的工作中，活动管理人员可以对承办单位、雇用员工、临时工作人员、志愿者等工作表现进行相对客观评价，并根据预期与实际情况的对比寻找管理过程中出现的不足。

观众口碑是了解节事活动最终呈现状态的最好评价指标。通过对观众的问卷调查与访谈，可以帮助管理者直观了解节事活动设计的吸引力、合理性与满意度等情况。

一线工作人员往往能对节事活动的实际操作情况有更好的把握，并能通过分析工作中遇到的问题来评估节事活动的策划与管理方案是否合理。因此，通过获取一线工作人员的反馈了解节事活动的相关信息，对于节事评价来说十分有效。

作为节事活动的主要经费来源，赞助商需要通过评估节事活动是否达到预期目标进行调研与总结。赞助商对于节事活动赞助行为的评价会影响下一次举办的节事活动，包括活动赞助资金筹集的吸引力与赞助机构未来合作的可能性等。

3. 收集评估信息

在确定好评估内容与参评对象以后，节事活动评估准备工作的一个主要环节是通过各种渠道搜集评估所需的有效信息。这些信息来源可分为定量信息与定性信息，其中定量信息通常可以用数据的形式进行表述，评估衡量的指标明确清晰；而定性信息则多为一些态度性的主观意见，通常以语言文字的形式对节事活动进行评价，能够对定量信息表达的内容进行很好的补充。

根据索恩（Shone）和帕里（Parry）对评估信息的分类，节事活动评估的信息来源可以从观众、赞助商、员工与志愿者、嘉宾、协调员、政府部门、专家与部门主管、安全部门或警察等群体中获取。此外，为保证获取更详细、真实、可靠的信息，需要针对不同的评估对象采用相应的评估方法，最常采用观察法、调查问卷与访谈法、讨论/总结会议等。

（1）观众调查。

通过调查问卷、访谈等渠道了解观众对节事活动的满意度、喜好程度等详细信息。

（2）赞助商。

通过推广时获取的反馈信息、事后电话调查、调查问卷、赞助商会议等形式了解赞助商对于活动公关推广的评价与意见。

（3）员工与志愿者。

通过员工（志愿者）自我工作意见簿、工作日志、个人工作总结、总结会议等渠道，了解一线工作人员对于节事活动工作安排的建议与意见。

（4）嘉宾。

通过参与观察、邮件回复、调查问卷的方式了解嘉宾对活动接待、日程安排、工作服务等方面的意见。

（5）协调人员。

通过节事活动协调相关人员的工作回复、意见反馈等，如承办单位、合作机构、供应商的协调人员，了解节事活动需要注意的事项与问题，并对其进行评估。

(6) 政府部门。

通过政府统计报表、相关负责人意见、国家法律政策、社区态度等渠道了解政府与当地居民的态度，进而了解节事活动相关的经济、社会与环境影响。

(7) 专家与部门主管。

通过专家团评估、部门主管工作总结等方式，从专业角度了解节事活动的整体情况与工作进展。许多诸如财务情况、员工工作整体表现、部门沟通等方面的信息均需要通过这个渠道了解。

(8) 保安与警察。

通过保安或警察的反馈信息、排班时刻表、人员安排地点、工作总结等信息了解活动人群管理、交通状况、意外事故等信息。

专题五　国际会议产业前沿与经典案例

【教学目标】

1. 熟悉会议产业与会议产业链的概念与构成。
2. 了解虚拟会议的运作以及混合会议的使用。
3. 掌握新时代的会议营销模式。
4. 学会如何应对疫情后的国际会议风险。

【引入案例一】

世界级思想交流平台：世界经济论坛（达沃斯论坛）

一、会议概述

世界经济论坛（World Economic Forum）是一个非官方国际性机构，总部设在瑞士日内瓦。其前身是1971年由现任论坛执行主席克劳斯·施瓦布教授创建的"欧洲管理论坛"。1987年，"欧洲管理论坛"更名为"世界经济论坛"。由于在瑞士小镇达沃斯首次举办，所以日后也称其为"达沃斯论坛"。世界经济论坛旨在研究和探讨世界经济领域存在的问题，促进国际经济合作与交流，致力于通过公私合作改善世界状况。

二、会议运行

每年一月下旬，论坛都会吸引超过1000家世界顶级会员企业，同时还有来自政界、学界、非政府组织、宗教和媒体界的众多代表。每年约有2200位参会者参加为期五天的会议，列入正式会议议程的场次多达220余场。会议强调关注全球重点问题（如国际争端、贫困、环境问题）和提出可能的解决方案。全球约有来自网络、纸媒、广播和电视媒体的500余名记者到会场进行报道，媒体可以进入所有列入正式议程的会议场次，其中一些场次可以通过网络观看。

目前，世界经济论坛共有四种形式的成员，分别是基金会员、行业合作伙伴、战略合作伙伴和全球成长型企业会员。基金会员包括全球约1000家顶尖企业，其中每年有100多家基金会员企业还可以根据其参与论坛活动的程度和对论坛的贡献，成为论坛的行业合作伙伴或战略合作伙伴。而全球成长型公司，即"新领军者"，是世界经济论坛推出的一种新型会员形式，主要是指那些正在快速成长的新型跨国公司。

三、会议影响

世界经济论坛的影响力，是其作为一个"世界级"思想交流平台的作用和对全球舆论的影响。论坛自成立以来，借助包括年会在内的各种会议形式，成为各国政要、企业领袖、国际组织领导人、专家学者就各种世界重大问题交换意见的重要平台。达沃斯年会讨论的都是全球性热点问题或趋势性问题，对全球舆论具有重要影响。

四、与中国的关系

中国同世界经济论坛保持着密切联系。自1979年以来，中国与世界经济论坛一直保持良好合作关系。2005年施瓦布教授提出了"中国夏季达沃斯"的设想。自2007年起，"夏季达沃斯论坛"每年在中国举办，由大连市和天津市轮流举办。

2004—2020年世界经济论坛的主题见表5-1。

表5-1 2004—2020年世界经济论坛的主题

届数	时间	主题
第34届	2004年1月21日—25日	建立繁荣和安全的伙伴关系
第35届	2005年1月26日—30日	为艰难抉择承担责任
第36届	2006年1月25日—29日	开拓创新，把握未来
第37届	2007年1月24日—28日	变化中的力量格局
第38届	2008年1月23日—27日	合作创新的力量
第39届	2009年1月28日—2月1日	构建危机后的世界
第40届	2010年1月27日—30日	改善世界状况——重新思考、重新设计、重新建设
第41届	2011年1月26日—30日	新形势下的共同准则
第42届	2012年1月25日—29日	大转型：塑造新模式
第43届	2013年1月23日—27日	弹性和动力

续表5-1

届数	时间	主题
第44届	2014年1月22日—25日	重塑世界：对社会、政治和商业的影响
第45届	2015年1月21日—24日	全球新局势
第46届	2016年1月20日—23日	掌控第四次工业革命
第47届	2017年1月17日—20日	领导力：应势而为、勇于担当
第48届	2018年1月23日—26日	在分化的世界中加强合作
第49届	2019年1月22日—25日	全球化4.0：打造第四次工业革命时代全球结构
第50届	2020年1月21日—24日	凝聚全球力量，实现可持续发展

资料整理来源：施建国，聂晓阳，田栋栋. 特稿：邂逅中国　携手中国——达沃斯见证改革开放40年 [EB/OL]. [2019-01-20]. https://www.gov.cn/xinwen/2019-01/20/content_5359434.htm.

顾德伟. 背景资料：世界经济论坛 [EB/OL]. [2014-01-21]. https://www.163.com/news/article/9J4GOV9900014JB5.html.

世界经济论坛官网：https://www.weforum.org/

本部分对会议产业和会议产业链进行全面梳理，同时结合国际会议产业的前沿发展，深入剖析虚拟会议、新时代的会议营销和国际会议风险管理。

一、会议产业与产业链

（一）会议产业的定义与特征

1. 会议产业的定义

会议产业是指以规模化、集中化、现代化的手段运作会议及相关活动，带动交通、住宿、商业、餐饮、购物等城市相关产业发展的一种综合性产业。会议产业是国民经济的一个产出领域，也是国民经济的重要组成部分之一，对于城市及国家社会经济发展具有重要意义。

2. 会议产业的特征

会议产业就其本质而言是一个传递信息的枢纽，起着上传下达、科技推广、交流信息等作用。它的主要参与者不是行政指派的，而是来自市场。吸引人们参加的唯一原因是会议符合参加者自身的需求。会议产业作为现代服务业

的组成部分,具有如下特征:

(1) 与各产业具有较强的关联度。

会议产业紧密联系交通、宾馆、餐饮、商业、旅游、展览等产业,最终为客户在异地提供一体化的信息沟通、思想交流的平台。

(2) 对于举办城市而言具有外部性。

会议产业的发展具有扩大城市影响、提高知名度的作用。一个地区能多次举办国际会议,象征着地区经济、政治、文化、科技等诸多方面的雄厚实力。同样,召开国际会议的多少也是衡量一个城市是否符合国际大都市要求的标志之一。

(3) 受外部环境影响较大。

会议产业属于比较敏感的行业,社会、政治、经济、军事、自然等外部环境的变化都会给会议产业带来巨大影响。当经济不景气时,会议产业容易受到重创,各协会活动经费减少,公司财务紧张会导致会议需求减少。国际恐怖袭击、地区政局动荡及传染性疾病蔓延也会对会议产生直接的负面影响。

(二) 会议产业链的定义

会议产业链是指以会议产品为核心,以为会议活动提供策划、组织、实施服务的相关利益企业为主体,整合产业链上下游资源,形成合作共赢的组织关系。

(三) 会议产业链的构成

从宏观上说,会议产业是会议市场中相关经济活动的集中体现;而从微观上看,会议市场中的经济活动则表现为产业链上中下游成员之间的业务合作。会议产业链由"购买者""中介机构""提供者"和"其他相关组织"构成。其中,"购买者"是会议产业链的上游,即会议这类经济活动的发起方,没有它们举办会议,就没有会议市场,也不会有会议产业。"中介机构"是会议产业链的中游,即那些以全球或者全国作为服务范围的专业会议公司。它们是会议产业发展中的中坚力量,积极、活跃、创新力十足,可以说是居于会议市场发展的潮头。"提供者"是会议产业链的下游,是以举办地为基础的会议服务系统。之所以把"举办地会议服务相关机构的集合体"称为"系统",是因为会议组织者需要举办地相关服务方是一个有机体,能够协调一致,高效地为自己提供服务。

此外,会议产业中还涉及新闻媒体机构、培训机构等其他相关组织。购买者、中介机构和提供者又时时需要其他相关组织的支持和合作。具体来说，会议产业的产业链由以下各部分组成（见图5-1）。

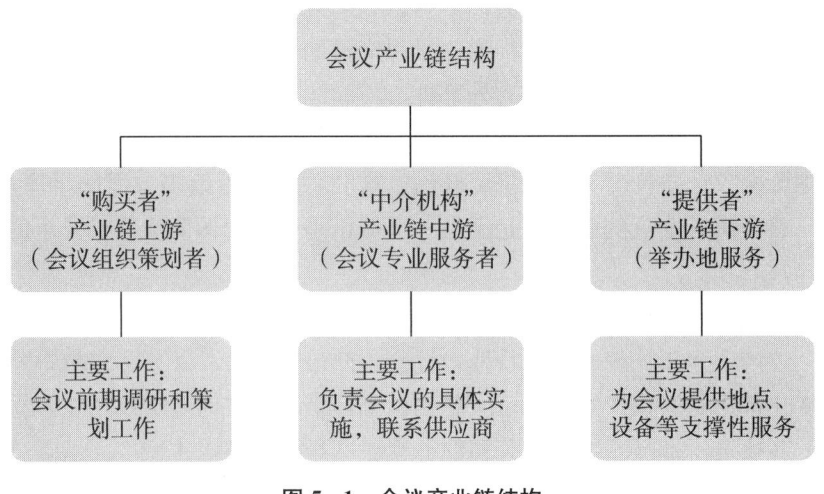

```
                    会议产业链结构
           ┌───────────┼───────────┐
        "购买者"      "中介机构"     "提供者"
        产业链上游    产业链中游     产业链下游
       （会议组织策划者）（会议专业服务者）（举办地服务）
           │            │            │
        主要工作：     主要工作：    主要工作：
       会议前期调研和策  负责会议的具体实  为会议提供地点、
       划工作         施，联系供应商  设备等支撑性服务
```

图5-1　会议产业链结构

1. 购买者

购买者是指会议的组织者和策划者，分为"公司类购买者""协会类购买者"和"公共部门类购买者"。

（1）公司类购买者指为公司性组织而工作的会议组织者。公司性组织则是指主要以营利为目的从而为了对其所有人提供财政收益而兴办的组织。其所有人可以是家族式企业的所有人，也可以是大的上市公司的股东，可以是制造公司，也可以是服务公司。专门设立会议或活动管理部门的公司为数甚少，大多数公司把主办会议的工作转交给代理机构去做。

会议的决策（针对选址、预算、活动的规模、演讲人、会议的策划程序内容等）由公司类的会议组织者、部门经理或总经理，或者一组顾问人员负责。决策过程直截了当，动作快捷。公司类活动有诸多不同的类型，规模也各不相同。公司的活动分为内部活动和外部活动。内部活动的与会者都是公司的员工，如销售会议、管理大会、全体员工会议等。而外部活动则是客户关系管理战略的重要组成部分，公司想通过这种形式与他们的重要客户建立一种长久的关系。

（2）协会类购买者是指一些非营利性组织，为其会员和规模较大的社团提供服务。这其中包括专业类或贸易类协会和机构、志愿者协会和学会、慈善团体、宗教组织、政党、贸易联合会等，范围广泛。

协会的决策过程与公司部门有所不同。许多较大的协会，即使设有组织会议的专职人员及有时设有活动的组织部门，通常也都要由会员选出的管委会决定到哪里召开年会。全国性的协会一般有遵循的模式或者选择轮流主办他们的主要年会。由于协会类会议规模较大，所以常常要在专门的会议中心或会展中心召开。

（3）公共部门类购买者与协会类购买者非常相似。如地方政府和市政府、中央政府的各个部门、教育团体及医疗卫生服务机构等。这些组织都是非营利性的，可以使用公共资金。即便如此，仍有一种明显的趋势，即这些公共部门的组织都订购较高标准的设施。

2. 中介机构

会议产业"中介机构"包括专业会议组织者、会议生产公司、举办地管理公司、商务旅游代理公司、其他代理公司。

（1）专业会议组织者。

专业会议组织者又称为专业会展组织者。其职能：①研究和推荐地点；②帮助策划会议及相关社会活动项目；③为与会者预订住宿，策划与会议同时举办的展览和展示会；④编制预算和处理会议的全部财务问题。同时一般要向客户组织收取管理费用，主要包括会议选址、预订和联系；与会代表住宿的预订和管理；活动的营销；会议程序的策划、发言人员的选择和情况简介；提供会议的秘书，处理代表的登记事务。

（2）会议生产公司。

这种公司专门操办会议时要为会议配置设备、提供照明和音响系统、展示技术以及特殊效果。他们擅长于视听和通信技术，要求他们的技术适于不同客户的需求。他们还需要有创意和舞台布置技巧，因为会议都必须做专业舞台设计，并应当为与会人员留下难忘的、鼓舞人心的经历。

（3）举办地管理公司。

举办地管理公司是奖励旅游市场中的专业主体，还可以对会议的组织者提供服务，特别是对境外组织会议提供服务。该类公司是一种地方性服务组织，它们根据对举办地的深刻了解和对奖励市场的需求，提供咨询服务、举办有创意的活动和提供合理的模范管理。由于提供的这些服务专业性都很强，所以需要支付相关费用。当某个购买者知道他想在某个特殊举办地组织一次奖励会议时，他就可能购买某个举办地整理公司的服务，让其去寻找地点、预订客房、帮助安排交通工具及计划旅游线路和社会活动项目，甚至提供奖励给获奖人的奖品。专业会议组织者和举办地管理公司的工作之间有明显的重叠。目前，后者常常必须具有前者的某些专门知识。

(4) 商务旅游代理公司。

这是旅游代理的一种形式，但主要是满足商务用户而不是大众的需求。他们的工作主要是预订机票、车票及客房。在国内主要表现为某种旅行社的形式，也表现为虚拟的电子商务服务形式，如携程网等。这些商务旅游代理公司能很专业地得到适当的票价并解决商务人员的出行和住宿问题。

(5) 其他代理公司。

这些公司部分行使为其客户组织会议的职能，但这种工作通常并不是他们的工作重心。这些公司主要有公共关系和广告咨询公司（例如他们组织大会和讨论会、新闻发布会、产品发布会）、管理咨询公司（组织静修会、小型会议、培训活动）、培训公司（举办培训班、激发积极性的团队建设活动）。

3. 提供者

提供者是指从外部租用会议地点、举办地和其他专门服务的部门。在这些提供者中，专门从事会议产业的很少，把会议产业的提供者划分为会议地点、举办地、其他这三种主要类型。

(1) 会议地点。

其主要指饭店（宾馆）、专门的会议中心、大学和其他学术机构、国家或市政会议地点等，如表5-2所示。

表5-2 会议地点

地点	内容
饭店（宾馆）	一般占到了全部会议地点的大约2/3到4/5，这对于公司会议市场尤为重要。主要类型有：城市的中心饭店、距交通设施较近的饭店、国家级宾馆
专门的会议中心	既可以提供住宿也可以不提供住宿，专门用于举办会议时使用，可接纳成百甚至上千人的活动
大学和其他学术机构	主要是一些学术会议，经常会选择在大学等学术机构的会议地点召开，但会议条件往往会受到一定的限制，现在投资建造学术性会议的地点数量也在不断增加
国家或市政会议地点	主要是一些公共部门的会议场馆，比较有专业性

(2) 举办地。

其既可以是一个国家（国家性举办地），也可以是某个国家内的没有明显界限的不连续的区域。每个会议举办地都必须含有一系列有助于吸引会议商务的会议地点、设施、景点、支持服务和适当的基础设施。

(3) 其他提供者。

为了向会议的购买者提供全方位的服务，必须有许多不同组织提供的服务，这些组织包括视听设备承包商，远程通信设备提供者，交通业主，翻译，宴会后发言人、演出者、花饰承办人、展览会和展示会的承办人，开发计算机软件的公司等。

4. 其他相关组织

此外，会议产业中还涉及新闻媒体机构、培训机构等其他相关组织。新闻媒体机构为会议的组织和运作发布信息，宣传造势；而培训机构作为"造血工厂"，为会议产业的各环节提供各种专业人士，从而保证整个产业的长远发展。

（四）会议产业链的效益

会议产业链的效益可分为直接效益和间接效益。

1. 直接效益

会议产业链能够为会议参与方带来直接效益。会议产业被认为是高收入、高盈利、带动力强的环保型朝阳产业。会议产业链的参与者可以从自场租收益、城市交通、航空运输等方面获得直接收益。此外，对于交易会、博览会、产品展示会而言，承办方的广告收入也非常可观。一个地方举办会议，不仅可以带动当地的发展，周边地区也有机会受益。

2. 间接效益

会议产业链具有很强的经济拉动性。会议产业与旅游产业、展览产业一样，同样具有很强的经济拉动作用。会议产业链的辐射范围从酒店餐饮到旅游、广告、设计、装修、调研等各行各业，能够带动服务、交通、旅游、住宿、餐饮等相关产业的发展。此外，不同类型、不同规模的会议对区域经济的拉动系数有所不同，但国内外专家普遍认为，会议产业对经济的拉动作用一般可以达到1：5以上。

二、国际会议行业组织与中国国际会议发展

(一) 重要的国际会议行业组织

1. 国际大会及会议协会

国际大会及会议协会（International Congress and Convention Association，ICCA）成立于1963年，总部设于荷兰阿姆斯特丹，为国际会议业界权威组织之一，代表着全球顶尖展会目的地及供应商。目前共有来自全球近100个国家和地区约1100个政府组织、专门从事国际展会筹办的公司及会展中心加入成为会员。该组织每年针对全球各国家及地区/城市会议统计数目撰写排名报告，成为全球会议产业具有权威和公信力的指标之一，也是专业会议组织者选择理想会议举办地的重要参考数据（见图5-2）。

图 5-2 ICCA

国际大会及会议协会的目标旨在成为国际协会会议行业的全球交流中心和信息中心，为协会成员创造更多竞争优势和商业机会，以期取得更大成果。国际会议策划者可以依靠这个平台为他们的所有活动目标寻找解决方案，如场地选择、技术咨询、运输协助、完整的会议计划或临时管理服务。

2. 国际会议中心协会

国际会议中心协会（the International Association of Congress Centres，AIPC）成立于1958年，总部位于比利时布鲁塞尔，是全世界会展中心管理者的行业协会，致力于为国际会议和会展场所提供优质服务，同时通过研究、教育培训和关系网络为会员单位提高管理水平和服务质量提供支撑。国际会议中

心协会在各类会议行业的组织中拥有举足轻重的地位。这是一个务实的国际组织，代表来自57个国家的会员的利益。该协会尤其关注会展中心的问题、商机和挑战，致力于促进多元化国际会务产业的合作，使组织成员保持与会务行业的密切联系以拓展会员的业务范围。

为了给各会员单位的会展业务创造条件，国际会议中心协会每年在会员单位之间开展各类活动，包括行业研究与分析；准备技术类出版物；推出教育培训和专业发展论坛；维护本行业国际市场；确保会员网络和信息交流通畅；维护绩效标准，包括协会质量标准体系；通过奖励计划鼓励优秀的管理模式，如国际会议中心协会奖和国际会议中心协会创新奖。

3. 国际专业会议组织者协会

国际专业会议组织者协会（The International Association of Professional Congress Organizers，IAPCO）创立于1968年，总部设在英国伦敦，是专业会议组织者领域的一个国际协会，它为专业会议组织者及全球范围内的各类会议组织者服务。截至2023年，已拥有41个国家的117名成员，这些成员为公司或个人。该组织作为一个卓越的标志，已广泛被客户及会议行业认可，是会议组织方面的全球性品牌。组织成员每年组织的会议超过5600次，参会代表约211万，参展面积约55万平方米，对当地经济产生了重大影响，每年同比增加的经济效益达34.3亿欧元。

协会成员致力于在其会员中持续进行质量评估流程。组织的目标及工作内容是：进一步加强对会议组织者这一专业领域的认可；进一步保持国际大会、会议及国家会议或特别活动的组织和管理的高专业水准；开展国际会议领域的理论和实践研究，并对研究成果进行推广；针对专业会议组织者在组织国际会议中面临的各种问题开展研究工作，寻求解决方案；以国际会议的方式与其他有关组织建立和保持有效关系；通过它的培训学院开发出教育培训课程；为专业会议组织者们提供一个平台；鼓励会议主办方向那些具有良好信誉的专业会议组织者寻求协助；为会员提供交流信息和经验的机会。

4. 国际会议专业人士协会

国际会议专业人士协会（Meeting Professionals International，MPI）是全球最大的会议和活动策划协会，成立于1972年，总部设在美国的达拉斯。该组织拥有一个由6万名会议和活动专业人员组成的全球社区，超过17000名参与成员和会议受众人员，在北美，南美，欧洲和亚洲共有90多个分会。作为推动会议活动产业增长的发声者，组织通过各种活动来提供教育、交流及商业洽谈的机会，还以数字和面对面的方式提供相关的教育培训资源。

国际会议专业人士协会的研究工作主要围绕会议业趋势前瞻、会议的商业价值、会议技术的应用等行业热点问题展开调查，推荐关注每季度发布的会议产业展望录，帮助从业者把握全球最新趋势，拓展思路。

5. 专业会议管理协会

专业会议管理协会（Professional Convention Management Association，PCMA）成立于1957年，总部位于美国芝加哥。60余年来，该协会从过去单纯负责医疗保健专业会议发展成为提供各种会议服务的综合性国际组织，在北美、欧洲、中东和亚洲的37个国家拥有超过7000名企业会员以及50000名客户，旨在通过开展调研、教育活动及基于数据的决策来推动创新，提升专业会议管理的价值。

该组织是全球知名的协会经理人、企业会议与活动策划者及会议活动策划管理企业的合作交流平台，其高质量的专业会议管理教育培训在业内有较好的口碑，特别是会议专家认证、协会销售执行官认证等职业认证培训项目在业内具有相当的知名度。其网站拥有大量多媒体的教育性内容，更新速度快，涉猎广泛，极具创新性思维。

6. 国际展览与项目协会

国际展览与项目协会（International Association of Exhibitions and Events，IAEE）成立于1928年，总部设于美国达拉斯，是全球会展行业协会的领军组织。目前该协会代表着来自全球逾50个国家和地区约12000名会展业从业者及提供相关业务支援的专业人士。其中，超过50%的成员直接参与展览和买家/卖家活动的计划、管理和执行。该组织重视会员在公司规模、产品和地理区域方面的多样性。会员资格能够享受到专业的行业资源、更多的服务合作伙伴、政府和媒体前的宣传等。

国际展览与项目协会旨在全球范围内推广会议展览活动的独特价值，为促成合作为各方提供渠道和资源。

（二）中国国际会议的发展历程与现状

1. 中国举办国际会议的发展历程

与西方发达国家相比，我国国际会议起步比较晚。中国举办国际会议的历程分为三个阶段，中国国际会议发展自新中国成立后开始起步，改革开放后逐渐趋于稳定，21世纪初中国加入WTO之后进入快速增长阶段。随着中国全球化进程的持续深入，中国会议的国际化程度将不断提高，这其中既包括本土企业、协会等举办的会议，也包括国际组织、国际协会、国际企业等来华举办的国际会议及活动。

(1) 第一阶段：1949—1989年，起步阶段。

新中国成立后举办的第一个国际会议是1949年11月16日召开的"世界工联亚洲澳洲工会代表会议"；举办的第一个学术会议是1964年8月在北京举办的"北京科学研讨会"，有来自亚洲、非洲、拉丁美洲、大洋洲的44个国家和地区的三百多名科学家参加。总体而言，1949—1978年之间国内会议基本以政府会议和事业单位会议为主，国际会议很少，因为当时的政治环境和经济环境使外部交流较少。自1978年改革开放后，企业会议和活动开始频繁出现，政府开始放开对国际学术会议的管制，国际会议缓慢起步。但受限于会议硬件设施、交通和专业人员的匮乏，该阶段的国际会议整体水平还很落后。

(2) 第二阶段：1990—2007年，稳定发展阶段。

随着社会主义市场经济路线的确立，改革开放进一步扩大，我国经济快速发展，国际地位也不断提升，2001年我国加入WTO，国际会议开始大量进入中国。尤其是1990年北京亚运会的成功举办和2001年亚太经合组织会议（APEC）在上海举行，让更多国际友人加深了对中国的了解。

(3) 第三阶段：2008年至今，快速增长阶段。

国民经济的持续、快速发展和国际影响力的不断提高，促进了国际会议的持续、蓬勃发展，特别是2008年北京奥运会、2010年上海世界博览会、2016年二十国集团领导人第十一次峰会举办之后，中国会议业呈现出欣欣向荣的态势，国际会议的数量、产值、从业人员服务技能和组织水平都得到了提高。

2. 中国举办国际会议的现状

据国际大会及会议协会统计，中国2019年国际会议数量排名全球第七，亚洲第一。一年内共举办了539场国际会议，比2018年增加37场，增长7.4%。从2010年至2019年，亚洲及大洋洲举办国际会议27743场，而中国共计举办会议4635场，占总数约16.7%，显示出中国仍然是亚太地区最主要的国际会议举的地之一。从城市来看，中国有四座城市位于2019年国际会议数量排行榜前十位。其中中国台北以101场国际会议位列第五，北京与香港均举办91场，并列第七，上海则以87场会议排第十位。值得注意的是从2010—2019年这十年的数据来看，北京共举办1228场国际会议，在亚太地区排在第三位，仅次于新加坡的1543场和首尔的1343场；而中国的另一座城市上海则以847场位列第七。这充分说明中国的会议城市在这十年中经历这快速的发展，并逐渐受到国际会议主办方的欢迎。[①]

从国内的会议城市来看，2019年举办国际会议数量超过十场的目的地有13个，如图5-3所示。北京仍然以91场国际会议位列第一，上海则以87场紧随其后，杭州以38场国际会议位列第三，成都以33场国际会议位列第四，西安以30场国际会议位列第五，南京、深圳、广州、厦门、武汉、大连、苏州、青岛分列第六至第十三（分别举办28、25、17、17、13、12、12、10场国际会议）。

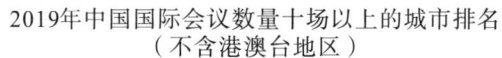

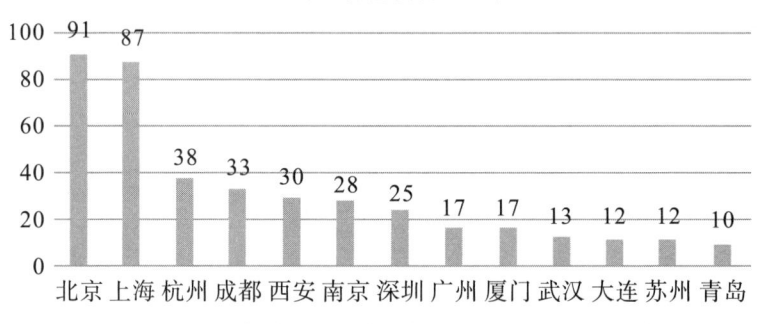

图5-3　2019年中国国际会议数量十场以上的城市排名

（三）中国举办国际会议的需求

1. 提升城市美誉度

国际会议本身就自带光环，如果再加上参加国际会议的知名人士、知名机构及会议上发生的重要事件等，国际会议简直就像一个上足了发条的传播机器，举办城市跟这些重要会议联系紧密，可得到巨大影响力。在国际会议发展史中，人们可以看到许多因国际会议而一夜成名的案例。这类故事在当今中国更为津津乐道，主要是因为当前我国大多数城市还处于成长阶段，城市及其与其他地区之间的关系还没有稳定下来，这时候国际会议对于城市形象的塑造作用就显得尤为巨大。

2. 拉动举办地消费

国际会议对于城市消费的拉动是不可低估的。从旅游角度看，国际会议的

[①] ICCA. 2019年国际会议总量创新高［EB/OL］.［2020-05-18］. https://www.cces2006.org/index.php/Home/index/deta.r/id/13662.

特点主要有：一是消费层次高。总体而言，国际会议的消费处于会议市场的中高端位置，有"会议中心+五星级酒店+高端餐饮+专业服务"等模式。二是会期消费时间长。国际会议的会期一般在3~5天，如果再加上会前会后的考察旅游，很多参会者都会在目的地停留一周左右。三是延伸消费多。统计显示，除了会议相关的消费之外，参会者在目的地的交通、购物、娱乐、旅游等方面的消费，要比普通旅游者要高出很多倍。四是与国内会议相比，国际会议的平均参会人数更多。发达国家城市引进国际会议的主要目的之一，就是拉动消费。而我国城市把国际会议消费对于举办地的价值放在了相对次要的位置，原因主要有两个：一是其他因素目前显得更重要，比如提升城市影响力、推动产业发展等；二是来到二线及以下城市的国际会议数量比较少，平均规模也不够大，在旅游消费中的占比很低。

3. 推动优势产业发展

虽然并不是所有国际会议都能够在产业发展方面为举办地带来很大价值，但国际会议与目的地发展相结合的思路则是值得推崇的。国际会议与举办地的产业及学科发展相结合，不仅对于我国举办城市有益，对于国际会议也是一件好事，包括给组织者带来更多收入，给参与者带来更加丰富的内容和更多的交流实践机会等。

（四）中国举办国际会议面临的障碍

争取更多国际会议来到本地，一直是国际知名城市普遍努力的目标。与发达国家的知名城市相比，包括北京和上海在内的中国城市作为后来者，在争取国际会议方面虽然拥有一些优势，但挑战更大。当前中国城市举办国际会议面临的障碍还很多。

1. 国际协会中的中国力量有限

国际协会类机构主导权基本上都掌握在西方人手里，中国会员的数量虽然在不断增长，甚至在有些国际协会中，中国专家已进入决策层，但中国在国际协会中的被动局面在短期内很难有大的改观。

2. 申办国际会议的积极性不高

中国协会类机构在申办国际会议方面不够积极。由于运营管理体制等方面的原因，很多中国的学会、协会等机构不愿意申办国际会议，城市的相关服务机构也发挥不了作用。

3. 对国际会议的理解不足

许多中国城市的会议组织者缺乏对国际会议的科学理解而抓不住国际会议申办当中的痛点,过于重视会议组织实施而轻视会议申请流程工作。从表面上看,很多城市都特别欢迎国际会议,也愿意提供相应的资金支持,但资金支持基本上都体现在会议落地的过程中,而不在前期申办。国际会议前期申办是需要一定资金的,加之申办还有失败的可能,所以很多中国的学会、协会都不愿意前期投入。没人愿意做前期投入,中国成功申办国际会议的机会更会大幅减少。

4. 举办国际会议的产业基础还不够

我国目前的会议产业基础水平还不够,主要体现在以下几个方面。一是会议产业的经济总量不高。一般而言,一个国家会议产业的经济总量与其 GDP 总额密切相关的,而且经济越发达,会议产业占国民经济的份额就越高。根据美国活动产业理事会的统计,美国会议产业的年度花费总额在 2016 年就达到了 3250 亿美元,占该年度美国 GDP 总额的 1.8% 左右[1]。虽然我们国家没有这方面的统计,但估计这个比例也就是美国的一半左右。因此,我国还需加大会议产业的投入。二是专业会议公司与国外还有差距。由于各种原因,我国专业会议公司,包括会议、会展、奖励旅游、活动等,整合程度不是很高,与行业内国际知名企业相比还有一定距离。三是目的地的体系化进程缓慢。由于政府管理模式等,我国目的地运营管理的体系化程度不高,运作的效率也有待于提升。这种状况不仅有碍于会议项目运作,对于会议、展览与奖励旅游产业的发展也是有害的。

(五)中国举办国际会议的思路与建议

长期以来,国际知名城市作为会议举办地,在运行管理方面积累了丰富的经验,竞争力明显占优。而中国城市作为会议举办地由于各种原因,很多方面都不够完善,总体竞争力水平相对较弱。那么,中国城市要想在这场竞争中取得最后胜利,只是喊几句口号是不能解决问题的,理清思路,找到恰当的对策,才是正确选择。

---

[1] 王青道. 青道观点:会议产业综述(下)——中国会议产业的发展趋势 [EB/OL]. [2020-06-16]. http://www.hweelink.com/articles/1778.html.

1. 区分"引进几个重要国际会议"与"创建国际会议城市"的差异

当下,我国很多城市为了竞争和发展的需要,纷纷提出了"创建国际会展之都""国际会议城市"之类的发展目标,而且大部分城市还为此设立了扶持资金。可是几年下来,很多人发现这样做的效果并不好。这种情况在国际大会及会议协会国际会议城市排名上表现得最明显——没有哪几个城市是因为使用了激励政策而让国际会议排名不断上升。出现这种情况的主要原因是混淆了两个概念,认为"引进几个重要国际会议"就等于"创建国际会议城市"。实际上这是两个有关联但并不相同的事情。一个城市可以举全市之力,每年举办一两个重要会议,而且效果很好,可要创建真正意义上的"国际会议城市"就不那么简单了。经济学有个概念,叫作"脱离成本,不谈质量"。不计成本地把一两个会议做好,最多具有一些宣传意义,对于那些必须要解决很多实际问题的市场上的会议产品来说,意义并不大。会议举办地建设是一个长期细致的系统工程,仅仅只完成好一个会议项目是远远不够的,要建设国际会议城市就要求我们用科学的态度把会议组织者、参会者关心的问题解决掉。

2. 科学理解会议设施问题

对于会议设施的建设容易存在两方面误区:一是把会议展览设施等同于会议举办地点建设,认为有了设施,就有了一切;二是只关注设施本身,建好了就完了,至于功能如何、体验如何,并不深入思考。这两种情况在国内很普遍——很多设施看起来很漂亮,面积也很大,可内部功能设计有缺陷,配套也不完整。我们知道,办好一个会议不仅需要功能齐全的会议展览设施,还得需要一系列配套设施,包括市政交通、酒店、商业、休闲娱乐等。

3. 城市服务水平的提升并不等于直接投钱

很多城市在引进国际会议方面,几乎把激励政策当成了唯一的服务手段,好像给了钱,相关配套建设的任务就完成了。对于大多数国际国内会议组织者而言,奖励资金诚然重要,但绝非唯一因素。很多时候,对于会议组织者而言,政府在协调、保障等方面的服务会显得更加重要。

4. 举办国际会议必须做好产业基础工作

根据国际知名城市的经验,我国可以从以下三方面提升会议产业基础。

(1) 资源整合。

相对而言,一个城市内部的会议产业资源是很分散的,需要将其整合起来,才能有效发挥作用。这些资源包括政府资源、场地资源、专业服务资源、周边服务资源、商务服务资源、文化与旅游服务资源等。整合的方式可以有成立会议局之类的政府机构，成立行业协会或者联盟性机构等。

（2）城市营销。

中国城市这么多，每一个城市都有自己的特点，你不去会议市场上营销自己，谁会把你列为首选？如果说国内会议市场营销是有必要的，那么国际会议市场就更有必要了。因为国际会议城市数量更多，而且大部分中国城市在国际上的知名度很低，面临的竞争更激烈。会议市场营销的方式有很多，包括国际国内会议行业活动营销、在线会议采购平台营销以及组织买家考察活动等。

（3）专业培训。

国际会议的接待与服务是一项专业性很强的工作，不经过系统性培训和长时间的实践，很难把这项工作做好。因此，对于大多数城市尤其是二线以下城市来说，组织各种类型的专业培训活动就显得十分重要。

从全球会议产业发展情况看，中国还处于发展初期，所以在引进国际会议、发展会议产业当中出现这样或那样的问题比较正常。然而随着社会经济的进步和国际化程度的不断提高，中国会议产业也需要进步和完善。在这种情况下，只有那些及时认识到自己的局限性且奋起直追者，才有可能在会议产业发展的格局中占据有利位置。

三、虚拟会议

如今，会议技术以前所未有的速度向前发展，不断推陈出新。对会议组织者来说，了解并跟上技术发展的脚步是一项需要长期的工作。充分利用这些新技术带来的各种机会是在市场中保持竞争力的重要手段，有助于降低成本，增加新的收入来源、提高会议的效率和效果、增强参会者体验、延长会议的生命周期和影响力。虚拟会议就是前沿技术之一。

（一）虚拟会议的定义与形式

1. 虚拟会议的定义

虚拟会议是通过现代通信技术以虚拟面对面场景而举办的会议。与现实中的面对面会议相比，虚拟会议的要素并没有发生根本性的变化，只是会议地点是虚拟的。此类会议成本低、效率高，大家只需要在各自的办公或生活空间，通过通信连线即可开展会议研讨活动。

2. 虚拟会议的形式

虚拟会议的形式包括电话会议和视频会议，而视频会议是当前最受欢迎的形式。

(1) 电话会议。

电话会议是通过电话这个载体来进行会议，是最简单和经济实惠的会议形式。其优点是可以迅速做出决策，能让参会者更快地处理客户需求；经济实惠，只需要很少甚至不需要资本的投入。其缺点是无法进行视觉交流，也看不到对方的表情和身体语言，过程较为枯燥，容易分散注意力；有些人可能不适应电话交流，在面对面的环境下沟通更为顺畅。

(2) 视频会议。

视频会议是一种互动式的会议方式，能让两个或更多地方的人通过双向的视频和音频同时传送实现沟通。视频会议最早出现在 20 世纪 80 年代，但当时限于成本高、技术不成熟、兼容性不高、画面质量差等原因，并没有被广泛使用。但在过去几十年里，互联网技术获得巨大的进步，该种方式成本也大幅下降。视频会议克服了电话会议的缺点，可以即时与参会人进行视觉交流。在开会的同时，参会者可以将自己准备的课件、图片和视频通过互动式的屏幕展示出来，所有参会者都可以共享自己的电脑桌面，积极贡献内容和添加评论。

（二）虚拟会议的注意事项

举办虚拟会议所需的方法与现场会议有很大不同。会议的组织者需要弄清楚如何主持会议讨论，确保发言人都有发言机会并让听众认真倾听，并保证所有听众都具备参加会议的适当条件。如果会议组织者遵循一些基本的步骤，那么举办在线会议就可以像现场会议一样容易。以下五个提示可以虚拟会议的召开十分精彩。

1. 制订参加会议的计划

如果没有提前安排，虚拟会议可能会很快失控，因此，需要尽早发出议程，并提前五分钟签到，以确保一切顺利进行。即使会议组织者将每个人都设置在同一在线平台上，也会出现技术故障，因为无法控制参会人员的 Wi-Fi 连接及他们设备上的软件错误或硬件故障。提前制订计划并建立最佳实践方案可以使组织者尽量避免会议期间在 IT 方面的困扰。

提前确定由谁负责解决部署问题，解决网络连接问题，进行会议记录并分发会议记录。组织者还应该决定是否需要让与会人员设置静音，由谁主持会议，哪些与会人员需要屏幕共享及听众如何提问。对于举办小型会议来说，这些问题可能没有那么紧迫，其压力也较小，但对于大型会议来说，最好制定指导方针，让每个人都知道自己的角色及工作内容等。

2. 确保每个人都被听到

区别于传统会议形式，某些特性在虚拟会议中会更加突出，这是因为虚拟会议与现场会议的参会状态不同。有些人可能会发现，虚拟会议很难知道何时加入，特别是当人们开始辩论或讨论一个热门的话题时。因此，会议的组织者可能会发现自己在虚拟会议中扮演"裁判"角色，需要知道什么时候让人们讨论一个话题，什么时候让他们退出，甚至可以使用静音按钮来控制虚拟会议房间，然后进行交流、调整，让每个人都有机会表达自己的意见或想法。

组织者可以使用网上协作工具来帮助参会者以其他方式表达自己的观点——无论是通过发表评论、发送消息给主持人还是向聊天室发送信息，使用户可以与任何一名团队成员通话、留言和聊天及成员与其同事共享问题和想法，并可以进行实时协作，尤其是在会议期间。

3. 利用虚拟会议工具

虚拟会议的一个主要优点是可以轻松地记录会议。由于举办虚拟会议，组织者发现录制会议比以往任何时候都容易。在以往的现场会议中，必须有人在会议现场拍摄，未参会者才能从这些录制的会议中获得内容。现在，它几乎是完全自动化的。例如，在会议期间，将会议分成六个不同的小组，能够立即发出邀请，并在之前进行10~15分钟的旁听。组织者可以提前探索虚拟会议工具中可用的所有功能，以查看是否有可以实现自动化的流程，这些流程以前可以人工执行，并且可以使协作功能为会议带来更高的生产力。

4. 如果要召开非常规会议需要发挥创意

如果企业举行非传统会议，则可能需要一些创造性的思考才能完全在线。例如，如何在线召开大型会议，通过使用相关会议软件决定利用验证等功能，通过允许主持人验证每个参与者，帮助保持会议的组织性和安全性。

另一个挑战是确保参与者积极参加会议，仍然像现场参会一样发表评论或提出问题。可以告诉他们在特定的日期和时间范围内参会。一旦会议开始，其团队就有一份希望参加会议的人员名单，然后允许他们依次进入会议。对于无法开会或发生日程安排冲突的员工或参会者，相关软件可以帮助他们在以前无法参加的情况下回续加入讨论。

5. 使用虚拟会议更好地了解团队成员

随着越来越多的企业在全球范围内开展远程工作，员工可以在家里的厨房、客厅和卧室参加虚拟会议。与其将其视为一种干扰，不如将其作为更好地了解团队成员的一种机会。对同事有了更多的了解，而从视频会议的角度来看，虚拟会议就会有更加深刻的评价，并且可以使企业的工作团队更加紧密。

（三）实体会议、虚拟会议还是混合会议

本节要讨论的是虚拟会议是否会最终替代面对面的实体会议，抑或是混合型会议将成为会议未来发展的方向，分析虚拟会议和实体会议各自的优劣势。

1. 实体会议的优劣

实体会议有两点重要的优势。一是实体会议的体验感更强。当在与人面对面或亲身看他们在台上演讲时，会本能地注意到许多细节，这是网络会议无法传递出来的。在与参会者进行眼神交流、亲耳听取他们的问题时，会议报告人可以不断地对报告进行调整，吸引观众的注意力进而提升交流效果。二是实体会议更易建立人际关系。在现实的会议中，人们可以通过会上报告和会间茶歇进行交流思想或拓展社交。与虚拟会议相比，其劣势在于成本较高，若举行大型国际会议则需要考虑会议室场租、音视频设备租赁、国际参会者的吃住行、会议组织管理营销等方面的开销等。

2. 虚拟会议的优劣

虚拟会议的优势首先在于其更有成本优势，与实体会议相比，虚拟会议不仅可节省人员差旅住宿的费用，还可免去会议设施的购买和维护的高额费用，大大简化了会议流程，控制了成本。其次，虚拟会议的组织更便捷。虚拟会议的召开仅需要有互联网连接的计算机或移动设备即可。虚拟会议工具几乎可用于所有现实环境，摒弃了传统的硬件要求，让每个人的手机和PC电脑都可以作为终端设备，从世界上任何地方进行连接，随时随地都可以召开会议，参与会议范围也覆盖全球。最后，虚拟会议功能性强。虚拟会议几乎能与所有参与者实时共享各种信息，大多数网络会议软件都有录制和回放功能，以供将来回顾参考和与无法参加实时会话的人共享。与实体会议相比，虚拟会议的劣势在于互动性较差、缺乏生动活泼的现场氛围。虚拟会议的现场感需要再提高。从目前的技术效果来看，虚拟会议的现场感较弱，组织方难以借此开展互动程度较高的活动，比如深度探讨、业务洽谈、商务社交等。虚拟会议在技术上有待进一步的突破。

3. 混合型会议

虚拟会议的确为人们提供了一个很好的选项，可提升工作的效率，降低沟通与协调的成本，发展前景十分可观。可面对面会议的价值就不仅仅是沟通和协调那么简单，很多管理、商务、科研、社交等方面的问题，面对面深入交流才是最好的解决方案。至于那些体验诉求比较强烈的会议，更是虚拟会议不可替代的。面对面会议与虚拟会议二者各有优势，而混合型会议吸收了实体会议和虚拟会议的优点。现代会议既可以采用实体会议或虚拟会议，也可以将二者结合起来。混合型会议就是将虚拟会议的技术与实体会议的体验相结合的一种会议形式，以期创造出最理想的效果。在实际操作中，混合型会议可以采用实时的面对面会议场景，然后加上"虚拟"在线组件，包括使用电子海报、App、网络研讨会、实时流媒体及使用电子/虚拟图书馆来存放线上内容等方式。

首先，在数字化时代，混合型会议可以灵活的选择线上或线下模式，足以应对各种环境，为组织者和参与者提供了前所未有的便利。其次，在保障现场体验感的同时还能享受延时观看等虚拟服务。不过尽管混合型会议有许多好处，但仍面临一些挑战。例如，会议的策划者可能暂时不具备尝试新技术服务的决心和能力，他们可能需要参加培训或寻求外部帮助。此外，虽然 5G 时代，但虚拟音频视频技术的运用还有待推广，稳定性还有待提高，不过相信未来的会议形式将以混合型会议为主。

【引入案例二】

虚拟会议操作案例

会议名称	某学年 2020 年学术学会
时间	2020 年 8 月 22 日、23 日
参会代表	1000 人
形式	线上会议
日程	8 月 22 日：9:00—11:00 全体大会； 　　　　　11:00—12:00 同时举办 5 个分会； 　　　　　12:00—14:00 同时举行 3 个展商卫星会； 　　　　　14:00—17:00 同时举行 5 个分会。 8 月 23 日拟议程同上，每场演讲中间都要有交流互动环节
演讲嘉宾	预计每场大会 4 名讲者，每场分会 5 名讲者，讲者来自中国或国外

续表

壁报	100张壁报
赞助商	30名赞助商,需要线上展览服务

具体操作步骤:

步骤	内容
1. 会议网站的搭建与管理(PC端和移动端同步)	会议网站应包含以下功能:发布大会组委会以及特邀嘉宾信息,学术信息的发布以及更新,会议信息的发布以及更新,一般信息的发布以及更新,联系方式
2. 在线注册与支付(PC端和移动端同步)	在线系统方案应包含以下功能:创建系统账户;查看并修改账户信息;在线提交/查看/修改摘要;在线注册、缴费;在线活动预定/查看/修改;在线支付,包括信用卡、支付宝、微信支付;自动邮件提醒
3. 电子壁报展示	线上壁报展示是将传统会议的壁报展示环节数字化并进行在线展示。在会议期间将壁报发布在会议网站上,参会代表可以在线浏览所有壁报,并在感兴趣的壁报下留言或发表评论
4. 线上展览服务	会议搭建线上展览系统,可实现线上展位展示、企业介绍、企业产品介绍等功能。例如,在页面中点击"相关产品"之后,即可进入该产品的独立页面,让所有参会代表对企业该展示产品进行详细了解。产品介绍可上传图片,文字等多种介绍形式
5. 会中插入广告	除了线上展览外,会中插入赞助商广告片也是主办方增加收入的方式
6. 线上会议现场执行与监督	线上会议进行期间,安排2~3名项目工作人员在会议后台对会议进程进行监督管理。发现问题第一时间告知主办方,随时向主办方汇报问题处理情况,并在必要时提出应急解决方案
7. 宣传海报设计	宣传海报就像一个会议名片,对于会议的宣传推广起着至关重要的作用。海报设计要切合主题,突出会议内容及报告人等信息,还要在海报上明确显示会议的开始时间和结束时间及参加会议的具体方式
8. 会议嘉宾宣传	会议主旨、演讲嘉宾的声誉与参会代表的积极性有直接的关系。因此,演讲嘉宾确认后要在第一时间对外公布和宣传,以吸引更多的参会代表
9. 会议财务管理	无论是线上还是线下,财务管理都是会议服务的重要工作。通常在一个会议项目确定之后,应根据往届会议情况尽快编写本次大会的预算表,为后续工作提供参考

续表

步骤	内容
10. 会议进度管理	在会议筹备期应制定详细的工作进度表,明确各项线上工作的负责人及完成的时间,适时提醒主办方、监督供应商等各方参与人的工作
11. 彩排与现场流程制定	所有的线上会议,都应在会议开始前至少组织一次彩排或应急演习,及时发现问题、解决问题,确保各方明确流程,保障会议顺利进行
12. 演讲嘉宾管理	培训报告人,使其掌握线上演讲技巧;报告人要注意在线报告时应尊重各国国情、民族或宗教信仰,避免发表不正当的言论;为避免报告人在现场出现无法解决的设备状况,可以提前录制视频,必要时切换为录播
13. 线上会议主持人培训	线上会议需要一个好的主持人来把控全局。培训线上会议主持人,保障其对会议日程了然于胸,对于编写好的分镜头脚本有充分的理解并能保证各个步骤能够及时准确,并且有极强的突发情况处理能力
14. 演讲环境设置	从声音、灯光和背景等方面对报告人和主持人的线上环境进行配置: 首先,对于线上会议来说,报告人发出的声音至关重要,因此质量好的麦克风及电脑上的声音输入配置;其次,演讲环境的照明情况也相当重要,应在彩排前提醒报告人选择照明条件好的位置来演讲;最后,建议报告人采用纯色背景,一是可以弥补环境背景不好带来的不足,二是便于加上虚拟背景和后期视频制作需要
15. 数据管理	要掌握会议筹备不同阶段的各类数据(注册数据、论文投稿数据、财务数据、学术演讲视频点击量等)作为决策的支持;做好会议数据分析工作,例如,直播数据多维度分析,会议满意度调查问卷分析等,为今后的会议留下富有价值的参考数据

四、新时代的会议营销

(一) 会议营销的定义

会议营销是营销中的一个重要组成内容。会议营销是一种借助和利用会议,运用营销学的原理、方法,创新性开展营销活动的营销方式或模式。最终目的是通过向消费者提供全方位、多角度的服务以便与消费者建立长久的关系，从而提高消费者的满意度和忠诚度。会议营销亦是会议产业这个新兴产业的重要组成部分。

（二）会议营销的要素

成功的会议营销需要吃透营销的几个关键要素。传统的 4P 要素，指 Produce（产品）、Price（价格）、Promotion（营销）、Place（场地）。也可以将传统的 4P 扩展为 9P，即加上 Packaging（包价）、Planning（策划）、Prospect（目标）、Post－Sale（售后服务）、Person（人）（如表 5-3 所示）。

表 5-3 会议营销的九个要素

要素	说明
Produce（产品）	会议就是一个产品，把会议产品的价值传播给潜在消费者是重要的任务。对会议主办方来说，它意味着能够完成举办会议需求的目的地和场地，涵盖了诸如服务、质量、品牌以及其区别于竞争对手的独特卖点等方面
Price（价格）	包括会议中心/场地的场租或人头费用、酒店的客房费、交通费等；价格的制定必须考虑许多因素，例如预期的未来需求和是否会有季节性的变动；如何达到收益最大化；提升或降低价格对客户造成的心理影响
Promotion（营销）	营销的根本目的是让人充分了解会议的内在价值。与潜在的参会者进行集中的强化沟通，让现有的客户更加了解产品，争取他们的忠诚度才是问题的关键。会议的营销渠道包括网站、展会、宣传册、视频等
Place（场地）	会议场所就是会议举办地点。会议人员把会议举办地点的各种有利因素准确传播出去，包括会议安排的附属活动、当地景点等，要给潜在的参会者以清晰的参会激励。需要与当地的目的地营销组织建立伙伴关系
Packaging（包价）	市场中产品和价格的一种提供方式，可以表现为与旅游景点结合或者由场地和酒店合作提供特别的参会代表包价产品。一些会议中心会对某些类型的会议实施免租金的政策，以吸引更多国际参会代表来本地
Planning（策划）	会议整体策划，一个战略性过程，包括市场调研、竞争评估、确认项目和选择合适的市场战略
Prospect（目标）	所有企业组织开展营销活动的唯一原因和目标。以客户为导向的理念同样适用于会议业，对成功吸引和获得会议业务至关重要
Post－Sale（售报服务）	指在整个会议活动前、中、后为客户提供持续的服务以确保其在销售会议时产生的期望不断被满足和超越。比起不断寻求和吸引新客户来说，维护一个满意的老客户是一种性价比更高的保持和提升市场份额的方式
Person（人）	他们介于产品和客户之间，为客户提供服务，包括会议局职员、场地员工、目的地管理公司、专业会议组织者、酒店和景点员工

(三) 会议营销计划

会议营销的首要任务是制订一个会议营销计划。基于这个计划可以监测措施的实施情况和检验成果,并根据实践经验对未来的营销计划进行调整。营销计划通常包含以下几个部分。

1. 进行市场调研

科学的调研是会议营销的基础。明确营销产品、营销对象,就能以关键的营销信息为基础建立一个基本的思考框架。此外,在起草营销计划之前,营销计划团队应考虑组织的总体使命和现实目标及会议的宏观目标和具体目标。前期所做的预备性工作,能够为后期各项营销工作奠定基础(见表5-4)。

表5-4 市场调研准备

调研方法	问卷调查、实地考察、参会者观察等
调研资料	会议评价表、会员等级注册表、酒店登记表等
调研对象	会议各类参与者、内部和外部利益相关者、以前和潜在的会议参加者、展览商、供应商、发起人及其伙伴等

2. 确立目标市场

编制会议营销计划时,由于会议要满足不同参会者和利益相关者的个性化需求,因此这个群体包括了参会者、展览商、会议供应者、志愿者、发起者、管理层、会议演讲人等,十分广泛,只有透彻理解、把握参会各角色群体对会议的需求,清楚地识别这些群体及其独特性,才能制定更加富有针对性的市场营销计划。

3. SWOT 分析[①]

在编制会议营销计划时,进行 SWOT 分析是必要的一步,可以把通过调研获得的绝大部分内容纳入考虑范围。在进行 SWOT 分析时要把目标参会者群体的细节因素及相关的细分市场情况、市场的规模和份额情况、竞争者及利益相关者的情况都展现出来,更要把通过这些数据细节揭示的组织具有的优势、劣势、机会及威胁都纳入观察视野以共决策参考(如图5-3)。

---

① SWOT 分析:即基于内外部竞争环境和竞争条件下的态势分析,就是将与研究对象密切相关的各种主要内部优势(strengths)、劣势(weaknesses)和外部的机会(opportunities)和威胁(threats)等,通过调查列举出来,并依照矩阵形式排列,然后用系统分析的思想,把各种因素相互匹配起来加以分析,从中得出一系列相应的结论。

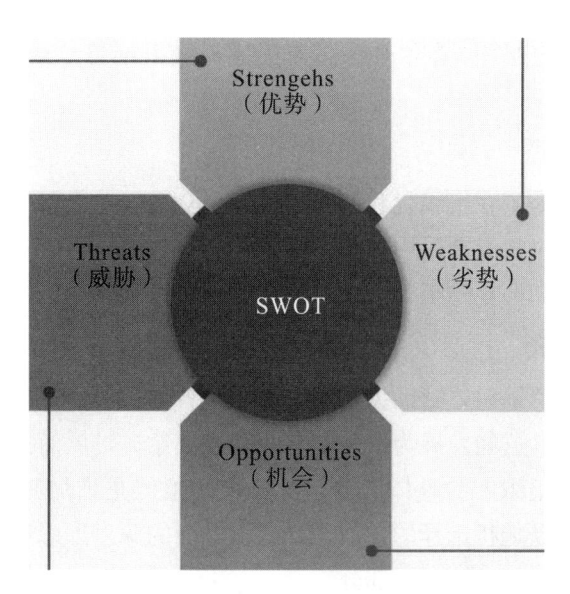

图 5-3　SWOT 分析

4. 预算与评价

营销预算不仅仅是用于营销沟通的成本，如广告、公共关系、直投广告及促销费用，还要包括营销规划的成本和对营销措施的监督成本（如市场调研、追踪及事后评价）。通过可以量化的目标对会议目的进行具体化的表现，能让会议专业人员制定出更加具体可行的市场战略及相关的预算计划，只有能准确地讲明会议的使命宗旨才能让花出去的每一分钱都物尽其用。一个有效的营销计划最后一步就是对营销实际效果进行总结评价。成功的会议组织者要使用相对客观有效的方法进行监测评估，并给会议项目总结评级，如好、较好、一般、差。

（四）会议营销渠道多样化

在会议营销计划中要将现有的各种营销工具进行整合应用。正确的营销组合要建立在调研结果的基础上，结合广告、公共关系、媒体报道和网络营销，以保障目标参会者能方便地接触到营销信息。

1. 广告营销

要通过大众媒体进行精心的录制和传播的具体的宣传资料，这种宣传信息的产品形态就被称为广告。会议广告的功能就是传播、吸引、影响、提醒和留住潜在目标参会。由于其高昂的成本，在对会议进行营销时，传统的广告形式

(如印刷、广播、户外）通常不是优先选择，线上网络广告或许是更合适的手段。

2. 公共关系

公共关系是为了在组织者和他们的目标公众之间建立互利关系而实施的战略沟通过程。会议组织者采用发放宣传资料袋、发布电子版宣传材料等方式，让公众准确地认知会议乃至整个组织的使命、愿景和具体目标。

3. 会议赞助

在进行会议营销时，赞助关系是会议组织者与一些商业或非营利组织之间的一种关系模式，这能发展为一种互利的联盟关系。赞助商提供经济赞助或实物赞助满足会议组织者的整体需要，所要求的报偿是增加其在会议中的曝光度。赞助商也不是随机选择的，而是要有多方面的深谋远虑和规划设计，这是会议营销组合中不可或缺的一部分。

4. 媒体营销

运用媒体工具是对定向市场进行营销信息布局，是通过第三方媒体来实施的，而不是直接和信息终端渠道打交道。媒体的运用包括写新闻稿、让专业的博主在网络上进行宣传推销、举办新闻发布会等。当前，社交媒体已凭借其丰富的内容、便捷的操作和超高性价比成为向大众传播的首要工具。社交媒体对会议项目的生命周期有很大的影响，许多协会围绕会议创建了微信公众号、微博账户来进行会前推广，提高关注度并建立受众圈子。在会议举行过程中，社交媒体可以成为人们分享信息和建立人际网络的工具。会议结束后，社交媒体的宣传交流仍可以继续。

5. 举办地营销

举办地和场地的体验之旅长期以来都是一个重要的营销手段。由于买家的时间有限，组织体验现状之旅关键是通过高度定制来满足个体买家的需要的，并且在内容的安排上进行创新，最大限度地为买家提供人际交流、场地考察和多方体验的机会。从供应商的角度来说，他们希望这样的考察不仅仅只是展示场地和服务，同时也是一次高质量的与买家建立"一对一"联系的机会。他们也希望与买家进行详细沟通并确定其会议业务的真实性。此外，也有虚拟体验之旅的模式，但效果可能不如亲身体验。

6. 网络营销

现如今，广告、公共关系、媒体等营销方式都可以利用互联网在线上实现营销。未来的营销活动会进一步转向线上，会议主办方会利用网站宣传、社交渠道宣传他们的会议，会议服务公司也会抓住一切机会通过网络平台展现它们的工作，以期在这个千变万化的市场环境中被及时关注。这个新兴营销方式浪潮中已经有人注意到了这种方式带来的好处：线上的信息被有影响力的传播者获取、追踪和传播，最终找到目标客户。

7. 整合营销

整合营销是将线上和线下营销手段相结合，围绕一个统一战略目标进行战术组合。整合性营销的目的是把营销传播的各个侧面都调动整合起来，如把广告、促销、公共关系、直接销售等整合成为一股统一的力量，而不是让他们各自为政。当所有的宣传渠道内容都达成一致的风格和声调时，就会让顾客对产品产生较为统一、深刻的印象，会议和会议主办方的核心品牌价值就能得到进一步强化。

专题六　国际会议与目的地城市营销

【教学目标】

1. 掌握国际会议举办对目的地城市的影响。
2. 熟悉大型会议活动与目的地城市的品牌策略。
3. 将国际会议目的地的营销策略运用于实际工作中。

【引入案例一】

G20 峰会在浙江杭州举行

　　2016 年 9 月 4—5 日，第 11 次二十国峰会在浙江杭州举行。二十国集团（G20）是一个国际经济合作论坛，其宗旨是为推动已工业化的发达国家和新兴市场国家之间就实质性问题进行开放及有建设性的讨论和研究，以寻求合作并促进国际金融稳定和经济的持续增长，按照以往惯例，国际货币基金组织与世界银行列席该组织的会议。为保障 G20 领导人第十一次峰会成功举办，8 月 28 日至 9 月 7 日，也就是 G20 峰会前夕及举办期间，由于道路和景区管控及酒店预订的原因，浙江杭州市区（郊县除外）暂时停止接待旅游团队。8 月 14 日，浙江省公安厅发布了《关于对机动车采取临时交通管理措施的通告》，规定从 8 月 28 日 0 时起至 9 月 6 日 24 时止，对浙江省行政区域内道路上行驶的机动车采取临时交通管理措施。在峰会筹备方面，中国从创新增长方式、完善全球经济金融治理、促进国际贸易和投资、推动包容联动式发展等四个重点领域进行了峰会的筹备工作。G20 作为全球经济合作主要平台，对中国来说，是一个机遇。中国是最大的发展中国家，是新兴市场国家的代表，举办 G20 峰会中国可以代表发展中国家发声，借助亚投行等与更多国家进行良性互动，实现与其他国家的共赢。国际峰会落户杭州将拉动当地基础设施建设，带动关联产业发展，促进当地外向型经济发展并提高国际化水平。

专题六　国际会议与目的地城市营销

作为重要的大型国际会议，G20峰会举办对于目的地城市的经济、社会等都会带来怎样的影响？为争取G20峰会的举办，目的地城市应该做何努力？举办过G20峰会的杭州应该如何塑造大型会议活动目的地的品牌？

一、举办国际会议对目的地城市的影响

（一）经济影响

举办国际会议对目的地城市的经济影响主要有三点：带来直接的经济效益、带动城市关联产业发展、增加城市就业和税收收入。当然，举办国际会议也可能"挤占"目的地城市其他投资，造成目的地城市物价上涨、财政负担重、交通拥堵等。

1. 带来直接经济效益

举办国际会议带来的直接经济效益主要表现为会议本身所带来的收入，包括会议费用、场地租金、门票收入等，如被誉为"国际会议之都"的巴黎，每年承办的国际会议多达300个，仅会议一项所创造的收入就达7亿美元。又如，北京奥运会通过转播权出售、现场门票、各级赞助商、标识衍生等途径所产生的直接收益超过20亿美元。国家统计局北京调查总队、北京市统计局国民经济核算处提供的报告显示，在2005—2008年的"奥运投入期"内，北京市GDP的年均增长速度达到11.8%，较"十五"期间提高0.8个百分点。其中2007年受奥运影响GDP的拉动幅度增长最大，达到1.14%；2008年为0.85%。2004—2008年间，奥运会因素共拉动北京GDP增加1055亿元[1]。

2. 带动城市关联产业发展

会议业具有极强的产业关联效应，举办国际会议往往会直接或间接带动交通、旅游、广告、装修、餐饮、航空、通信和酒店等多个行业的发展。国际上公认的会议产业带动的经济收益化比值在1∶9左右。也就是说，会议产业每产生1亿元的直接收入，其所拉动的其他产业收入就将达9亿元，这一数值是其他产业难以达到的，而国际性高端会议的关联产业带动效应甚至会更强。有

---

[1] 高云才. 机会与挑战并存 "奥运经济"两面看[EB/OL]. [2008-08-01]. https://news.sohu.com/20080801/n258520751.shtml.

资料显示，参会的高端商务人士在举办地的消费是普通参会人员的 5 倍。

3. 增加城市就业和税收收入

国际会议的举办将直接刺激旅游、住宿、交通、保险、餐饮、酒店等关联行业的发展，从而带动就业，增加城市税收。据统计，1996 年，德国汉诺威举办的世界博览会，创造了 10 万个就业机会，获得了 145 亿马克的利润以及 45 亿马克的税收。

但是，需要注意的是举办国际会议也会给目的地城市的经济带来一定的消极影响。比如，"挤占"其他投资，加重地方财政负担，且由于短时间内大量人员的涌入，容易产生"蜂聚效应"，引起目的地城市餐饮、住宿、交通等物价水平的上涨。

（二）社会影响

举办国际会议对目的地城市的社会影响也有三点：提升城市知名度和影响力、完善城市基础设施、推动目的地城市国际化进程。

1. 提升城市知名度和影响力

目的地城市举办国际会议活动的同时也是宣传城市，举办国际会议能够促进各种要素、经济资源向城市集聚，从而提升城市知名度。例如，法国首都巴黎，由于平均每年承办 300 多个国际大型会议而享有"国际会议之都"的美誉。亚洲博鳌论坛会址博鳌小镇曾只是海南的一个小渔村，因为有了博鳌论坛，每年都会成为举世瞩目的焦点，会后更成了一个旅游胜地；瑞士小城达沃斯，也因为达沃斯论坛成为世界知名的小镇。"世界互联网大会"永久会址浙江乌镇、APEC 峰会青睐的雁栖小镇等都是因为举办国际会议活动而知名。

2. 完善城市基础设施

举办国际会议需要一定的会议场所，必然对会议基础设施、交通、通信、酒店等配套基础设施提出更高的要求，需要进行投资建设或者改扩建。例如，2000 年，德国汉诺威世博会通过实施"城市花园""世界博览会动物园展示"等项目给萨克森州陆续带来了几十亿欧元的投资，使得州内的交通、通信、旅游、市政等基础设施得到了极大改善。2008 年，北京奥运会期间，政府重点建设了包括奥森公园、首都机场、北京南站在内的 142 个项目，迅速提升了城市建设管理和生态环境水平。2016 年巴西奥运会，巴西政府用于改进交通、环境等永久性基础设施的投入约 246 亿雷亚尔（约 75.71 亿美元）[①]。

3. 推动目的地城市国际化进程

国际会议本身带有广告功能，它能向世界各地的参会者宣传一个国家或地区的经济社会发展实力、文化旅游资源，展示目的地城市的风采和形象。举办国际会议有助于加深政府、国内外团体和商界彼此之间的了解和交流，推动国际间人员的互访和文化的交流，加强各国政府和组织的协作，带动国际通行规则、标准、语言等在各类经济社会交往活动中的规范运用，带动城市管理向国际水准看齐，从而有力推动目的地城市迈向国际化。

（三）其他影响

举办国际会议，不仅能聚集大量的人流、物流，同时国际会议自身也成为信息流的集散地。通过展示、交流、聆听、发问等，人们能够在参会过程中获得比从报纸杂志、新闻网站等提供的更多及时信息，同时促成科学、技术、思想等信息在更大范围普及。例如，2016 年，在第三届世界互联网大会上，特斯拉、阿里巴巴、IBM、百度、华为等公司在大会上首次发布了超级计算、创新制造、和谐生态、安全手机等 15 项世界互联网创新领先科技成果，这有助于参会者了解有关产品和技术发展的最新前沿动态，促进技术交流、科技开发和实现科技成果转让、转化，加速技术、信息的传递和流动，交流和合作。

展台搭建和撤展过程中会产生大量废弃物，如咨询台、展台等搭建材料，同时受利益驱使，参展商为扩大产品宣传，过量分发纸质宣传品，在一定程度上影响区域生态可持续发展。

二、国际会议目的地影响要素与争取策略

（一）影响目的地城市争取国际会议项目的要素

影响目的地相关机构争取国际会议项目的要素主要包括社会经济发展水平、安全性、政府、基础设施、当地会议产业的待能力和服务质量、地理和资源条件等。

---

① 王承云. 会展经济 [M]. 重庆：重庆大学出版社，2018：171.

1. 社会经济发展水平

社会经济发展水平是影响目的地相关机构争取国际会议项目的宏观要素，其对会议目的地竞争力水平的影响至关重要，社会经济发展水平高的地区，其国际会议和国内会议产业的发展基础就更好。一个地区经济社会发展水平高不仅直接影响到相关基础设施的建设、会议产业的收入，而且其本身就构成一种会议产业的吸引要素。例如，北京、上海是诸多央企总部和跨国公司地区总部所在地，这些大企业不但自己在北京、上海举办数量众多的会议，而且也吸引着上下游供应商和合作伙伴在京沪两地举办会议。事实上，许多城市的会议产业发达，首先是本地的会议数量多，本地"生产"会议的企业、社团发达。其次，经济社会发展水平高的地区往往是产业集聚区，会议主办方往往愿意把会议安排在产业聚集、会员集中、潜在参会代表集中的地方，抑或是安排在靠近赞助商或能够提供行业支持，便于安排会后行业参观考察的地区，比如一个地区制造业、电子产业、通信业或者文创产业发达，就会吸引涉及这方面行业的会议。

2. 安全性

社会治安、政权更迭、自然灾害等不安全因素都会导致人们的恐慌和不安。一个大型国际会议的举办意味着来自世界各地的人们聚集到一个目的地城市，吃、住、行、游、购、娱等在几天内都集中在此，其人身安全、财产安全与城市的安全性密切相关。因此，目的地城市的安全与否往往成为会议目的地选择的重要因素。例如，2008年12月，由于泰国局势动荡，为了保障参会人员的安全，第14届东盟峰会被迫推迟至2009年3月举行。

3. 政府

目的地城市的发展离不开相关政府部门的支持。政府机构通过制定有效的产业优惠政策和开展市场营销、设立专业会议促进机构等手段能够极大地提升城市的形象和知名度，吸引更多会议前来举办。例如，政府通过向有意向前来举办国际会议的机构等提供免费咨询、服务、补贴、奖励等措施，往往能够取得立竿见影的效果。

4. 基础设施

对于会议主办方和参会者而言，基础设施包括开会所需的酒店、会议中心、展览中心等会议基础设施，还包括机场、高铁、高速公路、商场等配套设施和市政基础设施。尤其是对交通便捷性的要求更高。首先是指国际航班、国内航班和高铁是否通达，班次是否足够多，对于参展商来说还意味着展台搭建物资和展品的运输车辆是否可以通行无阻地进出。其次，还表现在市内公共交通（如地铁、快轨）的便利性，从机场到会议中心/酒店以及酒店到会议中心的交通便利性。对于国际参会者而言，签证的快捷性也是一个考虑的因素。例如，国际大会及会议协会2011年会选在了波多黎各召开，这对中国的参会者而言，首先需要美国签证，其次需要在洛杉矶、迈阿密等地转机，便捷性就比较差。

5. 当地会议产业的接待能力和服务质量

会议主办方和承办方都是风险厌恶者，他们核心追求都是一个会议项目能顺利实施而不能中途出现任何差错和闪失。且不论一个国际会议要求一个强大的会议公司、极其优秀的相关服务，就是一个200人规模的行业会议也要求当地的会务公司人手充足且富有经验，能找到高质量的舞台搭建、灯光音响设备公司等。一个地方的会议产业服务商是否齐全，提供的会议服务是否符合客户预期，都是客户在决定一个会议举办地时，会慎重考虑的因素。

6. 地理和资源条件

一个地方的历史、文化、自然风光等资源条件以及自然地理环境的质量，包括气候条件的优劣、降雨量的多少等直接影响着会议举办方对会议目的地的选择。景区、演出、美食、赛事、购物、度假、体验活动等同样是参会者和参展商至参会地时愿意尝试的项目。但是，旅游业发达的地方不一定是成功的国际会议目的地，因为如果缺少其他条件，如赖以生存的商务酒店和会议中心等会议基础设施和交通、物流等市政基础设施，也无法吸引国际会议组织者。

当然，影响目的地城市相关机构争取国际会议项目的要素远不止上述内容。为提升目的地城市在获取会议项目、提供优质会议服务等方面的竞争力，根据前述内容，这里从社会经济条件、地理和资源条件、基础设施、政府、会议服务商及人力资源、价格水平六个方面提供一个分析国家/地区或城市会议目的地竞争力的内容体系（见表6-1）。

表6-1 会议目的地竞争力分析内容体系

会议目的地竞争力评价内容体系	社会经济条件	商业市场发展状况		
		安全		
		医疗和卫生条件		
		教育和科研水平		
		社团的活跃性		
		目的地声誉		
	地理和资源条件	文化资源		
		旅游资源		
		地理环境及气候		
	基础设施	会议中心、酒店		
		便捷性	交通设施条件	
			区位条件	地理位置
				与主要客源地的距离
	政府	会议审批管理		
		政府支持	政策、补贴、奖励、培训等	
		政府宣传推广力度		
会议目的地竞争力评价内容体系	会议服务商及人力资源	会议促进局的设置和工作成效		
		专业服务/目的地服务的数量		
		专业服务人员		
	价格水平（成本）	经验值		
		会议中心和酒店		
		交通		
		餐饮		
		搭建和会议设备		
		人员服务费		
		税收		

资料整理来源：刘海莹，许峰. 会议业纵论［M］. 北京：中国商务出版社，2014：247.

(二) 目的地城市争取国际会议项目的策略方案

基于影响目的地城市争取国际会议项目的要素和影响会议目的地竞争力的内容体系，下文从三方面着重阐释目的地城市相关机构争取国际会议项目的策略方案。

1. 充分发挥政府在会议产业中的作用

充分发挥政府在提升配套基础设施现代化水平、设立会议促进局等专业性会议服务组织、出台促进会议产业发展的支持和鼓励政策等方面的职能，对于目的地城市相关机构争取国际会议具有重要作用。

（1）提升会议配套基础设施的基础保障能力。便捷、畅达、现代、智能的立体综合交通体系，稳定、安全的通信服务，良好的购物、饮食、娱乐、旅游体验等都是会议配套基础设施的重要内容。会议目的地政府应当大力提升会议配套基础设施的支撑和保障能力。

（2）设立会议促进局、国际会议竞标服务中心等专业性会议服务组织。通过发挥这些组织在会议宣传、会议目的地推广中的作用，可以提高目的地城市相关机构争取国际会议的成功概率。

（3）出台促进会议产业发展的支持和鼓励性政策。目的地政府通过财税、金融、产业政策等手段，出台税收、补贴、奖励等支持和鼓励会议产业发展的政策，有助于目的地城市相关机构争取到更多国际会议的举办机会。

此外，优美的环境、优良的空气质量、稳定的社会治安等也是目的地政府在会议产业发展中可以发挥作用的领域。

2. 提升会议服务质量和水平

提升目的地城市相关机构的会议服务质量和水平是争取国际会议项目的"硬核"举措。

（1）提升会议基础设施的现代化水平。会议中心、会议厅、展览厅、酒店、餐厅等会议基础设施的支撑能力和服务质量是一流会议接待能力的重要硬件保障。目的地城市相关机构应从人员、硬件、技术等各个方面出发，提升会议基础设施的服务质量。例如，在技术层面，可以将 AI、大数据、物联网等新一代信息技术运用于会议基础设施的改造、新建，以提升参会者的体验。

（2）培养专业的会议服务和管理人员。要想有效地提升目的地城市相关机构的服务质量和水平，必须拥有更多专业的技术服务人员，而这些人才公司在选拔的时候一定要认真筛选，将那些能力更突出、综合素养更高的人员选拔出来；同时对于新晋人员进一步强化培训管理，通过业务培训、技术练兵、国外深造、专家讲座等形式，提升员工的整体竞争力，从而提升相关机构的整体服务水平和竞争力。

（3）完善制度建设，规范会议服务流程。目的地城市相关机构可以通过制定会议管理制度、会议服务流程、开发会议服务信息化管理系统等方式，提升会议服务的规范化、标准化水平。

3. 强化会议目的地城市营销

营销会议目的地城市及相关机构是从提升知名度、辐射力方面助益会议目的地相关机构争取国际会议项目。具体来看，在强化宣传和营销的过程中，主要可以从以下几方面入手。

（1）密切与相关行业、协会、企业、学校等组织的合作。国际会议项目往往依托于相关的国际行业协会、产业以及学校而发展，因此，会议目的地城市相关机构应加强与国际大会与会议协会、国际展览联盟等国际会议行业组织、会议产业链上的专业服务或者目的地服务公司、目的地城市院校等的合作。

（2）实施"国际会议大使计划"。简单来讲，就是邀请本城市可能影响国际会议选择举办地的重要人物，如在本城市工作或本城市籍贯的学术带头人、行业组织负责人，尤其是在国际协会中担任一定职务的专家等，聘请他们担任会议大使，请他们发挥自身在国际相关行业协会中的优势作用，努力将该协会的国际会议吸引到本城市来举办。实施会议大使计划，有助于在境内外会议产业界显示城市在发展国际会议方面的决心，同时让更多国际国内会议产业界的从业者掌握这方面的信息，并在可能的情况下帮助引进更多国际会议。国内实施国际会议大使计划比较专业的城市是上海、北京和杭州，它们积累了很多相关成功经验。

（3）整合资源，建立统一的会展宣传平台，加强会议目的地城市整体形象的宣传和营销。制作会议专题宣传片和宣传手册，在目的地城市主流媒体上开设会议专刊专栏，开展目的地城市会议形象识别标志的宣传推广工作。充分利用经贸、文化、旅游、体育等对外交流渠道，在会议产业发达国家或地区开展专题推介。

【引入案例二】

杭州：十大举措开辟国际会议"新蓝海"

近年来，杭州市聚焦国际会议引进，为推进国际会议目的地建设，通过构建机制、聘任大使、强化营销、提升服务等十项举措，组合出拳、精准施策、持续发力，国际会议引进成效彰显，开辟了国际会议"新蓝海"。

1. 加强与国际行业组织合作

保持与全球最佳会议城市联盟（Best Cities Global Alliance）、国际大会与会议协会等国际会议行业组织的紧密联系，寻求合作。如与世界旅游组织合作制定杭州会奖发展策略，明确杭州在国际会奖目的地中的定位；发挥已落户杭州的世界旅游联盟总部、国际标准化会议基地等机构的积极作用。

2. 塑造会议目的地鲜明 IP

2016 年发布全新的会奖品牌——"峰会杭州"，成为全国首个发布会议目的地品牌的城市。2018 年，杭州深入挖掘城市优势产业与会议产业之间的关联，提出"新经济会议目的地"这一品牌特质，塑造了鲜明的会奖 IP。

3. 实施杭州会议大使计划

发掘各行业领军人物，聘任 9 批 58 位杭州会议大使，覆盖医学、理学、工学、管理学、法学、历史学六大学科领域，先后为杭州引进百余个国际性、全国性、地区性学术会议，成为杭州会奖旅游跨界融合的创新案例。

4. 激发学术科研引进国际会议新引擎

杭州学术氛围浓厚，行业人才充沛，科研实力雄厚。浙江大学、西湖大学、阿里达摩院等高校和科研机构汇聚了大量高端人才，储备了充沛科研资源。在此优势下，这些学术科研带头人领衔组织的众多高端学术交流会议纷纷落地杭州，生物医药、电子技术、标准化成为来杭国际学术会议的三大领域，学术科研成为杭州争取高端国际会议的重大引擎。

5. 释放国际标准化会议基地集聚效应

2017 年，国际标准化组织（ISO）发起，在杭州建设全球首个"国际标准化会议"基地。自基地成立以来，通过进一步发掘国际标准化对地区产业开拓全球市场的重要价值，挖掘各个行业中有利于城市国际化的元素,引进了数十个热门产业的41个标准化国际会议落户杭州。

6. 成立国际会议竞标服务中心

瞄准国际协会会议市场,联合杭州会议大使、航空公司及会议产业相关企业,组成杭州国际会议竞标服务中心,开展制订竞标计划、开展竞标培训、协调竞标支持、提供竞标服务等行动。

7. 推出十三项竞标国际会议举措

针对国际会议的竞标和落地,推出十三项竞标国际会议服务举措,包括参与竞会标书设计制作、竞会经费补助、提供城市宣传品、协调安排主办方来杭考察事宜等,支持杭州会议大使、专业会议组织者竞标国际会议。

8. 开展会议目的地精准营销

策划实施"领创未来会议""会在风景中"等一系列公关营销活动,创新实施会议产业与新经济产业跨领域合作,驱动新经济领域的国际会议落户杭州,并积极亮相 IMEX、EIBTM、IBTM CHINA、IT&CM 等国内外专业会奖展会,树立国际会议目的地专业形象。

9. 提升目的地会议服务水平

实施三届 MICE 英才计划,邀请国内外名师为杭州培养高素质从业人才。出台《会议服务机构管理和服务规范》和《奖励旅游服务和管理规范》两部地方标准,认证17家达标会议服务机构和5家会议服务示范机构,提升本地企业国际化服务水平。

10. 构建媒体宣传推广矩阵

与 Headquarters、Boardroom、CEI、Business Traveller 等会奖媒体合作宣传,巧妙运用领英(Linkedin)、杭州会奖旅游网、会奖官方微信、会奖官方微博、会奖电子期刊等方式进行整合宣传推广,扩大影响力。

据统计,2019年杭州共举办了38个符合国际大会及会议协会标准的国际会议,较上一年度增加了10个会议;在全球5214个城市排名中位居第74,较上一年提升了23位;在亚太870个城市排名中位居第17,较上一年提升了4位;在中国大陆城市排名一直保持第三。

资料整理来源:杭州市文广旅游局. 创新活力之城 杭州:十大举措开辟国际会议"新蓝海"[EB/OL].[2020-05-15]. https://wgly.hangzhou.gov.cn/art/2020/5/15/art_1693184_49645061.html.

三、大型会议活动及目的地城市品牌塑造

(一) 大型会议活动与城市品牌塑造的关系

城市品牌是城市个性化的沉淀，是在竞争激烈的会议市场中引起的顾客偏好的重要识别特征，是城市在长期的经营或服务过程中形成的无形资产，是一种系统合力的体现。品牌的核心内涵是这座城市要传递给公众的核心价值或理念，会展经济与城市品牌联动的效应就是一座城市在推广自身城市形象的过程中有效地利用会展活动这一媒介，有战略、有步骤地传递给社会大众它的价值与理念。

大型会议活动与城市品牌塑造之间是一种相互促进、相互影响的关系。大型会议活动是城市品牌塑造的重要方式和内容，城市品牌塑造也有助于强化对举办大型会议活动的支持和保障。

1. 大型会议活动对目的地品牌塑造的影响

一方面，大型会议活动是目的地品牌塑造的重要方式。大型会议活动的举办对目的地城市的经济增长、关联产业发展、就业、税收、城市基础设施完善、城市知名度与影响力提升等方面具有十分重要的作用。对于目的地城市品牌的塑造而言，借助举办一些有规模、上档次的专业会议或行业会议，既可以深度挖掘城市的历史、文化与精神内涵，使其作为特色元素呈现在与会嘉宾面前；也可以聚拢人气、增加关注度，提升整座城市在专业领域或行业领域的影响力，为城市增添新的发展动力。与此同时，运用这些可以体现城市品牌的重要元素，对所选择的特色会场进行有针对性的设计，还可以让城市特色元素短时间、集中性地形成视觉与情感冲击，对传播城市品牌起到立竿见影的效果。

例如，达沃斯位于瑞士东南部格里松斯地区。这个小镇举世闻名，倒不全是因为它是个滑雪胜地，而是因为一年一度的世界经济论坛在这里举行。达沃斯论坛是以研究和探讨世界经济领域存在的问题、促进国际经济合作与交流为宗旨的非官方国际性机构。通常在每年年初，世界经济论坛都要在这里召开年会，因此世界经济论坛也被称为"达沃斯论坛"或"冬季达沃斯"（见图6—1）[1]。又如，一年一度举办的短短两天的博鳌亚洲论坛，使得博鳌小镇的知名

---

[1] 中国城市中心. 城市品牌打造的四条路径[EB/OL]. [2019−05−29]. https://www.163.com/dy/article/EGCAOH7N05149666.html.

度急剧飙升。这个原本只有一条街道、一万多人口，数年前甚至连胶卷都买不到的偏僻小镇，如今已蜚声海内外（见图6-2）。此外，G20峰会之于杭州、大数据论坛之于贵阳、世界互联网大会之于乌镇，都证明了这一点。

图6-1 达沃斯论坛

图6-2 博鳌亚洲论坛

另一方面，大型会议活动是城市品牌塑造的重要内容。城市品牌塑造具有多个维度，可以从多个方面着手，如何塑造"大型会议目的地"这一品牌是目的地城市品牌塑造的一个重要内容。如今，已有越来越多的城市将会议经济、大型会议的举办视为打造城市品牌的一张"王牌"，会议产业兴盛与否成为政府非常重视的一件大事。

2. 城市品牌塑造对大型会议活动的影响

城市品牌塑造有助于大型会议活动的举办。城市品牌塑造的过程将是会议目的地城市基础设施升级、城市治理能力和治理水平提升、产业结构不断优化、城市环境、人文素质等不断提高的过程。由于大型会议活动的举办本身具有较强的产业关联性,对基础配套设施等的要求比较高,因此,这些都有助于大型会议的举办。

(二) 大型会议活动目的地的品牌策略

1. 确立特色鲜明的品牌定位

历史、文化、地域、环境、气候、民族、风俗等种种因素在每个城市都是不同的,由此也形成了不同城市的不同特色。大型会议活动目的地的品牌塑造首先应该根据目的地城市的历史文化、资源基础、产业基础、会议举办历史、未来发展战略等因素,综合权衡后确立特色鲜明的品牌塑造目标,即目的地城市首先要搞清楚自己到底应该塑造什么样的品牌。例如,杭州确立打造"新经济会议目的地"的目标,就主要是基于其本身数字经济、金融科技、生物医药、新零售、新能源等新经济产业发展势头强劲,同时举办过云栖大会、Tech Crunch 国际创新峰会、世界互联网大会等相关国际大型会议,具有云栖小镇、梦想小镇等各类特色小镇等因素综合考虑的结果(见图6-3、6-4)。

图6-3 云栖大会

图6-4 杭州梦想小镇

【引入案例三】

夏季达沃斯论坛的品牌定位

1971年创建的欧洲经济论坛，1986年改为世界经济论坛，由于论坛年会每年1月在瑞士小镇达沃斯举办，因而也被称为"达沃斯论坛"。2007年，达沃斯论坛"变身"一年两季的主题论坛。在中国举办夏季达沃斯论坛，是由达沃斯论坛创始人施瓦布教授和中国总理温家宝共同提议的，其目的是为"全球成长型公司"创造一个与成熟企业共同讨论、分享经验的平台。由于夏季达沃斯论坛参会者以全球成长型公司为主，所以被命名为"新领军者年会"。"新领军者年会"的目标是将全球性成长型公司聚集一堂，共同规划未来工商业的发展远景，为新老企业、为东西方创造一个强有力的互动与合作平台。

2007年9月6日至8日，首届夏季达沃斯论坛（新领军者年会）在大连成功举办。这是世界经济论坛创立36年来首次在瑞士达沃斯以外的城市举行年会。来自90个国家和地区的近2000名代表参加了这次年会。首届夏季达沃斯年会带着"新领军者"这一全新的主题来到中国：一方面，论坛借助快速发展的中国扩展其世界影响力；另一方面，论坛带来的"思想风暴"也把新挑战、新机遇摆在了中国的创业者面前。不仅是高端议题，夏季达沃斯论坛多元化、个性化的沟通方式以及平等交流的人性化特点也给与会者留下深刻印象。

夏季达沃斯论坛开创了中国纪元，中国也为达沃斯论坛开辟了新的空间——以全球成长型公司为主的新领军者的舞台。达沃斯论坛的品牌经营开始细分化、中国化了,而"新领军者"的形象定位又为中国的商界领袖适应国际化环境并迅速走向国际竞争舞台注入了活力,"中国军团"的话语权和影响力日渐提升。夏季达沃斯已成为达沃斯论坛的第二大支柱,与冬季达沃斯遥相呼应。

资料整理来源:黎春红. 会展案例分析[M]. 大连:大连理工大学出版社,2010:118-120.

2. 提升品牌的情感与文化内涵

文化与文化品位是大型会议活动目的地品牌的灵魂,是决定大型会议活动目的地品牌是否具有长久生命力的关键因素。同时,大型会议活动目的地品牌的经营与维护,还需注意情感要素的注入。换句话说,大型会议活动目的地品牌之间的竞争力的大小取决于目的地城市品牌文化力的强弱和情感融入的多少。只有将文化内涵彰显与情感两大衍生要素融入大型会议活动目的地品牌中,才能使大型会议活动目的地给人留下深刻的美好印象,进而提高会议参与者的满意度,增强其对该城市会展品牌的忠诚度。

3. 进行特色会场选择与再设计

以会兴城,是塑造城市品牌、传播城市影响的常规选择。但是,是否能全面展示城市特色、真正提升城市影响力,是否能让与会者留下深刻印象是通过大型会议活动塑造目的地城市品牌的"难点"所在。会场是大型会议的必备基础设施,也是目的地城市品牌塑造的"硬件"支撑。选择使用能体现城市独特属性的特色会场,或者根据城市历史文化、产业经济或资源优势等能展示城市历史文化与精神气质的特色元素进行会场再设计,既可以产生视觉冲击效果,又能在第一时间直击会议嘉宾心灵。让其直观地触摸到城市的真实一面,使城市形象一目了然地呈现在他们眼前,在短期内形成城市品牌印象冲击波,从而促进目的地城市的品牌塑造。

4. 坚持品质服务提升品牌价值

卓越的品质服务是大型会议活动与目的地城市品牌价值的载体,大型会议活动的卓越服务品质能够有效促进参会者预期目标的实现,提高参会者的满意度和忠诚度。坚持卓越的服务品质不仅是在大型会议活动中某一个环节或某一个细节中追求极致,而且要求在品牌塑造、推广和维护的每个阶段与环节中要注重品质,如在会议项目、服务、管理等环节中注重会议各个利益相关者,如参展商、会展企业、专业观众等核心利益群体,政府机关、行业协会、媒体等支撑部门，城市居民、社区、交通运输部门、旅游等边缘利益主体的价值诉求，以主题的品质、项目的品质、形象的品质、服务的品质等使参会者享有超值价值，进而产生巨大的品牌效益。

5. 大力提升目的地城市品牌传播力

大型会议活动目的地品牌塑造的各个阶段、环节都必须注重营销创新，挖掘更大的市场份额，以扩大品牌的知名度与美誉度。"酒香不怕巷子深"的传统市场营销观念须摒弃，要树立"大营销"理念，不断创新营销观：其一，注重亲身感受，以体验式营销为主打方式；其二，转变营销方式，以各种新兴媒介为载体，发掘更多的营销新渠道，以各种新兴媒体为手段对大型会议活动目的地品牌进行包装与宣传，将线上、线下营销方式相结合，借助城市广告、政府公关、旅游推广、城市博览等多种方式，全面地诠释大型会议活动目的地品牌的魅力与内涵，使营销内容立体化，营销渠道多样化；其三，设立专门的品牌营销部门，开启精准化营销，进一步扩大客源市场[①]。

四、目的地城市营销策略

传统营销方式有：1960 年杰罗姆·麦卡锡归纳的 4P 理论，即产品（Product）、价格（Price）、促销（Promotion）和渠道（Place）；1990 年罗伯特·劳特朋提出的 4C 理论，即沟通（Communication）、顾客（Consumer）、便利性（Convenience）、成本（Cost）；2001 年唐·舒尔茨总结的 4R 理论，即关联（Relevancy）、反应（Reaction）、关系（Relationship）、报酬（Reward）。当今的营销不仅新在营销要素、营销场景、营销方法，更新在营销效果。传统营销最大的驱动要素是传播和渠道，而当下的营销最大的驱动要素则是技术和用户。传统的营销理论和方法其最大的不足是无法有效解决信息的不对称和难以精准找寻受众的问题，而在今天技术正在改写传统的营销规则。在大数据、人工智能的主导下，顾客的消费心理、消费行为，都可能在商家的窥视中暴露无遗[②]。因此，"精准、在线、直播、交互"营销方式所呈现出来的一些新特征、新趋势。

目的地城市的营销策略亟须从组织、方式等方面进行创新，以确保更多国

---

① 陈慧英. 城市会展品牌塑造与实施路径研究 [J]. 武汉轻工大学学报，2015，34（1）：102－106+112.

② 鲁培康. 技术驱动重构新营销新趋势 [J]. 中国广告，2020（7）：9.

际会议项目在其落地。

(一) 创新会议营销与服务组织

营销组织是目的地城市营销的执行者。营销组织的创新主要在于设立专门的目的地城市营销组织或者完善既有营销组织的职能，综合运用"政府＋市场"的力量将会议目的地品牌更加高效、精准地传递出去。成熟、发达的目的地城市营销组织一般包括会议局、专业会议组织者、目的地管理公司、目的地营销组织等。其中，会议局是一个目的地城市营销机构，其主要工作重心或目的是推销其所代表的城市，增加在其地所举办的大型活动、国际大会和会议的数量，并确保未来的会议、大会、展览和其他相关的商业活动在该城市举办。专业会议组织者是专门代表客户组织举办活动的公司或个人。目的地管理公司拥有广泛的本地知识、专业知识和资源的专业服务公司，专门设计和落实大型事件、活动、旅游、交通和会议后勤。不同营销组织提供的服务具有一定差异性（见表6-2）。

表6-2 部分目的地城市营销组织及其服务内容

营销组织	提供的主要服务
会议局	宣传材料，会议局制作宣传材料，供会议策划者和组织者使用；组织现场视察，向策划者介绍其目的地；提供会议供应商信息，并向策划者介绍当地供应商；提供关于独特场地、旅游景点、观光计划以及创造性奖励计划的信息和建议，为会议策划者提供关于社交活动和配对计划的建议；在争取地方当局对活动/会议的支持等方面协助会议申办和宣传工作；为参会者准备资料袋和欢迎礼包；向参会者提供免费或优惠的城市卡，涵盖城市交通网络，以及低价或免费进入博物馆、餐馆和商店折扣等服务；酌情协助获得财政支持等其他服务
专业会议组织者	建议和指导、战略咨询、在申办过程中提供协助、场地选择和谈判、财务管理和预算编制、税务和汇率问题、摘要管理和演讲者沟通、登记和后勤、市场营销、传播和社交媒体、赞助和展览销售、项目管理、技术管理（AV、IT、Wi-Fi等）、对学术会议提供协助、住宿谈判和预订、特别社交活动/宴会/其他餐饮宴会、风险管理和安保问题、会议交流管理、现场交流/会议代表应用程序等、地勤/后勤、会前和会后旅游

续表6-2

营销组织	提供的主要服务
目的地管理公司	目的地咨询，包括：城市选择。提供有关所选城市、特定会议类型的优缺点、团体规模、安全水平、气候和所有有助于会议成功的当地因素的建议和信息。会议的创建和设计。设计会议内外的理想主题，协助选择地点、材料和食物。 地勤，包括：会议、讲台和视听管理；住宿；接待、晚会和场外活动，提供价格、折扣、场地等信息；机场接送和接待；社交活动，考虑会议举办的季节、预算和会议主题，根据会议和所有代表的需求，精心定制社交活动；演讲嘉宾协助与管理，演讲嘉宾提供住宿、交通、社交活动和旅游等方面的协助；聘用当地人员，聘用或外包当地人员——比如从多语种工作人员到熟悉会议主题的行业专家或业余人员；设计和印刷管理，协助或管理所有资料的设计和印刷，遵守协会的标准，并就趋势和选择提供建议

（二）推进营销方式创新

大力推进目的地城市营销的线上化。营销方式创新的重点在于充分利用大数据、VR、3D、5G等新一代信息、通信技术，采用影视平台、短视频、直播、抖音、微信公众号等工具开展线上营销。通过虚拟考察的形式，对目的地城市的会议基础设施、产业、美食、旅游资源、特色文化等内容进行全方面展示，提升营销效果。例如，在互联网平台上使用直播技术，把实地考察会议目的地设施的全过程通过网络展现出来，主办方跟随直播画面，了解其地理位置、内外环境、产品与服务特色、价格等基本信息，实现"云看馆"。

【引入案例四】

杭州新经济会议目的地开启"云上推介"

2020年8月7日下午，由杭州市文化广电旅游局主办的"Linking Hangzhou 链接杭州"杭州新经济会议目的地云上推介会在全球同步开启。本次活动在全球首发的最新版会奖宣传片《意"会"杭州时刻》从惬意生活、探知文化、产业沸腾、激发创意等四大维度展现了杭州的多元面貌，结合推介环节中亮相的包含新经济产业探寻、传统历史文化项目体验、市民生活体验等三大系列的会奖产品。同时，为应对新型冠状病毒感染的冲击，市文广旅游局积极运用数字技术手段，创新性地运用海内外直播平台及线上视频会议技术，通过社交网络平台，向全球输出新经济会议目的地的优势和资源。通过会议系统的便捷与智能，实现线上闭门商务洽谈会的紧密沟通，达到会奖供需双方个性化配对，提高了对话效率，首次在同一时间面向全球买家推广杭州会奖资源。通过体验官第一视角，在线为全球会议买家带来沉浸体验；邀请新加坡会奖买家与杭州本地会奖企业进行线上业务洽谈，以促成城市品牌推广与会议实际落地双效的实现，高效提升了杭州"新经济会议目的地"品牌的全球影响力（见图6-5）!

图6-5 "Linking Hangzhou 链接杭州"云上推介

资料整理来源：文旅浙江. 杭州新经济会议目的地推介会云上开启！[EB/OL]. [2020-08-07]. https://www.163.com/dy/article/FJF0B1QS0514PQMG.html.

（三）建立营销的可靠性和信任度

一是坚持信息透明。即将会议取消、人员失业等"坏消息"；保证与会人员舒适度、安全性的预防措施、政府的激励、奖励措施等"好消息"同时向市场和客户传递。二是坚持灵活性，以客户为中心。这要求整个工作并不以利润最大化为唯一导向。例如，当某个会议主办方取消了行程，则可以不收取已产生的费用，并帮助他们以最小的损失重新预定下一次会议活动。三是坚持换位思考，而非强行推销。这意味着将换位思考和团结一致作为市场营销战略的一部分，用柔性方式进行营销。四是与重要客户、利益相关方、会议组织等保持联系，恪守品牌声誉。

（四）进行全方位资源整合营销

整合营销是目的地城市在竞争中谋取竞争优势最具战略性的方法，是"线上+线下"营销手段的有意识的结合，是围绕一个统一战略的战术组合。

目的地城市的政府部门、会展协会、会展企业、参展商、服务商、媒体等应该联合行动，充分发挥产业链资源优势，整合线上、线下多渠道及各个部门的资源，进行城市整体营销，实现营销效果的最大化。

专题七　国际会议中心建设与场馆管理

【教学目标】

1. 掌握大型国际会议中心建设的主要内容和管理的重点。
2. 熟悉并掌握专业场地考察和参观的要点内容。
3. 了解会议场馆面临的挑战,能将会议场馆管理创新的方法和内容实际运用。

【引入案例一】

上海国际会议中心概况

上海国际会议中心位于上海市浦东区,地处陆家嘴金融贸易中心,毗邻东方明珠电视塔,交通设施方便快捷,地理位置得天独厚,于1999年8月落成并正式对外营业。总建筑面积11万平方米,作为上海标志性新景观,被评为新中国成立五十年十大经典建筑之一。上海国际会议中心先后出色完成了1999年"财富"全球论坛年会、2001年APEC亚太经合组织领导人峰会及系列会议、2006年上海合作组织成员国元首理事会会议、中国2010年上海世博会欢迎宴会、2014年亚洲相互协作与信任措施会议第四次峰会欢迎宴会、2016年第九届全球健康促进大会、2017年中国质量(上海)大会和2018年中国国际进口博览会欢迎宴会等国内外重要会议及政要接待任务,汇聚全球瞩目,倍受各方赞誉,更成为向世界展示上海风貌的亮丽城市名片。配套设有五星级的东方滨江大酒店,拥有273间(套)临江豪华客房,多个风格迥异、各具特色的餐厅和宴会厅等荟萃世界美食,高品质的服务让来自五湖四海的宾客体验宾至如归的享受。2017年、2019年,高级江景房和高级花园房分别完成全新升级,设施华丽提升的同时,更融入具有上海特色的20世纪30年代ArtDeco文化元素,现代与怀旧在此交融一体,带来耳目一新、别具文化底蕴的优质入住体验

（见图 7-1）。

图 7-1 上海国际会议中心

上海国际会议中心作为知名的大型国际会议中心，其运营管理的模式、重点是什么？如果您是一名会议专业人员，您考察和参观上海国际会议中心的要点有哪些？上海国际会议中心应该有哪些方面的管理创新？

资料整理来源：上海国际会议中心官网：http://www.shiccs.com/

一、大型国际会议中心的建设与管理

(一) 大型国际会议中心的建设

大型国际会议中心的建设实质上需要回答清楚以下五个方面问题，即"为什么要建设""建设在哪里""怎么建设""建设什么""当前大型国际会议中心建设存在哪些问题"。

1. 大型国际会议中心建设的起因

大型国际会议中心建设的目标就是要对"为什么建设？"这一问题进行回答。举办国际会议对目的地城市的重要性不言而喻，这在前文已有充分论述。而会议中心在会议产业的发展中具有举足轻重的地位，是城市会议产业结构中的重要组成部分。建设大型国际会议中心对于推进城市会议产业发展，培育城市会议品牌，强化城市服务职能，培养会议业人才等具有重要作用。

一般来说，大型国际会议中心的建设是为了服务于城市发展战略规划、服务于城市经济社会发展、服务于城市会议产业的发展需要。例如，国家会议中心的建设当时就主要有两个方面的考虑：一是我国经济的快速发展和国际化程度不断加深，国内会议、国际会议的数量不断增加，北京当时的高规格大型会议场所已不能满足市场需求。二是与北京市的长远发展规划有关，会展业是当时北京市重点发展的产业之一，已被列入北京市"十一五"发展规划，把北京办成重要的国际会展城市已成为市政府的工作目标，而会议中心正是会展业得以发展的平台和载体。又如，深圳前海国际会议中心的建设是为了满足城市日益增长的商务、政务、国际交流需要。再如，云南大理国际会议中心是根据地方政府把大理建成全国一流、世界知名旅游胜地的目标和国内外重要的会展基地的思路而投资兴建的。

2. 大型国际会议中心建设的内容

大型国际会议中心建设的内容主要包括三个方面的问题，即"建设在哪""怎么建设""建设什么"。

(1) 会议中心建设的选址，即是要回答"建设在哪里"的问题。大型国际会议中心的选址对于会议效率、会议中心经营效益、会议城市形象提升等方面都有着十分重要的意义。一般来讲，大型国际会议中心建设的选址必须充分考虑以下五个方面的因素：其一，会议中心建筑地规划应与城市总体规划，包括城市的性质、发展方向、人口规模、城市布局和功能分区相一致。其二，会议中心选址要体现"以人为本"，在会议中心建筑周围应有较为完善的城市公共设施、生活服务配套设施和通畅的综合交通设施。其三，大型国际会议中心是具有艺术鉴赏价值的建筑，因此，其对自然、人文环境有较高质量的要求。在历史遗迹、名胜古迹等特定区域内修建会议中心，应充分考虑对历史文化的保护。其四，选址应注意选择良好的朝向并与城市工业区保持一定距离，以便于建筑自然通风、采光和节能，避免受到污水、噪声和有害气体的污染。其五，由于城市建设是不断发展的，因此，会议中心也应有长远发展规划，在选址时应保留足够的余地。

（2）大型国际会议中心建设的基本原则和要求，即要回答"会议中心怎么建"的问题。会议中心的建设具有内在的规律和特征，受到经济发展水平、产业基础、人文自然资源等因素的制约。一般来讲，会议中心的建设需要重点坚持和考虑以下基本原则和要求：其一，坚持效益性，会议中心的建设规模应与当地经济规模、未来规划和对外辐射力相结合，充分考虑后期的运营。其二，坚持"人本主义"理念，会议中心是为参会者提供服务的实体场所，在建设中应该充分考虑到建筑内部功能区设计及周边服务的配套，以最大限度方便参会者。其三，坚持科技性，会议中心的建设应当结合科技的实际发展，将AI、大数据、物联网、5G等新一代信息技术运用到会议中心的建设中。其四，坚持环保性。会议中心的建设应该注重环保、节能、绿色、低碳。其五，坚持特色化，会议中心的建设应与当地特色的历史、文化、自然环境、城市建筑景观等有机结合，协调统一。

（3）会议中心建设的主要内容，即要回答"建设什么"的问题。大型国际会议中心的建设内容主要包括专业设施和配套设施两个方面的内容。一般来讲，专业设施主要包括会议厅、会议室、新闻与信息中心、多功能厅、公共空间（走廊、电梯、卫生间等）、行政管理用房等。而配套设施主要包括餐饮服务、酒店住宿、视听设备、交流或娱乐的设施等。例如，大理国际会议中心由用于大型会议、宴会、演出、影视、会展等的大型多功能区、专用会议区、会见区、餐饮区、服务办公区和其他功能区组成。

3. 大型国际会议中心建设的问题

当前，我国大型国际会议中心建设存在的问题主要有以下几个。

（1）配套功能不完善。具备完善的功能并与周边基础设施配套是现代大型国际会议中心的基本要求。当前我国大型国际会议中心在规划设计时对周边的多功能性考虑不足，如在需要配套的商务、会展、广告、餐饮、酒店、娱乐、休闲、旅游等方面往往不够完善。

（2）智慧化水平较低。当前，我国大型国际会议中心建设的科技含量有待提高，对 5G、大数据、AI、物联网等新一代信息技术的深度运用能力普遍较低。一些在智慧化建设方面已有投入的大型国际会议中心却在系统集成、操作灵活性、协同性等方面存在不足。

（3）绿色化、特色化不够。会议中心在选址与布局、造型与结构、建筑材料、内外部装修、设施设备等方面突出"绿色、节能、环保、生态"理念的程度还不够。同时，大型国际会议中心建设在突出地域特色文化、历史、旅游资源等方面仍然存在不足。

（4）总量过剩，结构性失衡现象较为突出。近年来，国内主要城市都建有或在建大型专业国际会议中心，为会议产业发展提供了较好的硬件设施。但同时，我国会议中心建设总体上存在硬件投资过热，缺乏宏观布局规划等问题，会议中心数量的结构性失衡现象也较突出。

（二）大型国际会议中心的管理

大型国际会议中心管理的主要内容包括三个方面：大型国际会议中心的管理特点、大型国际会议中心的管理模式和大型国际会议中心管理的重点。具体来看，有以下内容。

1. 大型国际会议中心的管理特点

一般来讲，大型国际会议中心的管理方式有综合管理、全员管理、系统管理和制度管理四种方式。

（1）综合管理。大型国际会议中心的管理内容纷繁复杂，已不仅仅局限于纯技术方面，还涉及各种经济分析和组织协调工作等，这要求管理部门具有较强的综合管理能力。

（2）全员管理。会议中心的管理要体现劳动密集型行业的特点，必须十分重视人员的管理。场馆管理的工作量很大，而且很多技术工作是分散的，因此要求员工的责任心强，技术过硬，具有一专多能的素质。在管理过程中，应该让所有的员工都认识到自己对场馆管理负有一定的责任，让所有的员工都自觉参与。

（3）系统管理。单个会议活动的时间都比较短，在一个相当有限的时间内要保障大量人流、物流进出会场有条不紊，保证各类设施运转正常，保障发生紧急情况时快速应变，这些都需要会议中心用系统的观点和方法进行场馆的管理，各部门之间、上下级之间及员工之间要形成一个分工明确的组织系统，进行有效的协调、合作。

（4）制度管理。会议中心管理中的很多工作都是日常性的，平时的严格管理是会议活动期间场馆作用正常发挥的基础。所以会议中心必须要完善基础制度来规范管理工作。一方面，要十分重视规章制度建设工作；另一方面，要狠抓规章制度的贯彻落实。

2. 大型国际会议中心的管理模式

根据大型国际会议中心建设与管理主体的不同，一般可以将大型国际会议中心的管理模式划分为四种：政府机构直接管理、当地企业管理、合资合作经营管理、委托外地或国外企业管理。

（1）政府机构直接管理。这种管理模式一般是由政府部门直接设立一个事业单位管理会议中心。改革开放以前，我国许多老场馆，如北京展览馆、全国农业展览馆等都是采用的这种模式。目前，仍有相当大比重的会议场馆采用这种管理模式。

（2）当地企业管理。这种管理模式是市场化趋势下出现的，即采用企业市场主体是民营私人资本或其他资本，通过组建场馆经营管理公司来负责进行经营管理。这一模式的典型代表为成都世纪城新国际会展中心。成都世纪城新国际会展中心是成都会展旅游集团的下属企业，属民营资本投资，专门负责成都会展中心的运营管理。

（3）合资合作经营管理。我国很多城市支持和鼓励国外著名的会议展览公司在当地投资，设立独资经营或者合资合作经营公司。这种模式的成功案例是上海新国际博览中心，其由上海浦东土地投资发展有限公司与德国的三家公司（慕尼黑展览有限公司、杜塞尔多夫展览有限公司和汉诺威展览有限公司）投资兴建，总投资为9900万美元。在总投资中中方投资占50%，三家外资公司投资占50%。经营管理以外方为主，整个经营管理期为五十年。该模式通过引进国际先进管理团队，实现会展场馆的高效管理与利用。

（4）委托外地或国外企业管理。当前，越来越多的会议展览场馆采取由政府兴建，但选择市场化企业负责展馆的经营方式，即将所有权和经营权进行分离，实行委托管理的模式。例如，天津滨海国际会展中心由天津开发区投资建设，建成后委托天津泰达集团与新加坡展览集团合资组建的展览公司共同管理。

3. 大型国际会议中心的管理重点

大型国际会议中心的管理是一个全生命周期的过程，主要包括会议场馆建设期管理、组织管理、营销管理、服务管理、经营战略与目标管理、人力资源开发与管理、财务管理、设施设备物资管理、配套服务及现场管理、档案资料与信息管理、安全管理、标准化管理等方面的内容。其中，管理的重点有以下五个方面。

(1) 会议场馆的服务管理。会议场馆提供的产品主要是服务。服务质量是会议场馆经营管理的生命线，直接关系到会议场馆的声誉、客源和经济效率。提高会议场馆的服务质量和工作质量需要一套完善的质量管理方法。在会议场馆服务管理活动中，可以按照计划、实施、检查和处理四个阶段展开。其中，计划阶段制定服务管理的目标、服务管理计划；实施阶段严格执行已定的目标和计划；检查阶段对实施后产生的效果进行检查和对比；处理阶段对实施的成功经验和不足之处进行总结，以避免重犯类似的错误。

(2) 会议场馆的营销管理。会议场馆的营销有助于了解和满足顾客的需求、指导会议场馆的经营管理和拓展销售市场。一般来说，会议场馆的营销手段包括参与城市整体促销，加入专业协会、组织，实施名牌战略，开展网络营销，与旅游企业合作等。

(3) 会议场馆的信息化管理。会议中心的信息化管理包括两个方面的内容：一是管理手段的信息化，二是管理内容的信息化。所谓管理手段的信息化，就是运用大数据、AI、云计算、物联网等手段进行会议中心的管理；而管理内容的信息化就是对客户档案、顾客关系、场地规划、信息发布、人流控制等的信息化管理。

(4) 会议场馆的人力资源管理。人力资源是会议场馆的重要资源。会议场馆的经营管理实质就是通过组织人力资源使用和控制会议场馆的其他资源，从而形成会议场馆的接待能力，达到会议场馆的经营预期目标。人力资源管理所产生的效能是会议场馆实现其目标的一个重要因素。会议中心人力资源管理的内容主要有劳动组织、劳动定额、定员、招聘与志愿者管理、劳资、员工队伍的专业化培训、使用、激励管理和考核评优等。

(5) 会议场馆的安全管理。为保障客人、员工的生命、财产及会议场馆的财产安全而进行的一系列计划、组织、指挥、协调、控制等管理活动统称为会议场馆的安全管理。会议场馆的安全管理应该坚持顾客至上、服务第一，预防为主，谁主管谁负责，坚持群防群治、内松外紧的基本原则。

二、专业场地考察和参观

作为国际会议的组织者专业场地考察和参观必不可少,那目的是什么?考察和参观目的地城市场地的要点有哪些?从哪些方面进行实地考察和参观会议需求的场地?

(一)专业场地考察和参观的目的

进行专业场地考察和参观的目的在于,按照会议对场地的实际需求(通常在招标书中会做出详细的说明)对场地的会议空间、餐饮安排和客房等"硬"设施和"软"设施进行充分考察,评估相关设施的满足程度,以降低会议成本,实现理想的会议效果。例如,当一个会议需要150间客房、一个举行全体大会的大宴会厅、5个多功能展览厅、30间休息室和满足客户需求的特殊食物选择时,会议专业人员就要在场地考察和参观中逐一核实这些需求。

(二)专业场地考察和参观的要点

选择一个会议目的地城市和举办地点是一个涉及很多因素的战略决策。通常来讲,有两个方面要点。

一是对场地会议各种硬件设施的考察,详细了解在某种设施内主办会议的优缺点。会议场所的范围既包括会展中心、大型会议中心、酒店、会议中心等传统场地,也包括游轮、艺术画廊和大学校园等非传统会议设施。对会议场地硬件设施的考察包括会议设施类型、场地空间布局、场地周边配套便利设施等内容。

二是对场地的历史业绩情况、可得性、日期、季节因素及参会者的喜好进行考察。此外,综合交通运输的能力和方便程度、场地的可持续发展实践及参会人员的便利性也需要考虑在内。例如,在日期、季节性因素方面,大多数场地都有淡季、旺季和平季之分,如果在旺季预定会议,则可能享受不到优惠的折扣和免费的设施。又如,在参会者喜好方面,会议组织者应当询问诸如参会者希望会议在哪里举办、每年的什么时候效果最好以及参会团体喜欢哪种类型的酒店之类的问题,如果会议团体在此时段有特殊要求,会议场地尽量能够满足这些期望以确保会议效果的最佳。

（三）专业场地的考察和参观的具体内容

一般来说，客房、会议空间、展览空间、辅助空间、餐饮和便利设施是必须考察参观的区域。同时，包括服务质量感知、政治经济环境的稳定性等"软"设施也是考察和参观的重要内容。

1. 客房

客房方面，参观方会根据团体的订房历史搜寻房间类型和实用性信息。酒店单人房、双人房、套房等各种类型的客房都将在参观和考察过程中得到评估。在考察过程中，需要了解以下一些问题，如"单人间和双人间的比例是多少""这次会议的平均房价是多少"。

2. 会议、展览和辅助空间

会议参观方需要对场地设施方表明基于预计出席人数、房间布置和会议进度所需的会议空间。会议期间，按照会议计划要求可能会用到剧院型、宴会型、教室型、董事会型会议室、开放空间等各种空间类型。在考察过程中，这些需求转化为具体问题，如"每天需要多少间会议室""房间是布置成剧院、教室、会议还是宴会形式""在视频方面对会议室有什么要求""会议的零时性议程对设施的弹性需求如何？即增减会议空间的需求情况如何"。

如果会议还包括展览，现场就需要提供展台、装卸口和官方服务承包商用的指挥台。展品的数量和规模、展览空间需求和服务需求在搜寻场地时就应向接触的场地方透露。在考察过程中，要与场地销售进行以下一些问题的讨论，如"会议中有展品展示吗？如果有，需要的总面积和/或净面积是多少""陈列品搬进搬出需要多长时间""展品通道标识需要天花板或无立柱空间吗"。

辅助空间需求包括注册区域、员工办公室、存储空间、技术机房、演讲者准备室或媒体办公室。会议场地的最低要求是为规划所有功能提供足够的空间。理想情况下，还包括辅助功能空间，尽管其并非规划功能不可或缺的部分，例如衣帽间。但是为了确保会议的成功，会场要尽量满足所有的基本要求并提供适当的服务。在考察和参观过程中，以下一些问题需要与场地销售方讨论，如"登记注册需要多大的面积""是否有充足的无线高速互联网、插座和充足的照明等公用设施""需要多少房间做总部办公室和媒体办公室？每个办公室的尺寸要求是什么？是否需要存储空间"。

3. 餐饮

一般来说，大多数会场都有餐饮服务，但会议场地方面也可能不提供饮食。如果参会者有特殊的饮食需求，将这些需求告知会议餐饮部是十分重要的。同时，会议可能需要多种服务风格，因此，参观方应该考察场地方能对每场活动所提供的服务和人员配置水平。在考察和参观过程中，这样一些问题需要与场地销售方讨论，如"将举行多少场餐饮活动？有哪些形式？正式、随意还是主题型""估计出席每场活动的人数有多少""餐饮活动的类型如何"。

4. 配套设施

配套（娱乐）设施方面，会议方需要对场地基于会议规模和费用提供包括免费 Wi-Fi、客房升级、免费接送、健身中心、礼宾服务和更多服务选择在内的配套便利设施进行考察和讨论。

5. 服务水平等其他考察内容

此外，还需考察住宿酒店环境、会场工作人员的服务水平是否符合会议举办组织的标准。这种标准可能因为会议和会议参与者的性质而有所不同。例如，商界领袖参加的会议相比招待大学生的会议需要更高的服务标准。政治和经济形势的稳定性、安全问题及当地组织的支持都应当在专业场地参观和考察中进行充分考虑。由于在会议举办过程中，会议组织者需要与场地的许多人共事，因此，与总经理、市场营销总监、服务经理等场地方关键人员的交流顺畅程度也很重要。

三、会议场馆管理面临的挑战与创新

（一）会议场馆管理面临的挑战

会议场馆面临的挑战主要来自外部环境的复杂性、场馆设施设备升级和场馆运营管理转型三个方面。

1. 外部环境的复杂性

会议场馆面临的外部环境挑战主要体现在竞争的加剧。近年来，随着新场馆数量增加以及现有场馆的改建或扩建升级，由此使得场馆之间在获取客户上竞争尤为激烈。

2. 场馆设施设备升级

会议场馆设施设备面临升级的挑战主要有以下几方面。

（1）安全性。人们对安全、健康、卫生等的重视程度和要求正在进一步提高。人们养成的一些防疫和卫生习惯将会延续，场馆在配合会议活动时或有需要新增相关服务。对空气质量关注度的提升转换为对物业空调、新风系统的关注。场馆消杀、健康检测、防疫培训、公共安全防控应急处理及风险预案等将成为一种常态化服务。

（2）新技术冲击。随着 AI、大数据、5G 等新兴技术的深度应用及直播技术的成熟发展，线上线下融合的"小现场+大线上"等混合式会议新场景正在成为一种趋势。这对会议场馆的设施提出了新的挑战。例如，很多场馆能进行线上操作的专业场地、音响、显示等设备较少，适合专业、大型会议活动的高标准直播室数量甚至为零，从而难以支撑对活动流量起决定性作用的会议的听视觉体验。

（3）灵活性。当前，各类会议活动在形式和技术方面都在不断演变，如会议的规模越来越精致、会议召开的地点开始由远变近，国内的会议增多等。同时，参会代表等主体的需求也不断升级，场馆需要在较短的时间内做出调整以适应这些快速变化，这也对会议场馆设施的灵活性的要求越来越高。

3. 场馆经营管理转型

场馆经营管理面临转型的挑战主要有以下几方面。

（1）场馆经营收支失衡。场馆经营收支失衡现象较为突出，当大多数会议出现延期举办、重新选址举办或直接取消等情况，会对会议场馆的收入造成了负面影响。但同时，场馆属于重资产运行企业，人工、能耗等成本支出却并未大幅度减少。结果，场馆面临着较为严重的收支失衡的问题。

（2）线上会议新场景。经济波动的非均衡性特征进一步加强。例如，线上会议、电子商务、公共卫生等行业加速发展，而线下会议展览、旅游、制造业等受冲击较大。同样，对于会议场馆而言，也面临着线上会议新场景在传播速度、覆盖范围、绿色环保、信息呈现等方面带来的挑战。

（3）客户关系管理。一段时间以内，可能出现不同会议数量的急增和临时性峰聚，会议取消、延期，合同变更、解除等突发情况，易造成会议场馆客户矛盾和纠纷的集中暴发，场馆随时面临着流失客户和品牌价值受损的危机。同时，协议、合同的落实，租金、费用等的协调等也都可能会出现问题。而这些问题对于会议场馆的客户关系管理提出了新的挑战。

此外，会议场馆也面临财务收入、人力资源管理等方面的挑战。例如，在人力资源管理方面，由于 5G、VR、AR、物联网等技术的深入运用，会议场馆需要不断增强各级各类人力资源在新技术、新知识等方面的掌握程度，以更好地推动场馆的可持续发展。

（二）会议场馆的管理创新

会议场馆的管理创新主要体现在数智化场馆建设、场馆生态化发展、场馆运营方式创新和场馆管理转型升级四个方面。

1. 积极推进场馆数智化建设

未来，5G、大数据、人工智能、物联网、VR、AR等一系列新的技术都将在会议场馆及会议产业链上得到更加深入、全面的应用。为此，会议场馆应树立大数据、智能化思维，积极拥抱这些新的技术及其带来的机遇，大力推进会议场馆的数字化、信息化和智慧化建设。通过会议场馆的数智化建设，增加场馆的技术含量和跨界能力，实现场馆运营的集成化、智慧化、协同化，对内满足高效的运营管理，对外实现卓越的智能化用户体验，最大限度地发挥其作为城市会客厅的标杆作用和经济拉动效应。例如，国家会议中心二期在建项目在建设过程中利用"数字孪生"技术，预先通过数字化虚拟规划进行科学评估，避免在不切实际的规划设计上浪费时间，防止在验证阶段重新设计，以更少的成本和更快的速度推动创新技术支撑的智慧展馆顶层设计落地。

2. 大力促进场馆生态化发展

会议场馆是会议产业链中的重要一环，其平台价值是其构建生态的天然优势。以场馆为引擎，构建会议产业小生态。一方面，以场馆为核心整合周边资源，在为客户提供完善服务的同时建立互惠互利的共生网络；另一方面，在产业链中共享品牌效应、用户资源及产业资源，建立共生共荣的生态环境。会议场馆可通过对接主办、参展商，融合酒店、餐饮、旅游等配套服务业，发挥互补和生态效应，场馆不应当只是扮演"独行侠"的角色，而应该抱团取暖，主动借力餐饮、酒店、交通等会议业高度相关联产业，降低各方成本，发挥"1+1>2"的市场协同效应。

3. 着力创新场馆运营方式

会议场馆是举办会议活动的场地空间，是会展数字化转型的核心场景。会议场馆应努力改造、提升传统经营思维模式，着力场馆运营的多元化、融合化、平台化。

（1）在运营的多元化方面，应着力提升场馆既有服务能力的潜力空间，通过多种方式增加场馆收益渠道，积极应对场馆的收支失衡。例如，场馆通过承接场地的短期租赁、仓储、中转、周边广告等非会议业务，增加收入，减少经营压力。例如，杭州国际博览中心通过整合酒店服务能力，开发出"麦可爱"

系列产品，同时进行专业服务能力的输出；国家会议中心在保障食物出品全流程安全的前提下，也针对场馆外的本地消费者推出了酒店蛋糕自提特惠活动，早午晚餐预订及营养便当自提活动等。

（2）在运营的融合化方面，应积极促进线上线下业务跨界融合、协同发展。线上与线下业务具有互补性，线上业务能够跨越时间限制，突破空间壁垒，引爆会议流量，而线下业务则更具真实感、存在感和体验感。因此，会议场馆应坚持跨界融合，积极研究线上会议创新模式，做好线上功能对线下会议和场馆等的赋能。通过开发线上服务，为客户提供在线看场地、预订酒店、智能化停车等服务。

（3）在运营的平台化方面，应通过 IP 运营、社群运营、异业合作等为传统的会议空间注入新的内容与价值。规划休闲空间引入书店、餐饮、零售等商业内容，将产业平台与生活平台融为一体。场馆更应该去洞察客户需求，超越提供场地租赁的基本功能，去梳理整合出更加丰富的产品清单，为客户提供更具专业性的场地使用方案。

【引入案例二】

杭州国际博览中心"云上看馆"系统介绍

过去场馆要完全依托服务人员人工摆台去实现客户对场景的画面感，尤其是碰上大型活动摆台形式一变再变的情况，让员工多次重复摆台。针对这一大痛点，杭州国际博览中心积极迎接新一代信息技术，通过聘请专业团队倾力打造了"云上看馆"系统，通过这一系统，客户只需要动动手指，输入会议人数、摆台形式、台布颜色等基本需求，系统就会自动匹配符合需求的会场，并实时生成会场实景效果，既释放了员工压力，又提升了客户体验（见图7-2）。

图7—2　第十四届（2020）杭州文化创意产业博览会

资料整理来源：北辰会展研究院. 智慧场馆，忠于革新，囿于传统[EB/OL］．［2020－04－13］. https://www.sohu.com/a/387599815_120586372.

4. 推动场馆管理转型升级

场馆管理转型升级主要体现为三个方面。

（1）客户关系管理。由于会议取消、延期等引起的客户关系问题是会议场馆面临的一个重要挑战。对此，应坚持以客户为中心，在平衡好各类会议项目档期、盘活场馆资源空间的前提下，创新沟通方式，有效协调，并提供解决方案。对已在计划内召开的会议且没有确认取消的，场馆方应动态跟进项目进展，了解客户诉求，梳理会议排期，优先安排。主动做好各项目的对接工作，动态调整档期为客人提供最佳落地服务方案，并帮助客户消除心理阴影。同时，加强后期沟通，挖掘更多潜在客户的可能性。

（2）安全管理。会议场馆应该通过人员管理、场地管理、现场管理等方面构建常态化的安全体系，以应对人们对安全、健康、卫生等问题的关注。例如，在场馆人员管理方面，应通过员工健康档案、专业培训等方式，加强场馆人员管理和"身份认证+健康认证+防护认证"等方式加强对搭建人员、主办方、参展嘉宾等外部人员的管理。同时，应通过人员分类、编制防控手册、把控消杀工作、防疫物资准备、特殊区域设置等方式加强场地管理和现场管理创新。

（3）推动场馆管理数字化升级。随着人工智能、大数据、5G等新兴技术的深度应用，场馆可通过数据系统推进业务模式、财务模式、决策模式的数字化转型，提升场馆内部管理的协同效率，降低运营成本。例如，场馆可将"数字孪生"技术应用于展馆会展项目期间人流管理，在交通调度、安防管理、应急指挥等重点场景的协同管控。

四、国际会议中心建设与场馆管理——以杭州国际博览中心为例

杭州国际博览中心位于素有"人间天堂"美誉之称的杭州，坐落于钱塘江南岸、钱江三桥以东的萧山区钱江世纪城，与奥体中心共同组成杭州奥体博览中心。杭州国际博览中心以其得天独厚的地理位置、方便快捷的交通网络、规格多样的活动场地、江南意蕴与现代简约相融的场馆设计，成为各类展览、会议、活动的首选场地。

杭州国际博览中心总占地面积19.7公顷，建筑面积85万平方米，主体建筑由地上五层和地下两层组成，是集旅游、会议、展览、酒店、商业、写字楼等多元业态于一体的综合体（见图7-3）。

图7-3　杭州国际博览中心

（一）杭州国际博览中心的管理

杭州国际博览中心隶属于杭州奥体博览中心萧山建设投资有限公司，委托中国最大的会展输出管理集团——北京北辰实业集团有限责任公司（以下简称"北辰集团"）管理。北辰集团成立于1990年8月8日，前身是第十一届亚运会运动员村服务中心，是以房地产开发、会展及配套物业经营为主营业务的市属大型国有独资公司。北辰会展是北辰集团重要子品牌之一，拥有26年专业运营经验，曾先后接待服务了第十一届亚运会、第四次世界妇女大会、第二十九届奥运会、北京国际电影节等众多国际国内重大会展活动。

（二）杭州国际博览中心的运营

杭州国际博览中心运营的主要业务有四个方面。

1. G20峰会体验馆

杭州国际博览中心的G20峰会体验馆面积约17万平方米。2016年9月4日—5日，杭州国际博览中心作为G20峰会主会场接待多国首脑及来宾。G20杭州峰会结束后，位于杭州国际博览中心的G20峰会体验馆于2016年9月25日正式开馆，并吸引着来自世界各地的游客前来一睹G20峰会风采。G20体验馆的设施主要有峰会迎宾区、会议区、午宴区和空中花园等。其中，会议区以"合"为主题，总面积约2000平方米，为45米边长的方正空间，体现"天圆地方"的朴素哲学观（图7-4）。

图7-4　G20峰会体验馆会议区图示

2. 会议中心

会议中心总面积约 1.9 万平方米，拥有超过 61 个会议场地、14 个 VIP 贵宾室及商务中心，拥有规格多样的会议场地和高效细致的会议服务体系。其中无柱多功能厅 10000 平方米，最多可同时容纳 8300 人，大会议厅 3000 平方米，配备 16 路同声传译，满足国际会议需求。会议室设计采用新中式风格，中式元素与现代材质巧妙兼容，清雅含蓄，端庄丰华。会议室硬件设施齐备，能满足各种国内国际会议、商务洽谈和学术报告的需求，可为不同类型的会议提供一站式的场地服务。

3. 展览中心

展览中心面积 9 万平方米，共 10 个展厅，各展厅面积自 7700 平方米至 10000 平方米不等，满足特种展览、大型集会、体育休闲等不同规模及不同类型的展会需求。地下停车场可提供 4000 个车位。展览中心致力于构造高端、高效、高质的展览服务平台，配套先进的硬件设施，细致卓越的定制化服务，以满足不同规模及类型的展会同时办展需求，实现高品质的形象布展。

4. 北辰大酒店

杭州国际博览中心北辰大酒店是杭州国际博览中心的配套四星级酒店，坐落于钱塘江南岸，矗立于钱江世纪城核心区，俯瞰钱塘江之壮观美景，一览钱江世纪城之新风。酒店共 19 层，室内外均有连廊直通展厅和各会议室，272 间时尚雅致的豪华客房中包括 10 间套房，房间面积 44~165 平方米，均配备了舒适完备的现代化设施。中西餐厅各具特色，提供世界各地美食，自助、单点、送餐多样形式尽享美味风尚。大堂吧极具古典意蕴，与空中花园相接，提供丰富精致的小食饮品。酒店配套先进完备的无柱式多功能会议厅和 VIP 接待室，休闲时尚的健身中心具备多样运动设施，更有专业、高效的会议及宴会服务团队提供至臻至善的服务体验（见图 7-5）。

图7-5　杭州国际博览中心北辰大酒店

（三）杭州国际博览中心的管理创新

1. 创新"安全"服务

疫情期间大众养成的一些防疫和卫生习惯极有可能延续，展馆在配合会展活动时或有需要新增服务的可能。如安保工作的重点不仅是保持人群秩序应对突发状况，还需要延续检测参会参展人员的健康情况。杭州国际博览中心的酒店和展馆餐饮将会在原来的相关管理规定中，全面推行分餐制，以服务过国家主场外交活动的经验和"城市会客厅"担当，倡导文明的餐饮习惯，保障餐饮消费者的健康安全。同时，推进展馆相关健康智能设备的升级、有效化和常态化的公共安全防控应急处理及风险预案。

2. 直面线上会展的"竞争与合作"

（1）从客户的线上消费习惯出发，充分考虑客户未来线上需求的延续。比如线上看场地、电子合同签订这些基础需求应成为展馆标配，目前杭州国际博览中心已经推出"AI看馆"实现在线看场地，"云上看馆"实现线上个性化制定场地方案。

（2）从应对线上会展的挑战出发，展馆不仅要稳定线下流量，还要考虑如何进入线上渠道激发双线价值。在线直播再一次掀起的高潮已经成为众多企业的"救命稻草"，但目前市场上适合专业会展活动的高标准直播室数量基本为零，进行线上化操作的专业设备也极少。对于演讲者而言，他们目前使用场地、音响、显示等设备质量有待进一步提升。同时，对于观众而言，线上会展的视听体验几乎是支撑活动流量的决定性因素。观众很大程度上会因视觉感受、听觉体验等降低对一个品牌的好感度。目前,杭州国际博览中心牵头策划的"直播间"演播基地,将资源整合,关注内容输出者,特别是培训、行业会议这方面的需求,让"主播"在高品质的设施设备环境中,轻松"拎包上台",呈现高效专业的直播效果。

3. 创新经营方式,拓展收入渠道

杭州国际博览中心大力创新经营方式,通过对产品服务大全的进一步细化,推出杭博"麦可爱"、杭博讲堂(领杭者培训)等产品(见图7-6),进一步改善和优化收入结构,拓展收入渠道。

图7-16 杭州国际博览中心创新推出多种产品

图 7-16（续）

4. 推进场馆智慧化建设

杭州国际博览中心积极响应在线直播这一趋势，将资源进行整合，为其打造的优质的演播基地。同时，杭州国际博览中心还加强智慧化建设，打造"第六代会展场馆"。将在安防、运营、交通、服务、体验五个方面全面进行智慧化建设。

专题八　国际会议会务组织与接待服务

【教学目标】

1. 掌握会议国际会议策划与议程。
2. 理解国际会议申报流程要求。
3. 学会国际会议服务接待管理。

【引入案例】

第四届联合国世界数据论坛在杭州国际博览中心举办

2023年4月24日—27日，第四届联合国世界数据论坛在杭州国际博览中心举行。本届论坛由联合国发起并主办，国家统计局和浙江省人民政府联合承办，以"拥抱数据 共赢未来"为主题。杭州国际博览中心作为会场主办地，周密部署、科学组织，顺利圆满完成了本届论坛保障任务，全面呈现了其接待国际会议服务的一流水准。

会务组织与接待保障是本届论坛服务保障工作的重要组成部分，关系着到访宾客对城市的"第一印象"。本届论坛共使用杭博的13个会议室，共计104场会议活动。对于本届论坛，杭州国际博览中心精心筹划、统筹安排，多次召开专题会议部署工作，修订完善服务保障工作方案，组织应急实战演练与培训，多次前往现场查看并做好复盘总结工作，切实把活动涉及的交通流线、餐饮服务、会议协调、酒店住宿等保障工作做实、做细、做好。

会议区温度误差控制在±0.5℃。本届论坛活动举办期间，正逢春夏之交，气温骤升骤降，这对工程师远程"控温"增加了不少难度。活动开始前2个小时，要确保场地温度处于适宜和稳定的阶段。调度中心根据温控指标不断在远程系统进行"微操作"，以1‰的精度一点点地调整空调风速、水阀开度、供回水温度……同时为了百分百确保重要区域温度适宜,配备现场专职测温人员进行实时校核,通过远程和现场的反复匹配印证,确保温度实时保持在22℃。然而,会议室内温度并不是一成不变的,会议室大门开闭、宾客集中入场等情况甚至会使温度会骤然变化2℃以上,虽然这细微的变化对大多数人而言并无大碍,但对于重要活动来说却是极其敏感的,这也是一个场馆保障团队专业性的体现。工程师以比主办更严格的控温要求为目标,凭借丰富的经验、果敢的判断以及精准的操作,全程实现22±0.5℃的温控目标,圆满完成活动保障任务。

地道美味升级宾客用餐体验。本届论坛,1200多名国内外专家学者、企业家、政府官员和国际组织代表参加活动,其中参会外宾800余人,涉及143个国家和地区。外宾人数之多,创造了杭州国际博览中心开业以来接待外宾的最高纪录。如何让宾客有一种"宾至如归"的体验,保障团队在菜品、服务、场景上下足了功夫。本次论坛期间,杭州国际博览中心把9000多平方米的4C展厅设置成本次活动的用餐区,并首次推出了26台"移动布菲车",根据论坛主题组合布局,搭建成"杭州风味""西式美味"美食区块。"杭州风味"以地方美味为主,如西湖莼菜汤、杭椒牛肉、笋胆炖老鸭等。"西式美味"则推出了土耳其烤肉、羊肉玛莎拉、新加坡叻沙面等。服务细节上,考虑外宾有不同的禁忌,如不吃含有猪肉、坚果的食物,在每一个菜品边上,都放置了一张精致卡片,上面用中英文标注配料。场景设计上,重点突出杭州文化,在"移动布菲车"上配置高清电子屏,循环播放杭州文化宣传片,让宾客在享受美食的同时,品味杭州历史文化,阅览城市现代风光。此外,杭州国际博览中心别出心裁,在用餐区搭建了一间小巧玲珑的茶室,邀请茶艺师现场表演,把中国茶文化呈现给每一位国际友人。

此外,为保障本届论坛顺利圆满举办,杭州国际博览中心共有百余名员工参与服务保障,负责会议协调、会场服务、网络安全、卡口安检、消毒消杀等工作。其中,由销售部、运营管理部、酒店运营部、现场服务部、工程服务部等部门骨干组建而成的应急保障队伍,遵循24小时专人值岗制度。通过多次进行现场走访、复盘总结,不仅丰富了杭州国际博览中心现有接待国际会议服务案例,也为行业提供一个可借鉴可复制模式。

资料整理来源:蔡小飞,朱航炜. in杭博 | 与城市共成长!杭博全面呈现国际会议一流服务 [EB/OL]. [2023-05-06]. https://mp.weixin. qq. com/s?_biz=MzU3MTMzNTUzMw==&mid=2247484843&idx=1&sn=d9135c7db1a7a5b976525bb4a92d6c67&chksm=fce0f3a9cb977abff

7ce0d4b38857 be1fc01d0af5a84d3c6d276d2253ca871d4eaf008dd572f&scene=27.

一、国际会议如何策划

（一）国际会议策划概述

会议策划有广义和狭义之分。广义的会议策划是指与会议产业发展战略和会议活动实施方案相关的谋划、创意、设想的过程。狭义的会议策划专指围绕特定会议项目的策划，也就是说会议策划是围绕会议的组织者、与会者、方式、时间、地点等基本要素及其相关背景和条件，制定会议项目最佳方案的过程。

（二）国际会议策划内容

1. 商讨会议主题

（1）邀请专家，指导讲座。

会议策划的最初阶段邀请行业内的专家、学者为策划团队进行一次或多次的专题讲座，解读学界业界热点。专家和业界人士的意见可由专门的工作人员记录整理，为策划团队日后做出决策提供不同角度的参考。

（2）头脑风暴，群策群力。

头脑风暴是指整个会议策划团队，根据专家学者、业界人士提供的线索，共同探讨，缩小范围，最后确定主题。这种方式的特点就是不受任何拘束，每个人都可以自由发挥、自由思考，往往在思想的碰撞中会产生更多的具有创造力的想法。

2. 确定会议主题

对于提领整个会议灵魂的主题，在确定前还要再考虑以下几点：会议的主题要能够反映出学界业界的热点或政府关心的问题；主题所传达的会议内涵要能得到参会者的认同；主题要有延伸性、开放性和吸引力；主题要有前瞻性。在确定一个主题的时候，要考虑它是否能够带动相关产业的发展，是否能够拉动参会方的合作，是否能吸引媒体的主动报道等。

3. 确定合作单位

(1) 合作单位构成。

合作单位有以下五种类型（见表8-1）。

表8-1 会议项目合作单位

主办单位	会议发起者
承办单位	会议具体实施者
协办单位	会议实施过程整提供协助者
支持单位	提供帮助或服务者
赞助单位	提供资金、有型物品支持单位

国际会议的主办单位主要包括各级政府、各级贸易促进机构、各类行业协会、商会以及部分规模较大的企业事业单位等。

承办单位一般为企业法人、主办单位的下属机构或内部部门，主要负责会议的具体运作及运作过程中的具体事务，包括布置展场、运送展品、安全保卫、广告宣传、现场活动、安排食宿交通、办理相关手续、收取费用等。

协办单位一般是项目运作过程中提供协助的单位，协办单位与执行单位在级别上差别不大，只是参与多少的差别。

支持单位指为会议提供帮助或服务的单位，这些帮助或服务通常是有市场价格的，但作为对大会的特别支持，可能会不收取费用或只收取了少量费用。支持单位通常希望通过这些大型国际会议提升自身的知名度和美誉度。支持单位一般会有多个，比如新浪网、搜狐网、人民网等媒体支持单位；也有场地支持单位，比如某酒店、某剧场等。

赞助单位则指为会议提供资金或有形物品支持的单位，例如为会议提供筹备资金或音响设备的单位。

4. 合作单位的选择

选择合作单位的方式依据现实情况比较多样，总体可以依据两个原则。第一是受益原则：根据所选择的话题，寻找最能从话题中受益的机构或单位。第二是共赢原则：合作双方或多方都能通过大型国际会议或活动的举办，有所收获，各取所需。

合作时需要注意以下问题。

(1) 单位级别问题。

设立主办单位、承办单位时要考虑合作单位的级别是否对等。例如，教育部直属的某高校与地方政府合作举办一次国际会议，那么以地方政府名义主办还是以地方政府下属的某部门的名义主办呢？这要看大学的级别和地方政府的行政级别。中国的大学都有一定的行政级别，如副部级、局级等；而地方政府及其所属各部门亦有相应的行政级别。级别对等是基本的处理原则。

（2）机构名称的呈现问题。

在呈现主办、承办各方名称时，要与各组织机构沟通协商，确保名称的准确性，不能想当然也不要凭记忆和印象，一定要让对方确认无误。尤其在涉及政府部门名称时，要反复核实，并且还要对英文名称进行核实并反复检查。

（3）合作各方的排名问题。

在有政府参与的情况下，要按照行政级别排名。如果合作方都是政府机构，则中央政府排在前面，地方政府在后面。如果没有政府部门参与，只是学界业界参与的会议，要找到一个大家都接受的排名标准，比如按所在单位级别排名，或以注明"按首字母顺序排名"或"排名不分先后"等多种方式。

5. 确定会议规模

为了方便会议的策划和实施并且对会议有更全面细节的把握，需要提前预估会议规模，能明确会议规模的效果是最好的情况，在确定规模的基础上促使会议的相关活动顺利进行。

（1）场地因素。

一定的会议规模对应相应的场地。如果是大型会议，因为人数较多，就需要预租大型报告厅或宴会厅；如果是小型会议，预留一个会议室就足够了。但不管是在酒店还是在学校举办，都需要留出一定的时间寻找和预订场地。

（2）预算需求。

只有先预估会议的大致规模，才能知道组织这次会议需要的预算大体是多少。会议规模是重要的要素，因为会务接待、车辆使用、住宿安排等预算编制等，在很大程度上由会议规模决定。

预估会议规模时，需要考虑以下几个要素：

其一，会议持续时间：持续时间越长的会议，规模也就越大。

其二，会议分会场的个数：分会场越多，会议规模也就越大。

其三，与会人员的分配：与会人员包括致辞嘉宾、发言嘉宾、点评嘉宾、主持人、媒体记者、听众等当然还有工作人员。工作人员的数量一般是由前几种与会者的数量来决定的。

其四，国内外嘉宾的配比：相对而言，嘉宾来自多个国家的会议，要比嘉宾国别少的会议的组织程序和相关细节复杂。

其五，学者、官员、业界的配比：官员越多，会议程序和仪式上的要求也就越多。国企和事业单位的领导可以近似地等同于政府官员。纯粹的商业机构和学者参与的会议在仪式和程序上的要求较少。要注意把握好这几类人的比例，否则，会议可能会过于呆板，或过于随意。

当解决了这些问题，也就清楚了会议规模和人员配比。需要注意的是，参会人员的角色分配及配比要依据会议的目的而定，会议目的不同，人员的分配及配比也不同。

（三）制定会议筹备议程

1. 议程概念

议程是指从会议报到到离会期间的日常安排。在拟定会议议程时，应该列出大体框架，根据嘉宾时间以及会议持续时间详细拟定。

2. 议程内容

会议策划团队根据会议主题、议题和嘉宾需求（时间上的需求和内容上的需求）共同制定议程内容。另外，在策划议题时要给所涉及的人分配好其特定任务，要具体到哪个人负责哪一专题及时间的分配等。提前传达拟好的议程能帮助与会者了解会议的时间安排，清楚要讨论的内容，以便他们做充分准备。议程内容应该包括会议的具体行程，即从会议报到到嘉宾离会的各个时间段的安排。

每份议程表都应该包括以下内容。

其一，注册日期：一般来说，会议的报到日期为会议开始的前一天。

其二，会议当天：会议当天的日程一般包括领导会见、开幕式、主旨演讲、午餐、分议题讨论和晚宴。上午一般进行前三项，下午和第二天依情况召开分论坛。每个时间分区的衔接处都有茶歇，每天的中午和晚上分别有午餐和晚宴。

其三，文化体验活动：文化体验活动一般安排在会议的前一天或最后一天。文化体验活动的安排也要花些心思。按照体验活动的类型又可以分为相关产业链考察和地区风情游览两种形式。

二、国际会议如何组织

(一) 国际会议要求

我国举办大型国际会议主要依据《外国人入境出境管理法》。其中，涉及涉外会议的规定主要有外国人持有效的签证或者居留证件，可以前往中国政府规定的对外国人开放的地区旅行。

为了使会议能够顺利开展和举办，我们要遵守相关政策与规定，严格按照国家规定的报备程序进行会议的申报和备案。根据有关文件精神，在华举办国际会议，实行国务院和省部级两级审批制度，举办方不得自行审批国际会议。以国际学术性会议为例，需要教育部审批，同时也可能需要国务院或国家其他部委审批，大致分成以下两种。

需要教育部审核后报请国务院审批的重大国际会议：联合国下属机构和各专门机构的大会与特别会议；联合国系统以外的政府间和非政府间重要国际组织的大会与特别会议；事关我国核心利益、涉及重大敏感问题以及重要国际问题的国际会议；外宾人数在 100 人以上或会议总人数在 400 人以上的社科类国际会议，以及外宾人数在 300 人或会议总人数在 800 人以上的自然科学技术专业领域的专业，或学术性国际会议；外国政府正部长及其以上官员或前国家元首、政府首脑出席的高级别国际会议；邀请党和国家领导人出席的国际会议。

需教育部审批的一般性国际会议：经各学校和单位严格审核后认为有必要召开的、外宾人数在 100 人以下或会议总人数 400 人以下的社科类国际会议，以及外宾人数在 300 人以下或会议总人数在 800 人以下的自然科学技术领域的专业或学术性国际会议；双边会议以及国际合作项目中的工作会议。

(二) 国际会议报备

本书主要介绍一般性国际会议的报备，其具体程序和注意事项如下：其一，会议举办方应向其直属的上级单位/部门进行申请。例如，若主办单位是高校，则须向教育部进行申请；若主办单位是纯商业机构，应向所在地的市场监督管理局进行申请审批。其二，审批通过后，主办单位应将会议相关材料报所在省级外事办公室审批。若邀请我国台湾地区代表参加会议，会议主办单位应在会议前一个月把被邀请人员名单、单位、职业等信息报省级港澳台办审批。如属高规格国际会议，需请省、市以及国家领导出席开幕式，会议主办单位应提前三周提出书面申请（附会议开幕式议程、主要代表名单及简历、领导发言稿）。一般情况下，进行国际会议的报备流程就是这一步（见图8-1）。

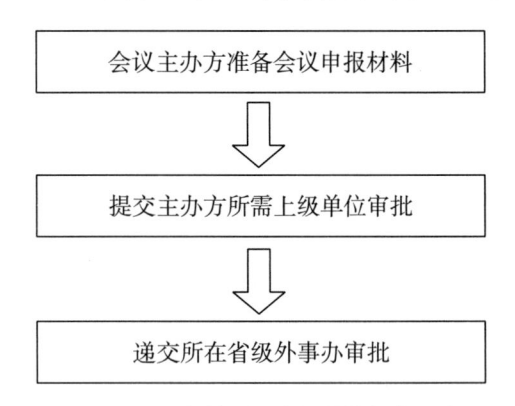

```
会议主办方准备会议申报材料
          ↓
提交主办方所需上级单位审批
          ↓
递交所在省级外事办审批
```

图8-1 一般性国际会议具体报备程序

一般情况下，需要准备的报备材料如下。

(1) 申请报告。

通常报上级单位的申请报告内容应包括：会议简况，会议名称（中英文），会议时间、地点，会议主办、协办及合办单位介绍，会议规模、范围、总数及外宾人数，举办国际会议的由来、背景（历届举办情况）和必要性，会议的议题和主要内容，会议的性质、宗旨和意义，与会境外专家名单，有关国际组织情况并附上相关详细背景材料。

(2) 与会境外专家名单。

其应包括姓名、国别、出生日期、工作单位、联系方式。

(3) 经费预算。

详细列出会议预算、经费的来源及开支情况。

（三）拟定会议策划

1. 会议策划的含义与意义

会议策划就是为了使会议取得预期目的而进行构思、设计，选择出合理可靠的方案的过程。完整的会议策划是一个节奏分明、条理清楚、面面俱到的周全计划。只有通过专业策划和充分准备的会议才能取得预期效果，所以，会议策划一定要考虑周全。

2. 会议策划的前期工作

会议策划的前期工作主要包括以下两项内容。

(1) 收集信息。

会议有各种类型，不同的会议需要不同的环境，召开会议是要达到一定的目的和目标。因此，第一个重要步骤是收集信息，通过收集信息制订出工作计划。

(2) 确定会议策划者。

举行具有重大意义的大型会议，也可能会请专业的会议策划公司来"量身定做"。无论是专职还是兼职，是内部策划还是请专业公司策划，其最终结果是要使会议顺利完成。由于会议策划者的工作效率代表着主办单位或公司的工作水平，因此，要尽量选择精干而有丰富经验的人员担当。

总体上讲，会议策划者的主要任务如下：

制订计划，确定必须要做的事项以满足会议的需要，并达到会议预定的目标；制定会议议程；了解可供使用的会议场所和设施情况；选择或提议合适的会议场所；安排交通事宜；协调会务工作人员的活动；招收会务人员和广告人员；制定可行性预算或按既定预算安排有关工作；确定各项工作的时间安排；视察选定的会议场所和设施；与各有关方面进行接洽（如运输公司、旅行社、视听服务公司等）；确定印刷公司；安排食品、饮料等有关事宜；同会议发言人和各位贵宾进行联系。

（四）拟定会议议程

1. 会议议程的制作

会议议程是对会议所要通过的文件、所要讨论解决的问题的概略安排，对会议能否顺利进行影响重大。会议议程是会议文件的一种，撰写时要做到用语简洁、条理清晰。简单的会议议程只需要将会议的步骤逐一分条列出即可，详细的会议议程应包括各种程序（讲话、审议、选举、表决等），且应逐日（按时刻）精心编排。

2. 会议议程表设计的注意事项

其一，编制会议议程表时，应注意国际会议本身既有章程对会议议程顺序有无明确规定。

其二，在议程表中，应尽量将同类性质的问题集中排列在一起。

其三，保密性较强的议题，一般放在后面。这样有利于安排无关人员退场及有关人员到场。

（五）发送会议通知

1. 会议通知的内容

发送会议通知除了确定与会者，更重要的目的是让与会者在会前就能做相关的准备，以便能在会议上充分发挥自己的作用。因此，会议通知的内容必须包含以下基本信息：会议名称，会议议程或者主要议题，会议时间、地点，与会者名单，会议承办方、联系人，会议的要求（如需要与会者准备的资料等）。

有些时候，除了这些内容之外，还需要告知或提供下列信息：与会者的参会理由，会议的目标（会议的宗旨），会议组织方已准备的需要提前阅读的会议相关文件资料。

2. 会议通知的发送

会议的内容决定了通知的发送时间必须合适，一般提前3~7天较为理想。会议若没有额外的材料准备要求，则这样的时间便于与会者调整自己的工作日程；如果会议对与会者的要求较多，那么一个星期的时间也足够与会者准备最新、最可靠的数据和信息。

要注意提前一个星期的会议通知也很有可能被与会者遗忘。因此，可在开会前再次提醒。对于与会者需要准备事项较多的会议，主办方可以提前2~3天提醒与会者；而基本无须与会者提前特别准备的会议，则提前1~2天提醒与会者即可。

（六）筹备会议材料

会议材料的准备是会议召开前准备工作的一项重要内容，会前准备的材料有以下几种：

（1）会议指导文件，即明确会议的指导思想和主题，提出会议目标和任务的会议文件，如上级下发的政策性和工作部署性文件、上级指示文书、本次开会起因文书等。

（2）会议主题文件，如领导人讲话稿、代表发言材料、经验介绍材料等，包括开幕式讲话、主题报告、专题报告、专门文件、大会发言、正式决议、闭幕式讲话等。

（3）会议程序文件，包括议程文书、日程安排、选举程序、表决程序等。

（4）会议参考文件，如统计报表、技术资料、代表提案、公务书信、群众来信、与会代表来信等。

(5) 会议管理文件,包括会议通知、开会须知、议事规则、证件、保密制度、作息时间、生活管理等。另外,还需要准备会议物品与设施,包括常用文具、印刷设备、会场基本设施、会场装饰用品、视听器材、通信设施、交通工具、生活卫生用品等。

三、国际会议如何接待

(一) 会议报到服务

1. 会议接待概念

(1) 会议接待的含义与内容。

会议接待就是指在会议正式召开前和召开后的一系列接待工作,主要包含以下内容:与会者到达后的接站工作、到达会场后的报到和引导工作、会议正式开始前的签到工作、会议结束后安排与会者返程和送别工作等。

(2) 会议接待的程序。

会议接待的程序主要包括准备工作、接待与会者、与会者返程和善后工作等,具体可参见表8-2。

表8-2 会议接待流程

工作程序	内容	负责部分
准备工作	了解与会者基本情况	会务组
	拟定接待方案	
接待与会者	接机、接站	接待组
	报到、引导	
	安排食宿	
	预定返程机票、车票	
与会者返程	赠送纪念品	会务组
	送往机场、车站	接待组
善后工作	报账	会务组
	保存与会者有关资料	
	保存会议接待安排有关资料	
	年终统一整理,存档备查	

（3）会议接待的方针。

要本着热情诚恳、细致周到、照章办事、讲究礼仪的原则进行接待和服务，力求保证会议的正常和顺利开展。

2. 会议接站

大型会议特别是国际会议由于参会人数多，且与会者来自世界各地，对会议举办地不熟悉，所以要做好接站工作。会议接站是跨地区、全国性和国际性会议活动接待工作的第一个环节。具体包括以下几个方面的工作内容：

（1）通过会议回执或电话联系，掌握与会者详细信息，包括姓名、性别、职务及所在单位等，详细准确记录与会者抵达的具体时间、地点。

（2）根据与会者信息，确定接站的规格。重要领导或外宾前来参加会议，主办方应当派有一定身份的人士前往机场、车站、码头迎接。要事先落实好接站人、接站队伍，高规格的还需要准备鲜花、横幅等，并举行简短的欢迎仪式。

（3）做好接站工具准备。接站工具主要是指接站用的接站牌或横幅。在会议规定报到日期，应在车站、码头、机场等主要交通站点，用醒目的牌子标明会议主办单位名称或会议名称，便于与会者能马上看到并清晰识别。此外，还需要提前准备好接送车辆。

（4）掌握抵达情况。随时掌握并统计抵达的与会者的名单和人数，特别要留意晚点抵达的与会者，避免发展漏接现象。

（5）介绍宾主双方。与会者到达时，迎接人员应上前自我介绍，并主动表示欢迎。如果领导人亲自前去迎接重要的与会者，且双方是初次见面，可由接待人员或翻译人员进行介绍。通常先向与会者介绍主办方欢迎人员中身份最高者，然后再介绍与会者。

3. 会议报到

会议报到是与会者到达会议活动所在地后办理的登记手续，主要作用在于使主办方掌握实际到会人数，便于会议管理。

会议报到地点的要求：会议报到处应设置在会议举办地的显眼处并设置指示标志。报到处一般在大厅等比较宽敞的地方，便于与会者有序进入，且不影响其他人。按工作流程排列报到各个环节的位置，如填写登记表处、交会务费处、领取会议资料处、咨询处。准备好与会者登记用的笔、纸、票据、电脑等工具。提供与会者临时休息的地方及暂时放置行李处。大型会议应多设几个会议登记桌，分组报到登记，减少登记时的拥挤与等待时间。

(1) 查验证件。

查验证件主要是检查与会者身份证、会议通知、所在单位的证明或介绍信等有效证件，其目的是确定与会者的参会资格。

(2) 填写会议登记表。

会议登记表内容的多少取决于会议主办方需要了解与会者信息的多少。通过会议登记表，会议主办方可以更好地了解和收集与会者信息。会议登记表一般包含以下项目：报到序号、姓名、性别、单位名称及地址、职务、类别（出席、列席、旁听、嘉宾、媒体记者）、电话号码、电子邮件、随行人员姓名、登记日期。会议登记表的示例可见表8-3。

表8-3 会议登记表

序号	姓名	性别	单位名称及地址	职务	类别	电话	电子邮件	随行人员姓名	登记日期

(3) 接收与会者所带资料。

统一接收与会者随身带来的需要在会上分发的资料，经审查后再统一分发，以免与会者在会场上自行分发而影响会议秩序，同时也防止自行分发资料可能造成的其他不良影响。

4. 分发会议资料

会议中所需要的资料，工作人员应在与会人员报到时及时、准确地分发到每位与会者的手中。分发会议资料一般有会前分发、会中分发两种分发形式。

(1) 会前分发。

会前分发即在与会者报到或进入会场时，由会议工作人员在会议报到处或会场入口处将会议文件和材料分发给每位与会者。通常每位与会者一个资料袋，里边装有与会者在会议期间所需要了解的各种必备资料，一般包含以下内容：文具类，如开会时做记录用的笔记本和笔；票证类，如会议证件；会议资料类，如会议须知或要求、会议日程安排、会议编组及会议保障。

(2) 会中分发。

会中分发即在会议进行过程中，让会议工作人员把相应的资料发到每位与会者手中。

（二）会议入场服务

1. 会议签到

签到是为了及时了解该到会的人是否都已到会,并准确地统计出到会的实际人数。

（1）会议签到的作用。

其一,便于统计实到人数,以确定法定性会议的有效性。

其二,检查缺席情况,以便及时通知有关人员到会,或通知缺席对象另行补会。

其三,庆典仪式、纪念性和追悼性会议活动的签到簿可以珍藏,留作永久的纪念。

其四,与会者的亲笔签名是第一手签到记录,是其参加会议活动的书面证明,可为日后的查考提供历史凭据。在一些法定性会议上,签到还是一种法律行为。

（2）会议签到表的格式。

同一个单位或同一类会议的签到表应当统一格式。一般来说,会议签到表由标题和正文两部分组成,其中包含:

其一,会议名称,如标题中未写明会议活动名称,则在表格内写明。

其二,主办单位,应当写全称或规范化简称。

其三,举行时间,写明具体的年、月、日、时、分。

其四,会议地点,写明举行会议的场所名称,具体到房间号。

其五,出席单位/出席人,这一栏工作人员要事先填好,经常性会议活动参加的单位和人员相对固定,可在制表时将出席单位和出席人一起印出,以便与会者对号签名。这样做可使缺席情况一目了然,同时也便于统计参会人数。

其六,与会者签名,在出席单位/出席人姓名后面设置相应的空格,供与会者签名。

会议签到表的样式可参见表 8-4。

表 8-4　会议签到表

会议名称	
主办单位	
举办时间	

续表8-4

会议地点	
出席单位/出席人	与会者签名
例：张三	（签名处）
……	……

2. 会议引导

会议引导是指会议活动期间，会务工作人员为与会者指引会场、座位、展区、餐厅、住宿的房间，以及指示与会者问询的路线、方向和具体位置的一项工作。它贯穿于整个会议期间。

（1）小型会议的引导工作。

一般来说，日常的小型会议，与会者都有自己的习惯座位，但大多数会议需要与会者按照会前安排好的座位或区域就座。因此，应在出席证或签到证上注明座位号，在每个会议桌上摆置名签，并同时印制"座次表"发给与会者。

（2）大型会议的引导工作。

召开大型会议，为了方便与会者尽快就座以保持会场秩序，需要会务工作人员采取某种方式引导座位。比如，在会议厅召开的大中型会议，一般都采用对号入座的方式或是将会场划分为若干区域，以地区或部门为单位集中就座。根据不同情况，有时也可采取随便入座的方式。

（3）负责会议引导的礼仪工作。

大型的或重要的会议，在会议报到以及进入会场时应当派专人负责引导，引导人员需熟悉会场的布局以及各种配套设施的情况。

（三）安排返离服务

1. 会议返程安排

了解与会者返程要求。工作人员应通过会议回执、报到表等多种渠道充分了解与会者对返程的具体要求，包括日期、时间、交通工具的选择、舱位及座位类型、抵达地点等。

及时与会者协商，了解其对回程安排是否满意，如有变动及时更正。

联系票务部门及时订票，用会议预付款支付票款。

将订好的票送交与会者，收取票款，同时和与会者商量离开的具体时间。

编制与会者离开时间表，安排送别车辆、人员。此外，还可根据与会者的要求，通知与会者单位，告知与会者何时乘何次航班或火车返回，以便对方安排接站。

帮助购买返程票和送站是比较烦琐的事情，一定要熟悉每位与会者的回程要求，细心安排。若有困难，应及时和与会者沟通，保证其满意离开。

2. 结清会务费用

会议结束后，会议主办方应及时安排与会者结算会务费用，同时提供相关发票，以供与会者回单位后报销。

（1）结算费用。

在会议结束后、与会者离开之前，要列清与会者参会期间的每项具体开支，如住宿费、餐饮费等，在报到收款金额中多退少补，并将开会报到时出具的收款收据换成正式发票，以便与会者回到所在单位进行报销。

（2）检查房间。

在与会者离会前，还应协助其检查会场或房间里有无遗漏的一些物品和文件。一旦发现，应及时上交或归还。

3. 告别送行服务

与会者离会时要热情告别送行，人们常说"迎人迎三步，送人送七步"，离开时的送别比开始时的接待更重要。

根据会议性质，会议主办方的领导人尽可能安排时间出面道别。道别的形式可以是到与会者住宿的房间走访道别。除此之外，也可以在会议活动闭幕式结束后到会场门口道别。重要的与会者还要安排一定级别的领导人亲自到机场或车站送别。

提前安排好送别车辆，并告知与会者乘车时间，按时将与会者送至车站、码头或机场。

（四）金牌服务管家概念

管家式服务起源于欧美等经济高度发达的国家，近年来在我国香港、台湾、深圳等地区的高档会议也相继推出，给我国传统会议服务模式和服务理念带来巨大冲击，也成为国际会议市场竞相研究课题之一。

1. 国际会议金牌服务管家概念

会议金牌服务管家是一种服务理念，在以参会者服务为核心，主要是履行CRM（Customer Relationship Management）理念进行客户关系管理。作为选择和管理会议事物中的一种商业策略，要求会议服务管家以客户为中心理念来支持会议营销、服务流程。

2. 国际会议金牌服务管家要求

会议金牌服务管家在对参会者服务中应该起到以下效果：一是亲情化氛围不断增强，贴身的管家式服务让参会者快速融入，视参会者为亲人，兢兢业业地为参会者"管家"；二是服务方式实现零距离，加强与参会者的沟通联系，以缩减双方沟通距离；三是服务内容多元化，通过了解参会者需求，满足其全方位的衣、食、住、行、休闲、娱乐等各方面需要，通过管家服务得到满意的解决。

3. 国际会议金牌服务管家内容

会议金牌服务管家一般从会议开始进行服务管理，通过对会议住宿等细节调整，让参会者有归属感。待到参会者到达后，通过提供一些私人化服务，如翻译、准备餐点、接送服务、洗熨衣服、会议报点、会议目的地介绍等都可交予会议管家执行。

（五）国际会议住宿安排

对于国际会议或人员较多的会议来说，提供住宿服务是会议主办方的重要工作之一。会议住宿安排通常包括对备选会议住宿供应机构的考察、会议住宿房间的预订、住宿房间的具体安排等要素。

1. 对备选会议住宿供应机构考察

（1）依照一定标准，对本地的住宿供应机构进行筛选。

会议主办方一定要根据会议的类型、与会者的层次、议题的重要性等，合理确定不同与会者的住宿标准和接待规格，在会议经费预算许可的范围内，综合考虑住宿供应机构的实际接待能力、品牌与口碑、周边环境、交通状况、安全条件等因素。

（2）对备选住宿供应机构进行考察比较。

考察比较时，重点从以下几方面着手：在会议期间可供使用的房间总数，是否有不同的房型满足不同与会者的需求，客房的配置条件，客房的服务质量。

（3）确定会议定点住宿供应机构。

通过认真考察和反复比较，就可以最终确定会议的定点住宿供应机构，以进一步展开客房的预订工作。

2. 会议住宿房间的预订

会议期间可能需要大量的房间，这些都必须事先预订，否则会造成住宿方面的问题。因此，会议主办方为与会者预订住宿房间，要做好以下几方面的工作。

（1）与住宿供应机构签订预订合约。

合约中应明确预订的客房数量、类型、价格，入住率不够的情况处理与经济责任，与会者预订的截止日期。

（2）寄送会议通知（邀请函）和住宿登记卡（申请表）。

对于一些参会人数较多的会议，会议主办方需要在会议通知（邀请函）中附寄住宿登记卡（申请表），根据住宿登记卡（申请表）提供相应的住宿服务。会议住宿登记卡（申请表）应注明会议主办方提供的住宿宾馆、房型、价格等。

（3）收到住宿登记卡（申请表）及时回复确认。

收到与会者的住宿登记卡（申请表）后，会议主办方或住宿供应机构应及时为其预订房间并将住宿确认书寄给与会者。

（4）会议特殊客房的预订。

会议有时需要预订一些特殊客房，这主要是为会议发言人、贵宾和会议主办方的工作人员准备的。确定参会的重要领导、贵宾、特邀记者等重要人员名单后，要将详细的住宿要求告知住宿供应机构，以便为其提供贴近他们要求的特殊客房。预订会议主办方工作人员的房间。为方便会务工作，住宿供应机构应预备免费的房间供会议主办方的工作人员使用。

（六）国际会议餐饮服务

会议餐饮服务通常包括会议用餐地点、用餐方式安排和菜品确定安排。

1. 用餐方式安排

为了便于管理，会议用餐地点应尽量离会场近一些。很多会议主办方会选择既能提供各种会议室，又能为大中型会议提供会议餐饮的酒店或会议中心。会议工作人员应仔细考察用餐地点的具体情况，主要包括以下几方面。

（1）用餐场所的大小。

一般来讲，所选的用餐场所最好能容纳所有与会者，如果用餐场所因为空间不够而将与会者分开在不同的房间用餐，会影响会议的融洽气氛。

(2) 用餐场所的环境。

雅致舒适的用餐环境能使与会者身心放松，有利于其精力的恢复。同时，用餐场所桌椅的布置井然有序、整洁美观，也能体现餐饮部门良好的管理与服务。

(3) 厨房。

厨房的消毒设施是否齐全、环境是否整洁、人员工作是否井然有序等也是重点考察的范围。

(4) 路径。

从厨房到用餐场所的路径是否顺畅关系到与会者的用餐体验，如果上菜的路径需要经过各个餐桌，对与会者的用餐难免构成干扰，同时也容易发生意外情况。

2. 菜品确定安排

会议主办方在确定菜单时，除了预算的因素外，还应考虑以下几方面的内容。

(1) 菜肴的道数与分量。

围餐式用餐要重点考虑菜肴的数量和分量。确定数量与分量要注意三点：一是坚持适中原则，二是根据用餐人数确定，三是平衡数量与分量。

(2) 花色品种多样化。

准备的菜肴品种应多样化，要考虑荤素、咸甜、凉热搭配等方面。

(3) 具有地方特色。

会议主办方在确定菜单时，应安排一些具有地方特色的饮食，同时向客人说明地方特色菜的来源。

(4) 照顾与会者的特殊用餐要求。

国际性会议的与会者来自世界各地，这就要求会议主办方在确定菜单前，一定要了解与会者的特殊要求，对与会者的特殊要求进行登记并尽量满足。

四、国际会议会务组织与接待服务——以第五届世界互联网大会为例

(一) 项目执行

世界互联网大会（World Internet Conference）由中国国家互联网信息办

公室和浙江省人民政府联合主办，乌镇被确定为永久会址，每年举办一次。会议主要邀请国家和地区政要、国际组织的负责人、互联网企业领军人物、互联网名人、专家学者，涉及网络空间各个领域，体现多方参与。世界互联网大会旨在搭建中国与世界互联互通的国际平台和国际互联网共享共治的中国平台，让各国在争议中求共识、在共识中谋合作、在合作中创共赢。我们以2018年第五届世界互联网大会为例，为大家展现国际大型会议会务组织接待工作的方方面面。

1. 项目策划

（1）精准的方案策划。

互联网大会的方案包括会议议程、领导人动线、现场流程、AV技术、场地划分、人员分工等。筹备期间，参会人员不断变化，需求不断改变，策划人员需要逐个统计并调整，确保项目团队根据最终的方案操作执行，保证现场所有人员的安排平稳有序。

（2）国际标准化的运营保障。

基于世界互联网大会国家级、国际性、综合型的规格定位，在确保会议运营安全无误的基础上，执行团队更注重会议流程的顺利流畅、设备系统的安全稳定、参会嘉宾的与会体验。通过图纸模拟和预搭建演练等管理运营上的创新和突破，实现更加高效、务实、稳健的会议管理。规范的图纸设计是施工、工程竣工验收、日常检查维护的依据。针对不同的会议场地，通过大量考察，在逐杆丈量、逐线核对、逐个统计、逐项备案的基础上，逐一绘制了包括平面图、3D图、CAD图的近百张图纸，将各种设备材质和系统连接方式如实记载并准确反映在图纸上。

项目组前期制定了严密的工作计划，包括前期筹备、进场卸车规划、搭建施工进度、搭建人员分工与排班、会议期间人员分工排班、保障方案等，同时还着力进行了各项重点设备的实战演习。预搭建演练最大限度地进行了现场还原，测试了各系统功能的联通性和兼容性，预测了整体搭建时间，有力地规避了风险，排除了理论演练的盲点。

2. 项目执行

项目团队涉及核心人员50余人，分为会议活动板块及会务接待板块，包括主会场组、分会场组、晚宴组、设计及物料组、技术设备组、语言组、交通接待组、注册组等共12个职能小组。经过竞标、策划，与中央网信办、浙江省政府、桐乡市政府联合办公，服务时间逾6个月，项目筹备、执行期内主要完成了以下工作。

其一，项目策划：会议整体方案策划、协助日程及场地的排期与统筹。其二，活动管理：开幕式、闭幕式、晚宴及 22 场分论坛的现场布置、流程管理与统筹。其三，会议形象设计：会议对外宣传、现场环境布置、物料等整体形象设计与包装，会议相关物料及礼品的设计与制作，完成共 76 项物品的设计，制作的成品重达 4 吨。其四，技术保障：现场视频、音频、灯光、同传、直播、转播等设备与技术的集成与管理。其五，语言服务：此次大会涉及中、英、俄、法、西班牙、阿拉伯等六种语言的交传及同传，共计译员 41 名、速记 14 名，除此以外，还有前期所有文字的笔译校对工作，共计近 10 万字，执行期协调管理所有同传、交传译员和速记的甄选、联络、统筹。其六，嘉宾邀请、注册与接待：协助主办方进行嘉宾邀请及注册管理工作，为 2000 多名中外嘉宾提供注册、接待等服务，统筹调度车辆共计 560 辆，在上海、杭州两地六个口岸，为所有嘉宾、陪同人员及媒体提供接机、送机等服务。

3. 项目评估

第五届世界互联网大会举办了包括开幕式、闭幕式、分论坛、晚宴及新闻发布会等近 30 场活动，探讨包括网络文化传播、互联网创新发展、数字经济合作、互联网技术标准、互联网治理等 22 个议题，展示中外互联网发展前沿技术和最新成果，是中国举办的规模最大、层次最高的互联网大会，是互联网治理中国主张和中国态度的大阐释，是一次国际交往、全球合作的大盛会，是世界互联网互联互通、共享共治的大平台，也是一次浙江形象、中国魅力的大展示。

世界互联网大会知名度高、热点丰富、传播范围广，得到境内外媒体的高度关注与多角度主题报道，14 个国家和地区的百余家媒体的 700 多名记者报名参加，包括美联社、法新社、俄罗斯塔斯社、日本读卖新闻、日本 NHK 电视台等 20 多家境外媒体记者，人民有日报社、新华社等中央和部分省市媒体记者。

（二）后勤服务

1. 智能服务

2018 年的大会首次实现 1500 名中外嘉宾全部入住乌镇，云舟宾客中心（以下简称"宾客中心"）正式启用；人脸识别、人工智能等智慧技术，在嘉宾注册、会务服务、信息发布等各环节广泛应用。

(1) 宾客"刷脸"入住，观众"刷脸"看展。

2018年大会注入了不少智能基因，人脸识别、人工智能等智慧技术，将在嘉宾注册、会务服务、信息发布等各环节广泛应用，给中外嘉宾带来智慧化的会务体验。会展中心会场入口的人员通道闸机配备了10.1英寸LCD触摸显示屏，通过定制的人证比对功能，人员平均入场时间只需一秒。云舟宾客中心也配备了人脸签到信息发布屏，除可供嘉宾刷脸签到外，还可查询晚宴桌号及座位号（见图8-2）。

图8-2 工作人员演示通过验证身份证和人脸识别打开房门

(2) 手机App一站式服务。

大会App——"乌镇峰会"迎来升级版，分论坛信息查询、志愿者服务对接，都可在手机上一站式完成。参会嘉宾完成大会注册后，通过人脸识别即可登录App。嘉宾可在App中查询自己受邀出席的重要活动日程；VIP嘉宾还可快速查找到为自己提供一对一服务的志愿者姓名、照片和联系方式，如有需要，可通过App直接拨打志愿者电话。

大会首次采用无纸化模式发放分论坛手册，嘉宾通过App可随时查看分论坛信息，还可勾选感兴趣的分论坛，定制个人日程表，会务工作人员将据此为嘉宾预留分论坛座位。

App内置有3D地图导览功能，与简单的平面导览图不同，3D地图可以清晰显示乌镇景区内各个建筑物的外貌，更加直观；升级后的App智能翻译功能体验也更好，可实时翻译，并将语音转化为文字。

(3) 5G网络、无人驾驶、透明屏等新科技云集。

大会期间，乌镇景区内还布置有多台5G体验车，进行5G通信商用试点、无人驾驶等技术应用演示。下载一部高清电影只需几秒钟，车辆在行驶状态网速也不受影响等多种科技体验。

（4）同声传译。

会展中心乌镇厅作为最大的主会议厅，也是2018年世界互联网大会的主会场，可容纳近3000人同时与会，具备同声翻译等高技术设施，无论是硬件设施还是空间结构，都能满足上千人商务会展会议团队的不同需求。

（5）智能应用。

站在科技前沿的乌镇景区，支持会展产业的智能硬件设施和软件系统的应用也必不可少，比如多功能、移动化的电商平台、电子票证、二维码点餐、人脸识别系统、扫码一键叫船叫车等。

2. 志愿服务

有1260名志愿者为体现大会志愿服务，截至2018年，是世界互联网大会举办以来志愿者数量最多的一次。志愿者招募吸引了来自浙江省内12所高校的近7000名大学生报名，经过两轮面试的严格挑选，志愿者名单最终确定。

大会期间，志愿者分为十个服务组，提供嘉宾引导、外语翻译、医疗服务、会场服务等各项服务工作。按照大会志愿服务部的要求，志愿者们每天在景区要走不少于两万步。

大会志愿者还有统一的昵称——"小梧桐"，意在表达"世界互联网大会栽下梧桐树，引得凤凰来"；同时，梧桐树是桐乡的市树，因大会永久落户在桐乡乌镇，"乌"和"桐"谐音也为"梧桐"，所以这是乌镇和桐乡的代名词；"梧桐"又谐"互通"，呼应"互联互通、共享共治"；"梧桐"还谐音"无同"，"梧桐梧桐，与众不同"，旨在希望每个志愿者都是非常优秀的个体，并且能够汇成一个整体，展现与众不同的风采。

3. 文艺演出

大会期间，由浙江交响乐团和上海音乐学院贺绿汀高研院音乐戏剧研发中心联合出品的大型多媒体交响乐《良渚》在乌镇大剧院首次上演。

因良渚遗址命名的良渚文化，距今5300～4300年，是中国长江下游环太湖流域一支重要的考古遗迹。《良渚》由古之韵、祭之典、民之梦、工之巧、天之籁、水之力、荣之耀7个乐章组成，通过艺术与科技、世界与民族的完美融合，呈现良渚文明的源远流长。

与一般交响乐演出不同，《良渚》由交响乐、人声无歌词吟唱、多媒体3D

影像等多种表演形式综合而成。

《良渚》以交响乐这一国际化的艺术形式，将中华文明的源远流长与良渚考古的重大发现，生动直观地加以呈现。通过丰富的想象，运用多样的作曲与配器技法，描绘了良渚先民从村居到王城、图腾及祭神，拦洪筑坝、饭稻衣麻的生活方式与社会形态。演出得到了观众的一致认可，反响强烈。